西北民族大学规划教材

保险法

——法经济学交叉学科视角

孙阿凡

编

中国财经出版传媒集团

经济科学出版社

Economic Science Press

图书在版编目（CIP）数据

保险法：法经济学交叉学科视角/孙阿凡编．——
北京：经济科学出版社，2023.2
ISBN 978 - 7 - 5218 - 4518 - 1

Ⅰ．①保…　Ⅱ．①孙…　Ⅲ．①保险法 - 研究 - 中国
Ⅳ．①D922.284.4

中国国家版本馆 CIP 数据核字（2023）第 023341 号

责任编辑：崔新艳
责任校对：易　超
责任印制：范　艳

保险法
——法经济学交叉学科视角
孙阿凡　编
经济科学出版社出版、发行　新华书店经销
社址：北京市海淀区阜成路甲 28 号　邮编：100142
经管中心电话：010 - 88191335　发行部电话：010 - 88191522
网址：www.esp.com.cn
电子邮箱：expcxy@126.com
天猫网店：经济科学出版社旗舰店
网址：http://jjkxcbs.tmall.com
北京季蜂印刷有限公司印装
710 × 1000　16 开　14.25 印张　250000 字
2023 年 4 月第 1 版　2023 年 4 月第 1 次印刷
ISBN 978 - 7 - 5218 - 4518 - 1　定价：60.00 元
（图书出现印装问题，本社负责调换。电话：010 - 88191510）
（版权所有　侵权必究　打击盗版　举报热线：010 - 88191661
QQ：2242791300　营销中心电话：010 - 88191537
电子邮箱：dbts@esp.com.cn）

前　言

　　《中共中央关于制定国民经济和社会发展"十四五"规划和 2035 年远景目标的建议》中强调要"深化保险公司改革、提升商业保险保障能力"，为未来依托经济发展趋势，积极扩大有效保险供给，满足日益增长的多元化保险服务需求，实现高质量发展，切实助力我国新发展格局构建提出新的要求。同时，也进一步确定了保险业的重要地位，即保险业已成为政府、企业、居民风险管理和财富管理的基本手段，是提高保障水平和保障质量的重要渠道，也是政府改进公共服务、加强社会管理的有效工具。保险业的发展离不开保险法制体系的完善。作为调整保险行业的基本法，《中华人民共和国保险法》（简称《保险法》）于 1995 年 6 月 30 日第八届全国人民代表大会常务委员会（以下简称全国人大常委会）第十四次会议通过，根据 2002 年 10 月 28 日第九届全国人大常委会第三十次会议《关于修改〈中华人民共和国保险法〉的决定》、2009 年 2 月 28 日第十一届全国人大常委会第七次会议、2014 年 8 月 31 日第十二届全国人大常委会第十次会议《关于修改〈中华人民共和国保险法〉等五部法律的决定》、2015 年 4 月 24 日第十二届全国人大常委会第十四次会议进行了修正修订。2009 年、2013 年、2015 年、2018 年，最高人民法院先后四次出台《关于适用〈中华人民共和国保险法〉若干问题的解释》，补充明确《保险法》中一些规定的适用，对切实维护当事人合法权益、解决保险合同纠纷提供了有效依据。

　　在学科学习中，保险专业属于经济类，学生的经济学背景较强，运用法经济学分析方法对保险法相关理论及规定予以分析，有利于增强保险法律制度规定的根源，深化其内涵，同时，法经济学假设的资源稀缺性、社会人的理性行为及分析成本收益后做出的最有效率选择，与保险法律制度存在的本源一致，有利于国家保险社会资源的合理配置，也有利于保险法律资源的有效运用。因本书的重心是保险法的基本知识，故只是运用法经济学方法对其中个别理论进行了分析。由于笔者的知识有限，疏漏和不足之处在所难免，恳请学界同人提出批评。

　　本书在写作过程中参考了大量的文献，对直接引用的文献尽可能一一列出，对参阅的文献同样一一列出，如有遗漏，实非故意，敬请原文献作者谅解。在此对所有引用文献和参阅文献的作者表示诚挚的谢意！

孙阿凡

2022 年 6 月

目　录

第一章

保险法概述

第一节　保险概述

一、保险制度发展简史

保险虽是一种现代风险管理方式，但渊源可溯至古代，如公元前1894年古巴比伦《汉谟拉比法典》中即规定有类似于现代财产保险的商队对被劫货物的补偿制度。① 公元前916年《罗德海商法》中规定："为了全体利益减轻船只载重而抛弃船上货物入海的，损失由全体受益方分担。"② 这些都是保险的原始形式。

（一）近代保险制度首先出现在海上贸易

11世纪，欧洲环球航海探险得到全面发展，海上贸易面临的巨大投资与风险，为保险制度的建立提供了良好条件。1453年西班牙巴塞罗那法令规定了有关海上保险的承保规则和损害赔偿手续。这一法令被称为"世界上最古老的海上保险法典"，其精髓为后来各国海上保险立法继承。

随着美洲新大陆的发现，16世纪，为船舶及货物投保的做法传到伦敦，海上保险中心也由地中海沿岸转移到英国。1568年伦敦皇家交易所成立，改

---

① 即如果商队的马匹、货物等在途中被劫或发生损害，经宣誓并无过失的，可免除个人债务，而由商队全体成员予以补偿。

② 任自力，周学峰. 保险法总论：原理、判例［M］. 北京：清华大学出版社，2010：15－16.

变了古老的露天交易方式；1575 年设立的保险商会是世界上最早的保险人公会组织，从此，英国成为世界海上保险中心。但当时海上保险单业务主要在劳埃德咖啡馆交易，后来发展为现代的伦敦劳合社（Lloyd's of London）。1601 年，英国伊丽莎白女王制定了第一部有关海上保险的法律，规定在保险商会内设立仲裁庭解决海上保险纠纷。1681 年法国国王路易十四颁布《海事敕令》，其中第六章专章规定海上保险，其后被其他国家沿袭。1871 年正式设立的劳埃德保险公司（劳合社）是保险业突飞猛进的标志。在美洲，1721 年英属殖民地便成立了海上保险公司。

（二） 火灾保险逐渐从海上保险中分离出来

15 世纪德国出现正式的火灾相互保险组织"火灾基尔特"；1666 年英国伦敦大火后，尼古拉斯·巴蓬（Nicholas Bapone）医生成立了火灾保险营业所，后来改组为英国最早的火灾保险公司——"凤凰保险公司"。之后，火灾保险受到重视，从海上保险分离出来成为独立险种。1710 年、1714 年英国先后设立专门从事火灾保险的商业组织"太阳保险公司""联合火灾保险公司"。

（三） 人寿保险日益完善

人身保险也源于海上保险。15 世纪末，奴隶贩子将贩运的奴隶作为货物投保海上保险，开启了以人的生命为保险标的的商业化保险序幕。后来，船员和乘客也开始投保，遇到意外伤害由保险人给予经济补偿。相对正规的人寿保险制度始于德国 1551 年的儿童强制保险，但没有以死亡率的计算为依据，不属于真正意义上的商业人寿保险。现代人寿保险业的重要标志是数学方法和统计手段的应用，1671 年，荷兰数学家维特（Witt, Jan de）运用概率论的原理，依据人的生存或死亡概率计算年金；1693 年，英国天文学家埃德蒙·哈雷（Edmond Halley）根据德国布雷斯劳城的居民寿命资料，精确计算出各年龄人口的死亡率，编制出完整的生命表；1756 年，英国数学家詹姆斯·陶德森（James Dodson）提出"均衡保费"思想。1762 年英国"人寿及遗属公平保险社"正式采用生命表计算保险费率，使保费厘定具有了科学的数理基础，被视为现代人寿保险业的正式开端。

17 世纪中叶，意大利银行家洛伦佐·佟蒂（Lorenzo Tonti）提出联合养老保险法（简称"佟蒂法"），创立了年金保险，并于 1689 年正式实行。佟蒂法规定每人交纳一定的法郎，筹集起总额 140 万法郎的资金，保险期满后，每年支付 10% 的利息，并按年龄把认购人分成若干群体，年龄高的分息多；分息者仅限于该群体的生存者，若群体成员全部死亡，则停止给付。随后，人寿保险打破单纯以被保险人死亡为给付条件的模式，出现了被保险人生存或死亡都可获得保险金的两全保险，以被保险人健康为标的的健康保险和意外伤害保险；20世纪末还出现了分红保险、投资连接保险等新险种。保险范围不断扩充，为人类对抗死亡和疾病威胁提供了大量有效的风险规避手段。

（四）保险制度日益多样化

19世纪中后期，工业化进程加快，铁路运输、工厂安全等事故激增，侵权责任的化解日益迫切，19世纪80年代责任保险应运而生。1880年，英国颁布《雇主责任法》，出现专门的雇主责任保险公司，承保雇主在经营过程中因过错致使雇员受到人身伤害或财产损失时应负的法律赔偿责任，随后其他国家纷纷效仿。

20世纪，各种形式的保险都取得发展。二战期间，健康保险作为员工的薪资外福利被引进后，得到了迅速普及。随着市场经济的发展，法律制度不断健全，索赔意识不断增强，为应对侵权责任的扩张，各类新型责任保险不断出现，如产品责任保险、医疗事故责任保险、董事和经理责任保险等。随着购房数量的增加及银行按揭贷款的普遍运用，同时承保火灾险与责任险的综合险种——家庭财产综合险得以普及。如今，保险已从保护航海贸易的工具发展为社会稳定器，在人类社会发展中发挥着重要作用。传统的海上保险和火灾保险（后来扩展到一切财产保险）、人寿保险、责任保险也被视为保险业发展的三个代表性阶段。

二、保险概念

（一）保险是分散风险的最优机制

从最简单的意义上讲，保险可以在损失发生时保护相关主体的利益，即保险是危险的社会化分担机制，无危险则无保险。

人类社会发展中，应对风险是人类的普遍需求。这种普遍性源于危险的客观存在及其不确定性。通常，危险是因不可抗力、意外事件或其他原因致使损失发生的、未来不确定的客观状态。就社会整体而言，某些危险的发生具有不可避免性，是客观存在的；实际中，某些危险的发生虽在所难免，但发生时间、地点、损害程度无法确定。这就使得如何应对风险成为关键。

避免危险、预防危险、转移风险、自留风险、寻求社会救助、分散风险等是常用的应对风险方法。相较之下，通过购买保险转移并分散风险是最佳选择。保险的基本运作机制是由个体拿出较少资金，汇集成专门的保险基金救助受灾主体，是在不影响社会经济运行情况下风险社会化分担的实践。一方面，社会成员皆有遭受不测危险的可能，但受灾主体总是少数，这种客观性与不确定性为风险社会化分担奠定了客观基础。另一方面，尽管危险的发生不确定，但在一个较长时期、较大范围内，发生概率较为稳定、可以预测。这种可测定性为保险概率的计算提供了数理统计基础，也使保险社会化程度增大，成为分散风险的有效机制。

（二） 法律规定及学理概念

《中华人民共和国保险法》（简称《保险法》）第 2 条规定："本法所称保险，是指投保人根据合同约定，向保险人支付保险费，保险人对于合同约定的可能发生的事故因其发生所造成的财产损失承担赔偿保险金责任，或者当被保险人死亡、伤残、疾病或者达到合同约定的年龄、期限等条件时承担给付保险金责任的商业保险行为。"

作为一种危险社会化分担机制，保险的基本属性体现为经济关系与法律关系的结合。一方面，保险是一种经济补偿制度，从运行机理来看，以概率论为技术条件，进行合理计算后，集合多数经济单位共同筹集资金，建立集中的保险基金，对特定灾害事故所致财产损失、人身伤亡进行偿付，以确保社会经济生活的安定。另一方面，保险也是一种法律关系，从运行方式来看，设立、变更、消灭以及保险责任的承担等都是法律调整的结果。

三、保险的特征

（一） 是一种合同行为

法律层面，保险是一种合同行为，是一方同意为另一方损失提供补偿的合同安排。同意提供损失赔偿的一方是保险人，接受损失补偿的一方是投保人或被保险人。

（二） 具有互助性

保险在一定条件下分担了个体所不能承担的风险，形成"一人为众、众为一人"的协力分担与共同集资的经济互助关系。这种互助关系通过保险人在社会的广泛领域内吸收资金，克服自保和小范围共保负担过重的不足，将少数个体损失分解于社会上处于相同性质、共同组成保险集团的其余被保险人身上，体现了危险分担的社会性，这也是保险最核心的本质。根据大数法则，参加保险的人越多、分担范围越广泛，保险基金就越稳定，投保人缴纳的保费数额也就越少；反之，参加者越少，单个成员的负担就越重，甚至超过安全底线，对保险团体构成威胁。实际中保险公司需确定科学适中的保险费率，来增强互助的普遍性。

（三）　对象具有特定性

保险对风险既有依赖性，又有选择性，并非所有的风险都是保险对象，只有可保风险才属于。可保风险作为保险关系的客体，需具备以下要件。

一是风险必须具有纯粹性。纯粹风险指仅存在损失与否两种选择，绝无获利可能，如过早死亡、火灾引起的财产损失等。保险人一般只承保纯粹风险，但也有极少数例外，如有些保险公司会为机构的投资组合以及市政债券面临的潜在损失承保。[①]

二是必须有大量的风险单位，这是可保风险的必要条件。理想情况下，应存在面临相同风险事故，或风险事故集合的大量基本类似但不必完全相同的风险单位。[②]随时间推移，能够累积损失数据，并让保险公司基于大数法则比较准确地预测这一群体作为整体所受的损失，进而在承保范围内的被保险人之间分摊损失成本。

三是风险的发生应具有可能性、偶然性、不确定性。为维护保险的严肃性及其社会效益，对每个风险单位而言，都可能会遭遇风险；不可能发生、发生概率极低的风险不应列入保险。同时，风险发生与否，发生的时间、地点、原因和损失程度都不确定，须是当事人意料外的因素偶然引发。不确定性的判断则以保险关系成立时为依据，以投保人为视角，根据一般人的知识、能力、经验判断。

四是风险的发生应具有未来性。保险是对未来发生的风险予以分摊，已经发生的风险应排除在外，但签订合同时双方不知道危险已经发生的，仍有保险的可能。这就涉及追溯保险。追溯保险指保险责任期间追溯到保险期间开始前的某个时点的保险，包括法定和约定两种形式。我国对该制度并无明文规定，仅有个别相关论述。如《保险法》第13条规定："依法成立的保险合同，自

---

① ［美］乔治·E.瑞达，迈克尔·J.麦克纳马拉.风险管理与保险原理［M］.北京：中国人民大学出版社，2015：8.

② ［美］乔治·E.瑞达，迈克尔·J.麦克纳马拉.风险管理与保险原理［M］.北京：中国人民大学出版社，2015：27.

成立时生效。投保人和保险人可以对合同的效力约定附条件或者附期限。"《保险法》第14条规定："保险合同成立后，投保人按约定交付保险费，保险人按照约定的时间开始承担保险责任。"《中华人民共和国海商法》（简称《海商法》）第224条规定："订立合同时，被保险人已经知道或者应当知道保险标的已经因发生保险事故而遭受损失的，保险人不负赔偿责任，但是有权收取保险费；保险人已经知道或者应当知道保险标的已经不可能因发生保险事故而遭受损失的，被保险人有权收回已经支付的保险费。"

五是危险的程度及范围需具有可测性。这是确定保险人责任所必须。保险要以数理统计为基础，借以确定损失率，没有规律性、难以测定的危险，如罢工、地震等，保险公司一般拒保。

（四）保险活动具有商品经济性

保险体现为一种对价交换的活动，属于商品经济关系。一方面，直接表现为个别保险人与投保人间的交换关系，即单个保险合同的签订及保费的缴纳；间接表现为一定时期内全部的保险人与投保人间的交换关系，即保险人销售保险产品，投保人购买保险产品。所以，参加保险所获利益需以一定对价换取，二者具有对价性。另一方面，保险是通过损害填补为目的的保险偿付而实现的一种经济保障活动，财产和人身作为主要保障对象，属于社会再生产中的两大经济要素——生产资料和劳动力。实现保障时，财产保险通过支付金钱、提供实物或恢复原状等方式予以补偿；人身保险基于生命与健康的无价性和难以复得性，由双方提前约定赔偿金额。这些以支付货币为主要偿付形式的保障功能，无论从宏观还是微观角度，都与社会经济发展息息相关。

（五）科学性

保险是处理风险的科学有效措施。现代保险经营以概率论和大数法则等科学的数理理论为基础。保险费率的厘定、保险准备金的提存等都是以科学的数理计算为依据的。

四、保险的分类

（一）财产保险与人身保险

以保险标的为划分标准，保险通常分为财产保险与人身保险。

财产保险指以各种物质财产及相关无形财产、利益为标的的保险，是一种以非人身为对象的综合总括性险种。广义上包括财产损失保险、责任保险、保证保险、信用保险和农业保险。

人身保险指以人的生命、健康、身体或与生命相关的财产利益为对象的保险，包括人寿保险、健康保险、意外伤害保险等。

二者存在保险标的、保额确定方式、保险期限及性质等多项区别。人身保险的保险标的是人的寿命和身体，当遭受不幸事故或因疾病、年老以致伤残、死亡或年老退休时，保险人会给付相应的保险金，由投保人根据经济状况及保障需求确定保额。财产保险的保险标的是财产及其相关利益，包括有形财产、责任、信用、保证等，根据标的实际价值确定保额。一般来说，人身保险的期限较长，除具有保障性外，还带有储蓄性质，保单经过一定时间后具有现金价值；财产保险多为短期，不具有现金价值。

（二）自愿保险与强制保险

以保险实施方式为划分标准，保险可分为自愿保险与强制保险。

自愿保险又称约定保险，指在自愿原则下，投保人与保险人在平等的基础上，通过订立保险合同而建立的保险关系。该保险关系完全取决于双方当事人意思表示一致的结果。

强制保险又称法定保险，指国家法律规定必须参加的险种。商业保险以自愿原则为主，但对少数危险性较高、影响人民利益较大的保险标的，应实行强制保险，如乘坐交通工具出门旅行、农业保险等。我国的强制保险在法律、行政法规规定的范围内实施，未做规定的，保险公司不得强制他人订立保险合同。

（三）商业保险与社会保险

以保险的性质为标准，保险可分为商业保险与社会保险。

商业保险指专门以营利为目的而经办的保险，通常简称为保险，主体是营利性的保险公司或其他组织。

社会保险指为贯彻社会政策而由国家创办的，旨在为广大社会成员提供生活保障的保险，是以保险方式实现社会目的的做法。

二者都属于社会风险化解机制，在多层次社会保险体系中，社会保险是主体，商业保险是补充，但也存在区别。一是性质不同。社会保险是由立法强制实施的政府福利事业，商业保险是保险人与被保险人的自愿契约关系，二是目的不同。社会保险旨在确保劳动者的基本生活，维护社会稳定、促进经济发展，不以营利为目的；商业保险以获取利润为主，并在此前提下履行经济补偿义务。三是资金来源不同。社会保险由国家、用人单位和个人三方承担，商业保险由投保人自负。四是待遇水平不同。社会保险着眼于长期基本生活的保障，需考虑物价上升等因素逐步提高；商业保险着眼于一次性经济补偿，受合同约定与实际损失的双重限制。五是政府责任不同。社会保险是公民的基本权利，政府承担兜底责任；商业保险受市场竞争机制制约，政府主要实施监管，以保护保险消费者的利益。

（四）原保险与再保险

以保险人承担保险责任次序的不同为划分标准，保险可分为原保险与再保险。

原保险指保险人对非经营保险业的被保险人因保险事故所造成的损失承担直接、原始赔偿责任的一种保险。

再保险指原保险人出于转移风险和经营安全的考虑，以自己承保的危险向其他保险人再进行投保，并与其共担风险的保险。实际是保险人之间的保险业务，以原保险为基础，又称为第二次保险。

第二节　保险法概述

一、保险法的概念

保险法指调整保险关系的法律规范的总和。根据规范内容的不同，可分为狭义、广义和最广义三个范畴。

狭义的保险法基本上等同于保险合同法，以调整保险合同关系为主，核心是为保险关系的建立设定法律规则，规范保险行为，保证反映当事人的真实意思。

广义的保险法泛指一切调整商业保险关系的法律法规，包括保险合同法、保险业法和保险特别法。其中，保险业法指国家对保险公司、其他保险组织以及保险市场秩序实行监管而形成的法律法规总和，主要是对保险市场进行法律调控，解决主体资格及行为规制问题，防止造成市场混乱。保险特别法指调整保险合同关系、监管关系以外的与保险相关的法律，包括因业务特殊、国家明令的保险关系法律，如海上保险、机动车辆强制保险；间接调整保险关系的法律，如《中华人民共和国证券法》（简称《证券法》）中对保险资金运用的规定等。

最广义的保险法则将社会保险亦纳入保险法调整对象。随着人类社会的发展，损失已由纯自然损失、经济损失扩张到社会损失，这种损失受损概率高、影响面大，依靠商业保险难以分散，因此，需要社会保险的配合，有效弥补传统商业保险因过度追求盈利而对普遍社会保障的疏忽和无能为力。但社会保险的非营利性与商业保险存在本质区别，也有学者认为归入社会保障法更为妥当。

此外，还可以分为形式意义、实质意义的保险法。形式意义的保险法指专门以保险法命名的规范文件，如我国的《保险法》；实质意义的保险法指法律体系中一切有关保险的法律规范的总和，除以"保险法"命名的法律外，还包括有关的行政法规、规章、司法解释等，如《海商法》中关于海上保险合同的规定。

本书中所称的保险法指广义的保险法和实质意义的保险法，但不包括社会保险法。

二、保险法的调整对象

结合我国保险法规定，调整对象可概括为保险合同关系、保险中介关系、保险组织关系和保险监管关系。保险合同是投保人与保险人约定保险权利义务关系的协议，是保险活动的基础，其订立、履行、变更、终止、违约责任等都在法律中予以规制，是保险法的主要调整对象。保险中介是专门从事保险业务咨询与销售、风险管理与安排、价值衡量与评估、损失鉴定与理算等服务活动，并从中获取佣金或手续费的单位或个人，包括代理人、经纪人、公估人，以及精算师、事故调查机构、律师等其他从事专业特定服务的主体。我国保险法专章对保险代理人和经纪人予以规范。保险公司是保险业务顺利推行的关键，其内部的分工协作，以及职务范围、责任、权力等的划分直接影响着公司的作用发挥。规范保险公司组织关系是各国保险法的主要内容之一，我国保险法对保险公司及经营规则分别做了专章规定。保险业是经营风险的特殊行业，是社会经济补偿制度的重要组成部分，对社会经济稳定和人民生活安定负有很大责任。这种极强的公众性和社会性，需要国家进行严格监管。我国保险法专章规定了保险业的监督管理。

三、保险法的特征

与其他金融法律、法规相比，保险法调整对象的特殊性使其体现出三个特征。

（一） 公法性与私法性的结合

从保险法的结构体系来看，主要由保险合同法和保险业法构成。其中，保险合同法具有私法性质，保险合同完全遵从意思自治原则和平等原则，在市场机制下自发形成、运行，国家机关不会主动干预。保险业法则强调国家对保险业的监督管理，意在维护国家和社会公共利益，维持正常的市场秩序，公法特性明显。

（二） 伦理性与技术性的结合

法律就其规范本身的性质可分为伦理性规范和技术性规范。伦理性规范本着处理人与人、人与社会相互关系时应遵循的道德和准则，对相关行为予以指导，是长期以来普遍存在、深入人心的基本道德规范。保险法中的最大诚信原则、保险利益原则等均体现了法律的伦理性。

技术性规范强调由立法专家精心设计，内容具有一定的专业性，仅凭一般常识无法了解。保险业是以各种危险为经营对象的特殊行业，这就决定了保险的经营管理及运行机制具有复杂而特定的技术性。如保费的拟定依赖于保险人对同类同质危险发生概率的科学测算；被保险人的损失及赔付额需借助特定技术和方式确定等。

（三） 国内性与国际性的结合

毫无疑问，保险法属于国内法，需结合国情及规制需求制定，但追溯历史，保险法从中世纪海上保险商人的习惯法发展至今，历经了国际法—国内法—国际法的演变过程，并出现了明显的国际性特征。随着全球经济一体化的加速，国家之间的经济联系日益密切，其中的风险化解需求及其规制必不可少，保险法需要顺应这一趋势。实践中，保险法确立的基本原则、基本制度及规则具有相当的共通性和普适性，因此由其产生了国际通行的保险规则或公约，如《海牙规则》《约克—安特卫普规则》等。

四、中华人民共和国成立以来的保险立法

1949 年 10 月 20 日中国人民保险公司成立，标志着我国保险事业开始起步。随后，当时的政务院、财政经济委员会颁布了《关于实行国家机关、国营企业、合作社财产强制及旅客强制保险决定》《船舶强制保险条例》《公民财产自愿保险办法》《铁路、轮船、飞机旅客意外伤害强制保险条例》等。

1981 年 12 月 23 日，第五届全国人民代表大会通过的《中华人民共和国经济合同法》（简称《经济合同法》）第 25 条对财产保险合同做了原则性规定，这是中华人民共和国成立后第一部与保险有关的真正意义上的法律，标志着保险法治建设的真正起步。1983 年 9 月 1 日，国务院颁布《中华人民共和国财产保险合同条例》，这是第一部专门调整保险合同法律关系的法规，对保险合同的订立、变更、转让、投保方义务、保险方赔偿责任等做出了规定。1985 年 3 月 3 日，国务院颁布《保险企业管理暂行条例》，这是第一部专门调整保险业管理方面的规范性法律文件，对保险企业的设立、中国人民保险公司、偿付能力和保险准备金、再保险等进行了规定，在加强国家对保险企业的管理、促进保险业健康发展方面起到了重要作用。1992 年颁布的《海商法》第 12 章对海上保险合同做了规定。1995 年《保险法》颁布。作为中华人民共和国成立后的第一部保险法，《保险法》从保险合同、保险公司、保险经营规则、保险业的监督管理、保险代理人和保险经纪人、法律责任等方面进行全面规定。进入 21 世纪后，保险业快速发展，为应对新情况、新问题，2009 年 2 月 28 日，第十一届全国人大常务委员会第七次会议对《保险法》进行了较大修订，进一步明确保险活动当事人双方的权利、义务，加强对投保人、被保险人利益的保护，加强对保险公司的监督管理，完善了保险业监督管理的规定。2014 年、2015 年又进行了个别修订，这也是现行的《保险法》。

此外，国务院先后发布《中华人民共和国外资保险公司管理条例》（2001年）、《机动车交通事故责任强制保险条例》（2006 年）、《农业保险条例》（2012年）等法规。保险监督管理委员会自 1998 年成立以来，发布《保险公司管理规定》《人身保险产品备案管理暂行办法》《财产保险条款费率管理暂行办法》《保险代理机构管理规定》《保险经纪公司管理规定》《保险公估机构管理规定》《再保险公司设立规定》《保险公司偿付能力额度及监管指标管理规定》等诸多规章。随着《保险法》的修订，相关法规规章也先后修订，如 2021 年3 月 1 日起施行的《保险公司偿付能力管理规定》，2021 年 1 月 1 日起施行的《保险代理人监管规定》，2018 年 4 月 1 日起施行的《保险资金运用管理办法》，2018 年 5 月 1 日起施行的《保险公估人监管规定》《保险经纪人监管规定》等。

本章案例

一不小心就成了保险公司①

（一）基本案情

20 世纪 80 年代，美国健康医疗成本大幅上升。飞涨的健康医疗费用使人寿保险公司及其类似组织（如健康维持组织）大受其益，个人和企业主为其医疗计划所支付的保费则增加了 20% 或更多。除保险公司以外，许多机构都试图对医疗成本进行分析，以寻找各种提供医疗方式的替代方案。本案中，牙医预付保健服务公司（以下简称服务公司）的方案为：（1）服务公司先与雇主签订合同，并由雇主每月支付一定费用，从而保证在其雇员需要时，可以享受特定的牙齿保健服务；（2）服务公司与牙医签订合同，由牙医提供这些特定的牙齿保健服务，但不管提供多少服务，服务公司将每月向牙医支付固定费用；（3）此计划的参与者只能享受该组织指定的牙医所提供的服务；（4）服务公司一般要求牙医协会提供一份由第三方出具的履约保证书，以保证牙医在约定年度履行约定服务；（5）此计划不提供意外事件的看护、住院病人的医疗和身体看护，也不提供规定范围之外或门诊的医疗服务。

对于这一方案，美国犹他州保险委员会认为，该计划已侵入了犹他州法典注释所定义的保险范围（根据犹他州法典有关规定，保险合同是指根据此合同，某人将基于可确定的风险概率向他人赔偿、支付或给予特定的或可探明的金钱或利益）。所以该方案构成了保险活动，服务公司属于应受到保险监管的健康维持组织，遂决定禁止该公司开展此项应经特殊许可的业务。

（二）案件审理

服务公司不服保险委员会的处罚决定提起诉讼。盐湖城地区法院审理时认为，服务公司要求牙医协会出具履约保证书，说明该组织在这个计划中承担了风险，故而支持了保险委员会的调查结果，驳回服务公司诉求。服务公司提起上诉。

上诉法院审理中发现，根据保险的定义，保险合同涉及的风险，对保险公司而言，是指那些支付了保险费的人都可能碰到的风险，当合同所指的意外事

① 一不小心就成了保险公司［DB/OL］．百度文库，https://wenku.baidu.com/view/a0de4059021ca300 a6c30c22590102020640f24f.html.

件发生时，保险公司就应承担因此而导致的损失费用。而上述牙齿保健服务计划中，存在一定的风险，即计划参与者可能需要牙齿护理，并且，这种风险可能波及所有的计划参与者。更关键的一点是，该计划中的风险不是由服务公司承担。无论计划参与者是否需要保健服务，服务公司支付给牙医的费用都一样，没有承担任何风险，因而，上诉法院认定，该计划涉及的合同不是保险合同。

盐湖城地方法院审理时认为，服务公司要求牙医协会出具履约保证书，说明在此计划中承担了风险。上诉法院认为，虽然履约保证书说明保证书持有人承担了风险，但本案中，原告（即服务公司）并没有许诺对意外事件的发生支付任何利益。法律规定保险人应该保持巨大的存款和财产储备，以确保风险发生时有能力赔偿。但本案原告并不需要保持这种储备，无论风险是否发生，原告除了向牙医支付每月固定费用外，不需要支付任何额外金额。因此，本案原告并未从事保险，因为它没有承担风险。

根据犹他州法典的规定，保险是一种合同，根据此合同，某人将基于可确定的风险概率向其他人赔偿、支付或给予特定的或可探明的金钱或利益。由此，构成保险的要素主要有三个：风险、风险的分配和风险的承担。作为保险要素之一的风险，是一种客观存在的意外风险，但本案涉及另外两个因素，即风险的转移与承担问题。一般来说，认定保险时，总是存在合同的两方通过订立契约，一方将可能的损失风险向另一方转移，即由后者向前者"赔偿、支付或给予特定的金钱或利益"。然而，本案中，服务公司除了向牙医支付约定费用外，没有承担任何风险。基于此，上诉法院认定，不承担风险的服务公司其活动就不构成保险，并强调危险是基本因素，危险事件责任的转移也同等重要。

（三）案件评析

本案例既存在风险，也存在风险的转移和承担，只是承担风险的是订立牙齿保健服务契约的第三方，即牙医在费用一定的情况下，满足契约条件、要求提供服务的人越多，牙医的医疗支出就越高。牙医会不会由此而不提供服务了呢？答案是否定的，服务公司手中有控制牙医的撒手锏，即第三方出具的履约保证书。根据保险的定义，保险活动仅涉及两方，且在保单购买和损失发生之间一般都存在长时间的间隔，在没有第三方监督的情况下，保险人的偿债能力就变得十分重要。故对被保险人而言，保险并不真正保险，这就是需要保险委员会及类似监督机构的原因，也是犹他州法典将保险定义为双方行为的原因。

因此，保险三要素更精确的表述应为：风险、风险在被保险人和保险人之间的转移以及保险人对风险的承担。本案中，牙医与计划参与者之间不存在契约关系，风险是通过服务公司这一中介，在上述三方之间转移的，三方已形成一个合理的监督系统，因而，不存在需要受到监管的保险。

本章要点

本章主要讨论保险和保险法的基础知识，包括保险的概念、特征、分类，保险法的概念、调整对象、特征和中华人民共和国成立以来的保险立法；要求熟悉保险与保险法的基础知识，重点掌握保险特征及保险法的调整对象。

第二章

保险法的基本原则

保险业在长期发展中形成了一系列符合其经营规律和特点的基本原则。这些原则是保险活动的综合性原理和基本准则，贯穿于保险业务全过程，具有全局性的指导意义和普遍适用价值，也是保险法律精神的集中体现。保险法理论一般认为，最大诚信原则、保险利益原则、近因原则、损失补偿原则及派生的代位原则和分摊原则共同构成了保险法的基本原则。

第一节　最大诚信原则

一、最大诚信原则的含义

最大诚信原则指保险合同当事人在订立和履行合同的过程当中，都必须从善良愿望出发，不得进行欺诈以获取非法利益。起源于英国海上保险判例案件——1766 年 Carter v Boehm 案。该案审理中，主审法官曼斯菲尔德勋爵将罗马法的诚信概念引入，在判词第一段中写道："赖以估算事故之偶发概率的特殊事实主要仅为被保险人独自知悉；承保人信任被保险人的陈述，相信被保险人为了使承保人误以为本案所涉情形并不存在而隐瞒其（被保险人）知道的事实。在此基础上，承保人对风险进行评估，以为并不存在风险。实际上，被保险人隐瞒本案所涉情形，此为欺诈，故保险单无效。尽管此种隐瞒可能由于错误而发生，尽管被保险人并无诈欺之意，但合同依然无效：因为承保人实际承担的风险完全不同于其合同订立时所理解、评估并拟承担的风险。如果承保人隐瞒事实，则保险单同样无效……这一原则适用于一切合同和交易。依据诚信，任何一方当事人都不得隐瞒仅为自己暗中已知的情形、并从对方的不知情和误以为真这一状态中获得交易……这一规则旨在防止欺诈、鼓励诚信。"①
这被中外学界一致认为是保险法最大诚信原则的判例法渊源。

我国《保险法》第 5 条规定："保险活动当事人行使权利、履行义务应当遵循诚实信用原则。"该原则下辖一系列具体制度，不仅要求人们交易时诚实不欺、恪守信用，更重要的在于维持当事人之间以及当事人与社会之间的利益平衡，要求当事人在尊重他人利益、社会利益的前提下，实现自己的利益。因此，不但对投保人、被保险人提出如实告知、履行保证等义务，也对保险人提出说明、弃权、履行给付等义务。

二、最大诚信原则的内容

（一）告知

告知指在保险合同订立时，投保人（被保险人）应将有关保险标的的重要事实如实地向保险人做口头或书面的陈述。如实告知的陈述应当全面、真实、客观，不得隐瞒或故意不回答，也不得编造虚假情况欺骗保险人。不仅包括现实已经知道的情况，对其尚未知道却应当知道的情况，投保人也负有告知义务。

我国《保险法》第 16 条第 1 款规定："订立保险合同，保险人就保险标的或者被保险人的有关情况提出询问的，投保人应当如实告知。"

1. 法律性质

告知义务是法定的，不受保险合同是否有明确约定的影响，属于合同法中的先合同义务，即此阶段保险合同尚未成立，合同义务尚不产生约束力，是法律强加于投保人的合同订立前的法定义务，不构成保险合同的内容。

2. 法律关系的内容

（1）告知的义务主体。

各国保险法均规定投保人负有告知义务，但对与保险标的有切身利害关系的被保险人是否负有如实告知义务，规定不尽一致。我国《保险法》第 16 条

---

① 韩永强. 保险合同法"最大诚信原则"古今考［J］. 华东政法大学学报，2013（1）：34－50.

虽然仅规定了投保人的如实告知义务，但投保人和被保险人不是同一人时，应当认为同样适用于被保险人。保险公司的保险条款也一般均要求被保险人须履行告知义务，但受益人无须履行。

（2）告知的内容及范围。

通常情况下，告知内容界定为重要事实。重要事实指对保险人决定是否接受或以什么条件接受对某一危险起影响作用的事实。英国《1906 年海上保险法》第 18 条规定，判断重要事实的标准是看该事实是否会对一个谨慎的保险人决定承保与否或确定保险费率的判断产生影响。后来，各国保险法都延续此做法来认定。我国最高人民法院《关于适用〈中华人民共和国保险法〉若干问题的解释（二）》（以下简称《司法解释（二）》）第 5 条规定："保险合同订立时，投保人明知的与保险标的或者被保险人有关的情况，属于保险法第 16 条第 1 款规定的投保人'应当如实告知'的内容。"《保险法》第16 条第 2 款规定："投保人故意或者因重大过失未履行前款规定的如实告知义务，足以影响保险人决定是否同意承保或者提高保险费率的，保险人有权解除合同。"

由此可见，告知范围包括：一是与保险人决定是否接受投保相关的重要事实，财产保险主要是财产的相关细节，人寿保险主要是被保险人的身体状况；二是与保险人确定采用何种费率相关的重要事实，主要是周围环境与客观因素。上述事项仅限于投保人知道或应当知道的重要事实，若保险人已知或应知的无须告知。

（3）告知的方式。

从各国保险立法来看，对于投保人的告知有无限告知主义和询问告知主义两种立法体例。无限告知又称客观告知、主动告知，要求投保人主动、全面地告知与保险标的有关的重要情况，而不以保险人的询问为条件，保险人也不用确定告知内容的具体范围。英美法系国家多采取这种方式。询问告知又称主观告知，要求投保人只需如实回答保险人对保险标的风险状况提出的询问即可，对询问以外的问题投保人无须告知。大陆法系国家多采用这种方式。

相比之下，询问告知主义比无限告知主义更符合现代保险技术进步的趋势，也能很好地平衡双方当事人的利益。首先，有关保险标的风险状况的重要事实内容十分宽泛，在没有明确范围的情况下，要求投保人完全陈述而不能有任何遗漏未免过于苛刻。其次，保险有着很强的专业性和技术性，许多风险因素也随着保险技术和统计水平的提高不断发生变化，要求没有专业知识的投保人区分情况重要与否也是勉为其难。最后，要求投保人无限告知可能会损害其商业秘密。[①]

《保险法》第16条第1款的规定，"订立保险合同，保险人就保险标的或者被保险人的有关情况提出询问的，投保人应当如实告知。"我国适用询问告知制，投保人告知的范围以保险人询问的事项为限，且保险人的询问限于与保险合同有关的事项。一般情况下，投保单和风险询问表应视为保险人提出询问的书面形式，投保人负有如实告知义务。个别情况下，保险人可以就投保单之外的有关事项进行询问，无论这种补充询问是口头还是书面，投保人都应如实告知，否则，就要承担相应的法律后果。《司法解释（二）》第6条规定："投保人的告知义务限于保险人询问的范围和内容。当事人对询问范围及内容有争议的，保险人负举证责任。保险人以投保人违反了对投保单询问表中所列概括性条款的如实告知义务为由请求解除合同的，法院不予支持，但概括性条款有具体内容的除外。"

但《海商法》第222条规定："合同订立前，被保险人应将其知道或在通常业务中应当知道的有关影响保险人据以确定保险费率或者确定是否同意承保的重要情况，如实告知保险人。保险人知道或在通常业务中应当知道的情况，保险人没有询问的，被保险人无需告知。"显然，此时投保人（被保险人）的如实告知义务不以保险人询问为前提，不论是否询问，除非保险人已知或应知，投保人（被保险人）应将有关保险的重要情况主动告知保险人，采纳了无限告知制。

（4）告知义务的违反及其法律后果。

①告知义务的构成要件。投保人应知而不告知或者作不实告知，具体表现为漏报、误告、隐瞒、欺诈四种。判断投保人是否违反如实告知义务，应从主观和客观两个方面进行认定，须具备以下要件：一是主观上，投保人存在过错，未告知或做不实的告知是故意或重大过失所致；二是客观上，投保人有未如实告知的事实，而且足以影响保险人是否同意承保或者提高保险费率。

判断主观要件时，过错的认定非常重要。事实上，过错是一个主观和客观要素相结合的概念，指支配行为人从事在法律上和道德上应受非难行为的故意和过失状态，即行为人通过违背法律和道德的行为表现出来的主观状态。[②] 判

---

① 许崇苗. 保险法原理及疑难案例解析［M］. 北京：法律出版社，2011：101.
② 许崇苗. 保险法原理及疑难案例解析［M］. 北京：法律出版社，2011：105.

定过失往往与注意义务相对应。注意义务包括三层。一是普通人注意义务，即以一般人在通常情况下是否能够注意为标准。一般人难以注意而没有注意不能认定行为人存在过失；一般人能够注意而没有注意，行为人即存在过失，且为重大过失。二是与处理自己事务为同一注意义务，要求行为人要尽到与处理自己事务一样的注意义务，比普通人注意义务的要求高。违反后属于轻过失、一般过失。三是善良管理人的注意义务，该义务以客观上应否做到某一程度为标准，是特定人依特定职业要求所应负的注意义务，要求最高，违反后属于抽象轻过失，即轻微过失。

与注意义务相对应，过失分为重大过失、一般过失和轻微过失。其中，重大过失强调两个要点：一是基于对他人可能造成伤害的概率与程度，从行为人角度客观来看，其作为或不作为具有极大危险性；二是行为人对所涉风险具有实际的主观认识，但故意不顾他人权利、安全而继续实施的行为。一般过失强调行为人缺乏具有一般知识、智力和经验的人诚实处理事务所应有的注意。轻微过失即行为人缺少谨慎而精细的管理人的注意。违反告知义务的认定要求具有重大过失。

②违反告知义务的法律后果。我国《保险法》第16条第2款、第4~6款的规定，投保人故意或者因重大过失未履行前款规定的如实告知义务，足以影响保险人决定是否同意承保或提高保险费率的，保险人有权解除合同；投保人故意不履行如实告知义务的，保险人对于合同解除前发生的保险事故，不承担赔偿或者给付保险金的责任，并不退还保险费；投保人因重大过失未履行如实告知义务，对保险事故的发生有严重影响的，保险人对于合同解除前发生的保险事故，不承担赔偿或者给付保险金的责任，但应当退还保险费；保险人在合同订立时已经知道投保人未如实告知的情况的，保险人不得解除合同；发生保险事故的，保险人应当承担赔偿或给付保险金的责任。其中，保险人享有的合同解除权，要求：自保险人知道有解除事由之日起，超过30日不行使而消灭；自合同成立之日起超过2年的，保险人不得解除合同；发生保险事故的，保险人应当承担赔偿或给付保险金的责任。

综上规定，告知义务人违反告知义务后，我国赋予保险人合同解除权和拒赔权两项权利。具备如下三项要件时，保险人可行使解除权解除合同：一是投保人未如实履行告知义务；二是未履行如实告知义务的事实需主观上可归责于投保人；三是客观上投保人未如实告知的事实足以变更或减少保险人对于危险的估计。但是，保险人解除权受到不可抗辩规则的限制——自合同成立之日起超过 2 年的，不得解除合同。该规定属于法律上的除斥期间，不得中断、延长、变更。此外，保险人在合同订立时已知情但未采取措施的，视为弃权，事后不得再主张解除合同；发生保险事故的，应当承担赔偿或者给付保险金的责任。

具备如下三项要件时，保险人可行使拒赔权：一是投保人确实违背了告知义务；二是投保人主观上有过错，存在故意；三是投保人未如实告知的事项与保险事故的发生有因果关系。此时，保险人可对于合同解除前发生的保险事故，拒绝赔偿，并不退还保险费。事实上，不退还保险费属于惩罚性赔偿责任，旨在填补受害人损害的同时，惩罚和制裁严重过错行为。

（二）保证

保证也称特约、担保，指投保人或被保险人对某些特定事项或特定事项的真实性等向保险人所做的担保，既包括行为的为或不为，也包括状态的存在或不存在。保证最早在 18 世纪的海上保险中被广泛运用，作为保险协议的一部分，被保险人经常就船舶、航程的某些特征做出某些声明或承诺，目的在于向承保人告知风险的性质，并在判决中提出，由保单持有人在保单中做出的述明与承诺必须被严格遵守，否则保单无效。由此可见，保证是承保人控制风险的一种手段，任何针对保单持有人对承保人所作事实承诺的违反，均将视为一种对义务的违背。

1. 保证的形式

（1）以保证的表示方式为标准，保证可分为明示保证和默示保证。

明示保证指以特约条款或附加条款载于保险单内或者以口头形式表示允诺、在保险合同中明确记载的、成为合同组成部分的保证条款和其他保证事项。例如，盗窃险中，保证安装防盗门。

默示保证指虽然保险单中没有记载，但是根据社会习惯或有关法律，投保方必须保证的事项。默示保证主要用于海上保险，包括合法保证、适航保证、不绕航保证。合法保证要求任何海上保险所承保的航海活动都必须是合法的。适航保证要求承保船舶必须在航程开始时，各个方面都能合理地适合承保航海过程中遭遇的正常危险，包括船舶本身的设备、燃料、人员，以及适当的货物装载能力和运送设备。不绕航保证要求被保险人保证其船舶不应驶离两个港口之间的通用航道，除非为了紧急避难或救助其他船舶，或经保险人同意。

（2）以保证内容为标准，保证可分为事实保证与承诺保证，这也是对明示保证的进一步细分。

事实保证又称确认保证，是投保人对过去或现在某一特定事实在保险合同订立时存在或不存在的真实性所作的保证。

承诺保证是投保人对将来某一特定事实作为或不作为的保证，即投保人确保某种事实不仅存在于保险合同订立之时，而且将持续存在于整个合同有效期，或确保在保证期间为或不为某行为，又称持续保证。

通常，事实保证只要所申明之事在合同订立之时完全准确即可，之后发生变化不构成违反；承诺保证，要求所保证的状况需在整个保险期间不能发生变化，任何变化均构成违反。违反事实保证，保险合同自始无效；违反承诺保证，仅自违反之时起保险合同归于无效。我国《保险法》对保证未做明文规定，实际中当事人可在保险合同中约定保证事项。此外，《海商法》第 235 条规定了海上保险合同的保证条款："被保险人违反合同约定的保证条款时，应立即书面通知保险人。保险人收到通知后，可以解除合同，也可以要求修改承保条件，增加保险费。"

2. 保证与告知的区别

保证与告知都是依照最大诚信原则产生的投保人与被保险人的义务，但具体来看，保证是用来承诺，告知则等同于告诉。

二者的区别包括四点。一是保证是保险合同内容的重要组成部分，一般均须列入保险单或其附件中。告知是在保险合同订立时，投保人所做的陈述，并不是保险合同的内容。如将告知事项订入合同，其性质就变为保证。二是保证的目的在于控制危险，而告知在于使保险人能够正确估计其所承担的危险。三是保证在法律上推定其是重要的，任何违反将导致保险合同失效。而告知须由保险人证明其确是重要的，才可以成为解除保险合同的依据。四是保证必须严格遵守，而告知只需公允和实质性地作答。

3. 保证与除外条款

在一定意义上，保证、承保范围条款、除外条款都构成了承保的前提条件，或构成保险合同中对承保风险的描述，但保证由被保险人做出，旨在增强被保险人的责任；除外条款理论上由保险人与被保险人协商确定，旨在确认或排除保险人的责任。在成文法仅适用于保证和陈述的司法辖区内，保险人由此仍然可能将某种承保条件或者除外条款作为承保的前提，这能够达到与保证相同的目的。①

4. 保证条款的认定

保证与陈述具有不同的法律效果，使得保险条款被认定为是保证还是单纯的陈述，具有重要法律意义。由于保证条款对投保人和被保险人的要求异常严格，因此，法院认定时也非常严格。保险合同中，若要被认定为保证条款，须满足两个条件。一是该条款必须是被明确记载于保险合同之中，或通过清晰的明示指引而被合并到保险合同中，不能是合同之外的其他条款。二是从当事人的意图来看，当事人有明确的意图将被保险人保证的真实性或允诺的兑现作为被保险人权利存在的条件。如果条款含义模糊，既可以被认定为保证，也可以被认定为陈述，那么，法院通常会将其解释为陈述，而非保证，以保护被保险人的利益。

（三）说明

说明指保险人在订立保险合同时，应当承担的向投保人说明保险合同条款内容特别是免责条款内容的义务。

1. 说明义务的法律规定

我国《保险法》第 17 条规定：“订立保险合同，采用保险人提供的格式条款的，保险人向投保人提供的投保单应当附格式条款，保险人应当向投保人说明合同的内容。对保险合同中免除保险人责任的条款，保险人在订立合同时应当在投保单、保险单或者其他保险凭证上做出足以引起投保人注意的提示，并对该条款的内容以书面或者口头形式向投保人做出明确说明；未作提示或者明确说明的，该条款不产生效力。”

《司法解释（二）》第 9 条和第 10 条进一步规定，保险人提供的格式合同文本中的责任免除条款、免赔额、免赔率、比例赔付或给付等免除或者减轻保险人责任的条款，可以认定为《保险法》第 17 条第 2 款规定的“免除保险人责任的条款”；保险人因投保人、被保险人违反法定或约定义务，直接解除合同权利的条款，不能被认定为上述的免除条款。保险人将法律、行政法规中的禁止性规定情形作为保险合同免责条款的免责事由，保险人对该条款做出提示后，投保人、被保险人或受益人以保险人未履行明确说明义务为由主张该条款

---

① ［美］肯尼斯·S. 亚伯拉罕. 美国保险法原理与实务（第四版）［M］. 北京：中国政法大学出版社，2012：16.

不生效的，法院不予支持。

由此可见，我国对保险人违反说明义务的主观要件采用无过错责任或严格责任原则，并不要求存在过错。只要保险人未尽说明义务，就构成说明义务的违反。

2. 说明义务的特点

（1）说明义务是法定义务。保险人的说明义务源于法律的直接规定，不允许保险人以合同条款的方式予以限制或者免除。因此，无论投保人与保险人是否就保险人的说明义务做出约定，都不能免除保险人的该项义务。《司法解释（二）》第 13 条第 1 款规定"保险人对其履行了明确说明义务负举证责任"，更是进一步肯定了说明义务的法定性。

（2）说明义务是先合同义务。说明义务存在于保险合同的订立阶段，因此，在性质上与投保人的告知义务相同，属于合同前义务，而不是合同义务。

（3）说明具有主动性。依据《保险法》第 17 条和第 18 条的规定，保险人对投保人负有的说明义务，不以投保人要求为条件。具体而言，说明义务的主体是保险人，包括保险代理人；对象是投保人。说明的内容范围，限于保险合同条款规定的有关事项，即不论在何种情况下，保险人均有义务在订立保险合同前详细说明各项条款，并对投保人有关合同内容的询问做出直接、真实的回答，但对保险合同内容以外的事项不负说明义务。

3. 说明义务的履行方式

对于格式合同条款，向投保人提供的投保单应当附格式条款并说明合同的内容；对合同中免除保险人责任的条款，保险人应当在投保单、保险单或者其他保险凭证上做出足以引起投保人注意的提示，并对该条款的内容以书面或者口头形式向投保人做出明确说明。《保险公司管理规定》第 46 条规定："保险机构对保险合同中有关免除保险公司责任、退保、费用扣除、现金价值和犹豫期等事项，应当依照《保险法》和保监会的规定向投保人做出提示。"

至于保险人履行说明义务的程度，《司法解释（二）》第 11 条规定："保险合同订立时，保险人在投保单或保险单等其他保险凭证上，对保险合同中免除保险人责任的条款，以足以引起投保人注意的文字、字体、符号或其他明显标志做出提示的，法院应当认定其履行了《保险法》第 17 条第 2 款规定的提示义务。保险人对保险合同中有关免除保险人责任条款的概念、内容及其法律后果以书面或口头形式向投保人做出常人能够理解的解释说明的，法院应当认定保险人履行了《保险法》第 17 条第 2 款规定的明确说明义务。"由此可见，我国主张以一个正常的投保人能够理解的程度为限，界定保险人是否履行说明义务。对普通投保人通常能够理解的事项，或者是相关法律有明确规定并且投保人无特殊要求的事项，如果投保人未提出要求，那么，保险条款本身和保险人提醒投保人阅读保险条款的提示，应视为保险人履行了说明义务。但对普通投保人无法理解的事项，或者保险人有特殊要求的事项，尤其是免责条款中不易理解的专门术语，保险人在提示外，还需通过书面或口头形式向投保人做出完整、客观、真实的说明与解释，并达到通常人所能理解的程度。若保险人与同一投保人再次或多次签订同一合同时，保险人的说明义务应当适当减轻。实践中通常将投保人的签字作为认定保险人履行了说明义务的证据。① 与此同时，《司法解释（二）》第 12 条还规定："通过网络、电话等方式订立的保险合同，保险人以网页、音频、视频等形式对免除保险人责任条款予以提示和明确说明的，法院可认定其履行了提示和明确说明义务。"

（四） 弃权与禁止反言

1. 弃权

弃权指保险合同一方当事人放弃其在合同中可以主张的权利，通常是相对于保险人故意抛弃合同解除权与抗辩权而言的，即保险人或其代理人放弃了本来可以对投保人或被保险人的不实告知、违反保证或违反保险条件等情形行使抗辩权或解除权的法律效果的行为。

（1）构成要件。

一是保险人必须知悉权利存在。所谓知悉，原则上以保险人确切知情为准。如果保险人已知有关事实，并可从中推知投保人违背约定义务的，也应视为知情。保险人可以放弃的权利主要是合同解除权和各种抗辩权。

二是保险人有弃权的意思表示。这种意思表示可以明示或默示。多数场合下，保险人弃权的意思表示可从其行为中推知。例如，保险人继续收取投保人逾期交纳的保险费，或明知投保人有违背约定义务的情形仍收受保险费，即足以证明保险人有继续维持合同效力的意思，因此，可视为对合同解除权、终止权及其他抗辩权的抛弃。对于保险人在获悉投保人违背约定义务后保持沉默的，是否构成弃权，应区别不同情况对待。一般来说，除非保险人有为意思

---

① 许崇苗. 保险法原理及疑难案例解析 [M]. 北京：法律出版社，2011：97.

表示的义务，否则沉默不发生弃权的效力。保险人在法定期限内怠于发出承诺与否的通知时，视为已予以承诺。我国《保险法》第 16 条第 3 款规定："前款规定的合同解除权，自保险人知道有解除事由之日起，超过 30 日不行使而消灭。"

弃权的法律后果主要是保险人丧失了其明示或默示放弃的相关权利，在投保人、被保险人、受益人有相关违约行为时，保险人不得再主张已放弃的合同解除权或者抗辩权。如果投保人、被保险人、受益人有其他违约行为，保险人仍然可以依据法律规定或合同约定享有相应的抗辩权和合同解除权。我国《保险法》没有系统规定保险人的弃权制度，但已有规制体现了这一精神，如第 16 条第 6 款规定："保险人在合同订立时已经知道投保人未如实告知的情况的，保险人不得解除合同；发生保险事故的，保险人应当承担赔偿或者给付保险金的责任。"《司法解释（二）》第 7 条和第 8 条规定：保险人在保险合同成立后知道或者应当知道投保人未履行如实告知义务，仍然收取保险费，又依照保险法第 16 条第 2 款的规定主张解除合同的，法院不予支持；保险人未行使合同解除权，直接以存在保险法第 16 条第 4 款、第 5 款规定的情形为由拒绝赔偿的，法院不予支持，但当事人就拒绝赔偿事宜及保险合同存续另行达成一致的情况除外。

（2）弃权的范围。

弃权是一种单方法律行为。一般来说，基于保险合同产生的各种权利均可抛弃，如抗辩权、合同解除权，但下列情况例外：一是与社会公共利益有关的权利；二是法律的禁止性规定；三是对于事实的主张；四是抛弃权利会侵害他人权利的。

2. 禁止反言

禁止反言，也称禁止抗辩，指保险合同一方既然已经放弃合同中的某种权利，将来就不得再向他方主张。禁止反言本是英美衡平法上的制度，旨在救济被保险人订立合同时难以对条款完全知悉的不利地位，限制保险人利用违反条件或保证而拒绝承担保险责任的有利地位。实践中，主要用于约束保险人。我国《保险法》第 16 条第 6 款规定即遵循这一理念，约束了保险人的合同解除权。

（1）构成要件。

一是保险人曾就订立保险合同的有关重要事项，向投保人做出诱导性的虚假陈述或行为，目的是让投保人或被保险人信赖该陈述或行为，或投保人、被保险人信赖该陈述或行为并不违背保险人的意图。

二是投保人、被保险人对保险人的先前陈述或行为产生了合理信赖，并且主观上出于善意而做出某种行为。所谓合理信赖，指保险人的作为或不作为能够使一个理性的被保险人有正当理由相信。如何判断被保险人的信赖是否合理，英美法系从反面做出推定，即如果被保险人知道或者应当知道保险人没有意识到解除合同或进行抗辩的权利，则其信赖是不合理的；反之，其信赖是合理的。

三是允许保险人改变或否定其先前行为将对被保险人形成损害。如果保险人改变先前行为并没有给被保险人造成损害，则无须法律介入加以干预。损害形式包括有形损害和无形损害。有形损害包括被保险人相信保险人不会解除合同而继续支付保险费的损失，被保险人因相信保险合同有效未对第三方抗辩从而导致对第三方赔偿的增加等；无形损害包括被保险人因相信合同有效而未增加的财富、被保险人不去寻求另外的保险等。我国《保险法》没有明文规定保险人的禁止反言制度，但在司法实践中该制度得到了一些法院的认可。

（2）适用范围。

一般来说，禁止反言适用于下列情形：一是保险人明知保险合同有无效、失效或其他可解除的原因，仍然交付保险单、并收取保险费；二是保险代理人就保险合同的有关问题做出错误解释，被保险人信以为真；三是保险代理人就被保险人对投保单上的问题做出虚假回答，被保险人又不知情的；四是保险人或其代理人表示已应被保险人的请求或依合同约定做出一定行为，而实质上并未完成该行为的。

第二节　保险利益原则

一、保险利益原则的概念

《保险法》第 12 条第 6 款规定："保险利益指投保人或者被保险人对保险标的具有的法律上承认的利益。"即投保人或被保险人在保险事故发生时，可能遭受到损失或失去的利益，是保险合同得以成立的必要条件。保险利益原则是保险法基本原则之一，起源于英国保险法。为限制 16 世纪、17 世纪对海上保单进行赌博的消极损坏，英国 1745 年出台第一部限制保险赌博行为的法律——《海上保险法》，并禁止任何不能证明保险利益的保险单或带有赌博性质的保险单的签订。1906 年《海上保险法》对海上保险可保利益的规定更加详细，并规定"每一份带有赌博性质的保单是无效的"。对人寿保险和其他非海上保险来说，1774 年《人寿保险法》对可保利益提出要求，规定"自本法通过之日起，任何人或政治组织或公司不得以他们没有利益的任何人或物进行保险"，虽然该法的适应范围在英国司法界和理论界有争议，但主要适应于人寿保险。①

（一）　保险标的与保险利益

保险标的即保险的客体对象，包括人、物一类的有形客体，也包括责任、权利一类的无形客体。与其紧密关联的概念是可保标的。形态上，可保标的与保险标的完全雷同，但从与保险人的关系上来看，可保标的是某个范围的保险市场可以提供保险保障的客体。标的能否成为可保标的，取决于保险市场对其风险的认识及处理能力。而保险标的是保险人承诺提供保险保障的客体。所以，保险标的并不完全等同于可保标的，只是可保标的中被保险人承保的部分。

保险利益是被保险人对保险标的具有的法律上承认的利益。与之关联的可保利益则是投保人对可保标的具有的法律上承认的经济利益。前者是理赔审核时的关键，后者则是承保审核时的关键。所以，保险利益不完全等同于可保利益，合同成立前为可保利益，成立后为保险利益。

保险标的是保险利益的载体，保险利益的存在离不开保险标的。

（二）　保险利益与保险合同利益

保险利益也不同于保险合同利益。保险利益是合同成立后被保险人对保险标的所享有的法律上承认的经济利益。保险合同利益是以保险标的为核心、基于保险合同而衍生的利益。二者具有三点区别。

一是主体不同。保险利益的主体是法律上承认的保险标的的利益主体，即被保险人。保险合同利益主体是基于保险合同而产生的利益当事人，可以是保险合同当事人——投保人、保险人，也可是保险合同的关系人——被保险人、受益人。

二是性质不同。保险利益的存在是保险合同有效的前提。保险合同利益则

---

① 荆真. 论可保利益的检验标准［J］. 中国海洋大学学报（社会科学版），2008（1）：64-67.

主要体现为合同成立后相关当事人之间的权利义务关系。

三是内容不同。保险利益根据标的不同,可分财产上、人身上的保险利益。保险合同利益则因主体不同体现为不同的权利义务,如保险人享有收取保费的利益;投保人和被保险人享有保险合同解除时要求退还保单现金价值的利益,以及保险事故发生时要求赔付的利益。保险合同利益是保险合同效力的体现,以投保人享有的特定的保险利益为基础,没有保险利益的存在,保险合同利益无从谈起。

二、保险利益的构成要件

(一) 保险利益应为合法的利益

保险合同是一种民事法律行为,因此,保险利益须是符合法律规定、社会秩序要求,为法律认可并受到保护的利益。这种合法性既要求标的本身的合法,也要求利益的取得合法。凡不符合法律规定而取得的利益,投保人或被保险人对之虽有利害关系,但没有保险利益,例如被保险人非法持有的枪支、毒品。

(二) 保险利益应为经济上有价值的利益或具有某种利害关系

财产保险利益是被保险人对特定财产所具有的法律上的利益,必须是可以用货币、金钱计算和估价的。对因财产损失而遭受的非经济上的损失,如精神损失,是不能补偿的。人身保险的保险标的是人的寿命和身体,不能用金钱衡量,人与人之间的亲属关系和信赖关系也不能简单地用金钱来衡量,否则,不利于良好社会风气的形成。因此,人身保险利益以人身依附关系或者信赖关系为衡量基础。

(三) 保险利益必须是确定的利益

保险利益必须是已经确定或者能够确定的利益,即该利益是能够以货币形式估价的事实上或客观上的利益。财产保险强调投保人、被保险人对保险标的所具有的利害关系已经确定或可以确定;人身保险强调保险利益必须为现有利益。

三、人身保险的保险利益

人身保险的保险利益指投保人对被保险人的生命或身体所具有的利害关系。

（一）　认定

《保险法》第 31 条规定："投保人对下列人员具有保险利益：本人；配偶、父母、子女；前项以外与投保人有抚养、赡养或者扶养关系的家庭其他成员、近亲属；与投保人有劳动关系的劳动者。除前款规定外，被保险人同意投保人为其订立合同的，视为投保人对被保险人具有保险利益。"由此可见，在我国，投保人对下列人员具有保险利益。

（1）本人，即投保人自己，鉴于任何人对自己身体或寿命拥有无限的利益，为防范未来可能发生的风险事故，在法律允许的限度内，投保人可以以自己的寿命或者身体为保险标的订立保险合同，并可以任意约定保险金额。

（2）配偶、父母、子女。配偶、父母或者子女，是投保人的家庭成员，彼此间存在亲属、血缘以及经济上的利害关系，可认定为相互具有保险利益。配偶指与投保人有合法婚姻关系的另一方，夫妻互为配偶。子女指最近的晚辈直系亲属，包括婚生子女、非婚生子女、养子女和有抚养关系的继子女。父母包括生父母、养父母以及有抚养关系的继父母。实际中，美国大多数法院认为，仅亲属关系本身尚不足构成保险利益，亲属间需对他方有法律上的权利，能要求他方提供劳务和利益，或者因他方的死亡而蒙受损失或承担责任，始能认定保险利益。①

（3）有抚养、赡养或者扶养关系的家庭其他成员、近亲属，主要包括投保人的祖父母、外祖父母、孙子女以及外孙子女等直系血亲，投保人的兄弟姐妹、养兄弟姐妹、有抚养关系的继兄弟姐妹等旁系血亲。此时的保险利益判定需以事实存在的抚养、赡养或者扶养关系为前提。

（4）与投保人有劳动关系的劳动者。按照有关规定，我国境内的企业、个体经济组织、民办非企业单位等组织和国家机关、事业单位、社会团体等作为用人单位，自用工之日起即与劳动者建立劳动关系，对劳动者具有保险利益。同时，也鼓励用人单位根据本单位实际情况为劳动者建立补充保险。

（5）同意他人投保的被保险人。投保人以他人的寿命或者身体投保人身保险，除上述家庭成员、亲属关系、劳动关系外，经被保险人书面同意订立人身保险合同的，视为投保人对被保险人有保险利益。

对人身伤害风险，自然人本人是最佳判断者。在认定是否具有保险利益时，英美法系国家采用利益主义，倾向以投保人与被保险人之间是否存在利害

① 许崇苗. 保险法原理及疑难案例解析［M］. 北京：法律出版社，2011：91.

关系为判断依据。大陆法系国家多采用同意主义，倾向以是否取得被保险人的同意为判断依据。还有一种观点主张利益与同意兼顾，即被保险人的同意也必须以利益关系为基础。我国采用利益主义的列举式规定与同意主义的概括式规定并存的方式。《保险法》第31条第2款规定："订立合同时，投保人对被保险人不具有保险利益的，合同无效。"第34条第1款规定："以死亡为给付保险金条件的合同，未经被保险人同意并认可保险金额的，合同无效。"一方面，订立合同时，投保人对被保险人要具有保险利益，否则无效；另一方面，订立以死亡为给付保险金条件的合同时，不但要求投保人对被保险人具有保险利益，还要征得被保险人同意并认可保险金额，否则合同仍然无效。

（二） 存在时间

《保险法》第12条第1款规定："人身保险的投保人在保险合同订立时，对被保险人应当具有保险利益。"由此可见，人身保险中，保险利益必须在订立合同时存在，否则保险合同无效；保险事故发生时，保险利益是否存在，对保险合同的效力不发生影响。保险合同成立后，如果出现某些特定情形导致投保人不再对被保险人具有保险利益，如夫妻离婚、解除收养、解除劳动合同、被保险人由同意投保转为不同意投保等，均不能导致合同自始无效的结果发生。

一方面，人身保险合同的投保人与被保险人相分离的情况比较常见，如果不要求投保人对被保险人具有保险利益，就等于允许任何人可以以他人名义为被保险人投保人身险，这不符合保险利益原则。为了避免订立保险合同时，投保人对被保险人因不存在密切的利害关系而引发道德危险，危及被保险人的生命安全，人身保险合同应当要求投保人投保时对被保险人具有保险利益。《司法解释（二）》第2条规定："人身保险中，因投保人对被保险人不具有保险利益导致保险合同无效，投保人主张保险人退还扣减相应手续费后的保险费的，法院应予支持。"

另一方面，人身保险具有一定的储蓄性质，投保人将来所得的保险金是过去已缴保险费及利息的积存，如果投保人在保险合同订立后，因保险利益的消灭而丧失本可在保险事故发生时所获得的保险金，将会使其权益处于不确定的状态，从而对保单持有人有失公平。

四、财产保险的保险利益

财产保险的保险利益指被保险人对保险标的所具有的某种合法的经济利

益。既指保险标的因保险事故发生而受到的损害，也涵盖因保险事故的不发生而免受损害所具有的利害关系。由于财产险中受损失的是被保险人，而保险目的在于对实际受损人进行填补，因此，要求被保险人而非投保人具有保险利益。

（一）认定

根据《保险法》第 12 条第 4 款和第 6 款的规定，财产保险是以财产及其有关利益为保险标的的保险；保险利益是指投保人或者被保险人对保险标的具有的法律上承认的利益，只要符合法律承认的财产及其有关利益都可成为财产保险的保险利益。根据存在状态及形成原因，可做如下分类。

1. 现有利益

指投保人或被保险人对保险标的享有的已经确定的现存利益。财产上的现有利益只是一种时间状态上的判断，权益类型以所有权利益为核心，种类多样，包括基于法定权利、合同关系以及某种事实而产生的现有利益。

（1）基于法定权利产生的现有利益。

能够产生现有利益的法定权利主要有财产所有权、法人财产权、用益物权、担保物权。财产所有人对其享有所有权的财产具有最大的利害关系，该财产一旦发生损害，所有人受到的损失也是最大，因而，基于财产所有权可享有最充分的保险利益。实际中只要享有所有权，就足以证明法律主体具有保险利益。

法人财产权指法人企业对财产具有的相对完整的占有、使用、收益、支配和处置等综合性权利，具体因财产类型不同而存在权利范围差异，如企业租赁财产、国有企业法人财产处分权等都受到限制，但仍属于权利内容相对完整的物权类型，相关保险利益也充分。

用益物权与担保物权都属于限制物权，权利主体只有在符合法律规定的前提下，通过合法途径拥有相关权利时，才能对标的拥有保险利益。用益物权中，经营权是需要保障的典型对象。作为从所有权中分离出来的一种使用权，经营权属于以整体形式存在的多项财产集合体，其中任何一项财产的毁损、灭失，不仅影响权利人对该项财产的运用，还会影响其他财产整体功效的发挥，因此，权利人应当对经营权涉及的财产具有保险利益。实践中的农村土地经营权流转履约保证保险，就是对农村土地经营权这一现有利益实施的保障。担保物权包括抵押权、质押权和留置权，由于担保物的损毁、灭失，可能导致债权人的债权得不到清偿，因此，债权人对设定了担保物权的财产享有保险利益。

（2）基于合同关系产生的现有利益。

合同是基于当事人意愿形成的合意，产生的利益种类多样，但从保险标的层面，需强调这些既存利益会因标的物的毁损、灭失而丧失，进而才能界定基于合同关系对特定标的物享有利益的法律主体，对该标的物享有保险利益。

（3）基于某种事实而产生的现有利益。

现实中，某些事实行为不以设立民事法律关系为目的，也不要求必须表示出来，但法律为倡扬社会互助道德而特别规定直接产生债权债务关系。这类因事实行为产生的现有利益主要有两类：一是无因管理人对其所管理的财产以所有人的意思享有的占有、使用、收益等利益；二是善意取得人对违法财物以所有人意思享有的占有、使用和收益等利益。[①]

2. 期待利益

指投保人或被保险人在订立保险合同时尚不存在对保险标的的利益，但基于其现有权利，将来可获得的利益。根据利益得失的不同，可分为积极的期待利益和消极的期待利益。

（1）积极的期待利益：指投保人在保险事故不发生的情况下能够在将来得到的利益，但保险事故的发生可以使其无法取得该利益。基于法定权利、合同关系、某种事实都可产生积极的期待利益。如继承人因继承权而依法享有的对被继承人财产的未来可得利益，合同当事人因合同履行而可能产生的利润，无因管理人因管理事实而依法产生的管理费用主张权等。

（2）消极的期待利益：即责任利益，指投保人或被保险人因保险事故的发生而须在将来对他人承担一定的财产责任，并因该财产责任的承担而遭受利益损失。此处的责任仅限于依法承担的合同责任及侵权损害赔偿责任。合同责任是在合同关系中，只要合同标的损坏、灭失能带来利益上的损失，合同当事人就具有保险利益。侵权损害赔偿责任是法定责任，投保人可对他人的损害赔偿责任享有保险利益，如机动车辆第三者责任险、旅行社旅游责任险等。

（二）存在时间

《保险法》第12条第2款规定："财产保险的被保险人在保险事故发生时，对保险标的应当具有保险利益。"第48条规定："保险事故发生时，被保险人对保险标的不具有保险利益的，不得向保险人请求赔偿保险金。"由此可

[①] 董新凯，刘惠芹. 合理确定财产保险利益的范围，促进保险事业发展［J］. 开发研究，2005（5）：57－59.

见，财产保险中，订立合同时，投保人对保险标的可以不具有保险利益；但事故发生时，被保险人应具有保险利益。这主要是基于财产保险的特殊性，一方面，财产保险合同的投保人与被保险人绝大多数情况下是同一人，要求被保险人具有保险利益，等同于要求投保人具有保险利益。另一方面，财产保险意在填补被保险人所遭受的利益损害，如果保险利益在合同订立时存在，但事故发生时丧失，对被保险人而言，此时对合同标的已无利害关系，谈不上损失与补偿。

五、保险利益的转移

保险利益的转移，也称保险利益的变动，指在保险合同有效期间内，因不同客观原因导致保险标的移转而引起的保险利益的转移，包括法定和约定两种情形，前者主要包括继承和破产，后者则指因约定的让与。

（一）继承

《民法典》第 1122 条规定："遗产是自然人死亡时遗留的个人合法财产。依照法律规定或者根据其性质不得继承的遗产，不得继承。"

对于人身保险合同，一旦被保险人死亡，合同自动终止，并根据受益人的相关规定予以保险给付金的处理。

对于财产保险合同，被保险人死亡并不影响其财产存续，只要被保险人的财产未遭受事故损害，必然发生保险利益的继承问题。我国《保险法》未规定财产保险利益的继承情形，但最高人民法院《关于适用〈中华人民共和国保险法〉若干问题的解释（四）》（以下简称《司法解释（四）》）第 3 条规定："被保险人死亡，继承保险标的的当事人主张承继被保险人的权利和义务的，法院应予支持。"可见司法中尊重财产保险利益的人、物分离原则，承认可以作为合法遗产继承。

（二）破产

破产通常主要涉及财产保险利益的变动。通常，投保人或被保险人破产时，保险合同所产生的权利义务转为破产财产，但保险合同仍为破产债权人利益而存在，并有一定的时间限制。需注意的是，投保人破产，只影响到财产保险合同保费的缴、退问题，不影响财产保险利益的存续，也与保险金给付请求权无关，保险合同仍为其破产债权人利益而存在。被保险人是财产保险利益的直接归属主体，拥有保险金给付请求权，因此，被保险人破产涉及保险利益的转移问题。

人身保险中，投保人为保险合同的要约人、当事人，有权决定保险关系的缔结、存续与终止，存在利用保险规避债务的可能；被保险人、受益人的被动受益地位决定了对保险关系的成立、存续与消灭并无发言权。即使被保险人破产，也不影响受益人的利益享有权，不涉及利益转移问题。但当投保人以自己为被保险人和受益人时，则会出现人身保险利益转为破产债权人利益的可能。

（三）让与

双方当事人因约定事项而转让标的物即为让与，产生的保险利益是否继续的问题基本限于财产保险。国际上，除海上货物运输保险以外的财产保险，通常要求保险标的物获得者履行批注手续，否则，会影响保险合同的效力，即在投保人或被保险人将标的物转移他人而未经保险人同意或批注时，保险合同效力终止。我国《保险法》立法旨意与此相同，第49条第1款和第2款规定："保险标的转让的，保险标的的受让人承继被保险人的权利和义务。保险标的转让的，被保险人或者受让人应当及时通知保险人，但货物运输保险合同和另有约定的合同除外。"《司法解释（四）》第1条规定："保险标的已交付受让人，但尚未依法办理所有权变更登记，承担保险标的的毁损灭失风险的受让人，依照保险法第48条、第49条的规定主张行使被保险人权利的，法院应予支持。"第2条规定："保险人已向投保人履行了保险法规定的提示和明确说明义务，保险标的的受让人以保险标的的转让后保险人未向其提示或者明确说明为由，主张免除保险人责任的条款不生效的，法院不予支持。"第5条规定："被保险人、受让人依法及时向保险人发出保险标的的转让通知后，保险人做出答复前，发生保险事故，被保险人或者受让人主张保险人按照保险合同承担赔偿保险金的责任的，法院应予支持。"

货物运输保险合同保险标的的转让之所以不需要保险人的同意，是因为货物在运输过程中并不由投保人控制和保管，货物的转让对风险程度没有影响，因此，也不会影响保险人的利益。我国《海商法》第229条规定："海上货物运输保险合同可以由被保险人背书或者以其他方式转让，合同的权利、义务随之转移。合同转让时尚未支付保险费的，被保险人和合同受让人负连带支付责任。"

人身保险中，除因存在债权债务关系而订立的人身保险合同可随债权一同转让外，其他人身保险的保险利益不得因让与而转移。例如，债权人为债务人投保死亡保险，其后该债权发生让与；雇主为雇员投保后发生企业转让。

六、保险利益的消灭

指投保人或被保险人彻底失去保险利益，即在保险合同成立后，因发生某种法律事实而引起投保人或被保险人丧失对保险标的所具有的利害关系。

保险利益的消灭可分为相对消灭与绝对消灭两种情形。其中，保险利益的转移属于相对消灭，即原投保人或被保险人丧失，但新的承继人享有。保险利益的灭失则属于绝对消灭，包括财产标的的灭失，或人身保险的投保人与被保险人之间构成保险利益的各种利害关系的丧失。保险利益的消灭对财产保险有较大影响，保险标的灭失，保险利益即归消灭，保险合同失效。但对人身保险而言，投保人与被保险人间丧失构成保险利益的关系，保险利益并不当然随之消灭，没有研究和分析的实际意义。

第三节　损失补偿原则

一、损失补偿原则的含义

损失补偿原则，指保险合同生效后，发生保险责任范围内的损失，被保险人有权按照合同约定获得全面、充分的赔偿。补偿原则是对保险化解风险、弥补损失功能的典型诠释，一定意义上可以界定"保险法的根本特点是补偿原则"，[①] 并派生出委付、损失分摊、代位求偿权、复保险之排除、超额保险之禁止等制度。保险损失补偿原则起源于 18 世纪英国海上保险实务，其精髓在于：有损失，才补偿；无损失，不补偿；损失多少，补偿多少。

二、被保险人请求损失补偿的条件

（一）投保人或被保险人发生了实际损害

只有在保险期限内，发生了约定承保的保险责任事故，并给被保险人带来

---

① ［美］皮特·纽曼. 新帕尔格雷夫法经济学大辞典（第二卷）［M］. 北京：法律出版社，2003：379.

了损失，方能产生请求补偿权。

（二） 保险人仅补偿实际损害

保险的功能固然在于补偿损害，但保险人的赔付不得超过实际损失。实务中，应以损失发生时受损标的的实际价值为准，定值保险、重置价值保险另行对待。

需注意的是，人身保险业务中的健康保险与意外伤害保险，现实中有定额给付与费用补偿两种类型。因此，有学者提出："采用补偿方式的医疗保险，从形式上看似乎属于人身保险，但实质上是一种费用损失的保险，应属于财产保险性质，适用损失补偿原则。"[①] 有学者提出："人的生命和身体无法用金钱衡量，但人身保险的补偿功能与财产保险并不相同，保险人补偿的并不是被保险人的生命和身体，而是因保险事故失去的经济利益，这种经济利益虽然很难准确估计，但无疑是可以补偿的。实务中，往往由投保人与保险人订立保险合同时，通过约定保险金额的方式来确定补偿标准。"[②] 以人寿保险为代表的定额给付型人身保险不适用损失补偿原则。

（三） 补偿额受保险金额和保险利益的限制

根据《保险法》第18条第4款的规定，保险金额是保险人承担赔偿或者给付保险金责任的最高限额，这也是双方在保险合同中约定的补偿最大限额。同时，《保险法》第55条第3款和第4款规定："保险金额不得超过保险价值。超过保险价值的，超过部分无效，保险人应当退还相应的保险费。保险金额低于保险价值的，除合同另有约定外，保险人按照保险金额与保险价值的比例承担赔偿保险金的责任。"这又从法律上限定了保险金额应以保险价值为最高限额。

作为保险法的基本原则，损失补偿原则在实务中存在一些例外与限制，包括定额给付型的人身保险、定值保险和重置成本保险。

三、补偿损失的范围

保险法上的损失补偿，实质是被保险人因保险事故发生而遭受损害时，由保险人在约定的保险价值及保险金额范围内，以实际损害为基准，考量保险利

---

① 温世扬. 保险法 [M]. 北京：法律出版社，2003：348.
② 刘建勋. 保险法典型案例与审判思路 [M]. 北京：法律出版社，2012：84 - 85.

益有无的前提下及其范围内，予以给付保险金。① 具体包括以下几种。

（一） 保险事故发生时， 保险标的的实际损失

财产保险中，通过计算受损财产的实际现金价值来核算实际损失。实际损失包括直接损失和间接损失，前者指现有财产的减少，后者指应增加的财产未增加。补偿实际损失的最高金额还需受到合同中约定保险金额的限制，遵守法律上有关保险价值、保险利益的规定。上述有关损失补偿限制方式之间的逻辑关系可表示为：损失补偿限度≤保险金额≤保险价值≤实际损失≤保险利益。②

（二） 合理费用

合理费用指事故发生后被保险人支出的合理的施救费用及仲裁、诉讼费用。《保险法》第 57 条第 2 款规定："保险事故发生后，被保险人为防止或者减少保险标的的损失所支付的必要的、合理的费用，由保险人承担；保险人所承担的费用数额在保险标的损失赔偿金额以外另行计算，最高不超过保险金额的数额。" 第 64 条规定："保险人、被保险人为查明和确定保险事故的性质、原因和保险标的的损失程度所支付的必要的、合理的费用，由保险人承担。" 第 66 条规定："责任保险的被保险人因给第三者造成损害的保险事故而被提起仲裁或者诉讼的，被保险人支付的仲裁或者诉讼费用以及其他必要的、合理的费用，除合同另有约定外，由保险人承担。"《司法解释（四）》第 6 条进一步明确："保险事故发生后，被保险人依照保险法第 57 条的规定，请求保险人承担为防止或者减少保险标的的损失所支付的必要、合理费用，保险人以被保险人采取的措施未产生实际效果为由抗辩的，法院不予支持。"

（三） 其他费用

其他费用主要指为了确定保险责任范围内的损失所支付的检查、估价、出售等费用。

核算最终赔偿额时，保险标的本身的损失与费用的支出应分别计算，两者的最高赔偿额均不得超过保险金额，但两者之和可以超过保险金额。

四、损失补偿的履行方式

我国《保险法》并未对损失补偿方式予以规定，实践中主要有以下四种损失补偿方式。

---

①② 樊启荣. 保险法诸问题与新展望［M］. 北京：北京大学出版社，2015：157.

（1）现金赔付。这是世界上通行的保险损害赔偿方式。尤其是无形财产的理赔，保险事故发生后，根本无法恢复原状，只能以金钱给付为赔偿方式，如责任险、信用险、保证险、人身意外伤害与疾病保险的医疗费用等。

（2）修理。对有形财产保险，当保险标的发生部分损失，可通过专业修理部门予以修复，费用由保险公司承担。此方式多适用于汽车保险。

（3）更换。当保险标的物因保险事故遭受损害，在不额外增加成本的情况下，保险公司可采取替代、更换的办法，对受损部分或标的物的全部予以更换。此方式多适用于玻璃保险、汽车保险等。

（4）重置。重置是对毁损、灭失的标的物，保险人负责重新购置与原标的物等价的物，以恢复被保险人的财产状态。多适用于不动产保险或一般财产保险。

第四节　近因原则

一、近因的含义

近因原则源于早期的海上保险，最初是作为一种用于判断海上承保风险与标的损失之间是否具备因果关系，并以此确定保险人责任的工具。英国《1906年海上保险法》规定："依照本法规定，且除保险单另有约定外，保险人对承保危险为近因所致的损失，负有责任，但对于非由以承保危险为近因所致的损失，不负责任。"[1] 后来将其拓展到其他保险，对"近因"的理解，也由时间或空间上最接近的原因转变为效果上最显著的原因。例如，《牛津法律大词典》指出，近因是指同某种有害的结果具有最密切联系的因果关系，而这个因果关系不必然与时间或者空间有关。[2] 学者们也普遍认为近因是造成标的损失的最直接、有效的原因，对危险事故的发生与损失结果的形成起决定性作用，并且这种原因的发生是连续、自然、未被中断的。只有符合上述条件，保险人才对损失负补偿责任。

---

① 英国《1906年海上保险法》第55条（1）款。
② 王爱军. 保险近因原则实证辨析［J］. 重庆社会科学，2018（3）：67-73.

二、近因原则与民法中的因果关系原则

民法为确认责任关联，将因果关系作为侵权民事责任的一般构成要件，强调行为人与损害结果之间有因果关系时，其民事责任才能认定，并根据是否有中间环节分为直接因果关系和间接因果关系。但为防止因果关系链条过长，避免行为人责任过重，一般将间接因果关系限制在行为与结果具有"相当性"的程度，旨在平衡加害人的行动自由与被害人的权利保护。

保险法作为民法的特别法，近因原则与民法因果关系的理念一致——旨在寻求真相、追根溯源，可界定为一种包容关系，即近因原则属于民法上的因果关系，但因果关系的范围广于近因原则的范围。保险事故是客观事故，不同于人的行为，因此，保险事故与损害后果之间的因果关系一般没有必要考虑保险合同主体的主观过错。这是保险法近因原则与民法上因果关系的主要区别。

近因原则侧重对保险人的保护，要求的是最直接、有效、起决定性作用的原因，较为严格；民法因果关系则在平衡加害人与受害人利益中，倾向于保护受害人利益而放宽关系认定，一般多采用"可预见性理论"来确定。该理论认为，如果损害结果是行为人实施行为时能够预见的，该行为便构成原因。[①]对因果关系的讨论，民法重在确认责任范围的因果关系，而保险法重在确认责任成立的因果关系。由于保险单成立时已经确定保险价值、保险金额和承保风险，所以损失发生后，只要确定承保风险是造成标的损失的近因，即可根据保险单确定赔偿数额。若承保风险不是近因，则保险公司无须赔偿。

三、近因原则的认定方法

保险法中为限制保险人补偿的程度，将直接促成结果的原因视为近因。强调损失是原因必然的、自然的结果与延续，原因是损失的先决条件；若原因仅增加了损失的程度或扩大了损失的范围，则不能构成近因。认定近因的关键是确定风险因素与损害之间的关系，方法有两种。

（一）顺序法

从最初事件出发，按照逻辑推理逐步分析判断下一个事件，直到最终损害

---

① 王利明. 民法中的因果关系问题探讨 [J]. 中国人民大学学报，1992（2）：80-86.

发生，这一过程中，所有因果联系都是连续不断地向前发展，前因必然导致后果，并形成因果链条，那么，最初事件就是最后一个事件的近因。例如，雷雨天，由于雷击折断大树，倒下的树干压塌房顶，房顶砸坏室内电器，那么此事故中电器损坏的近因就是雷击。

（二）逆向法

从损害开始，按照逻辑顺序追溯到最初事件，因果关系没有中断，这时，最初事件就是近因。例如，某人在驾驶途中与他车相撞而死亡，两车相撞的原因是他车驾驶员酒后驾车，因此，酒后驾车就是某人死亡事故的近因。

四、近因原则的认定赔付规则

我国立法未明确规定近因原则，实践中形成了大量运用近因原则处理保险纠纷的认定规则，针对近因的数量判断、关系判断可做出如下分类。

（一）单一原因造成的损失

当造成保险事故的原因只有一个时，该原因就是事故近因。如果属于保险合同约定的承保风险，保险人就应承担赔偿责任。反之，则不承担。

（二）多种原因连续发生致损

（1）连续发生的原因都属于被保风险，保险人应承担全部保险责任。反之，若皆属于除外危险，则不负任何保险给付义务。例如投保人对其财产投保了地震、火灾险，当保险事故引起火灾，火灾导致财产受损，那么，保险人应赔偿该损失。

（2）连续发生致损的多项原因中含有除外风险或未保风险，如果最先发生的原因属于承保危险，后因是除外风险或未保风险，且后因是前因的必然结果，则后因亦是承保危险，保险人负赔偿义务。例如，英国著名的 Mordy Vlondon Asso 判例案中，船舶装载皮革和烟叶两种货物，因遭遇海上暴风雨，船舶进水，把皮革浸蚀腐烂，皮革腐烂产生的恶臭气味熏坏了烟叶。之后，被保险人以海损为近因要求保险人赔偿，保险人则以烟叶未发生水渍为由拒赔。法院则认为，海水虽然没有直接接触包装烟叶的捆包，但因海水浸湿了皮革，使皮革产生气味，进而使烟叶变质，由此认定烟叶受损的近因是海损，保险人应承担赔偿责任。

（3）连续发生的多项原因中含有除外风险或未保风险，如果最先发生的原因是除外风险或未保风险，后因是承保风险，后因是前因的必然结果，则近因是不承保危险，保险人不负赔偿义务。

（4）如果连续发生致损的多个原因，无法判定近因或危险事故所起作用的均衡时，需区分保险事故引起的损害和除外责任事故所引起的损害，保险人只对因保险事故造成的损害承担赔偿责任。具体分为两种情况：一是若干原因中既有保险风险又有除外责任，保险人无须赔偿；二是若干原因中既有保险风险又有保单中未提及的风险，保险人必须赔偿。

（三）　多种原因同时发生致损

（1）同为保险责任或同为除外责任。如果同时发生的危险事故都是保险事故，则无须追究是否为近因，保险人应赔偿损失，反之不赔。

（2）保险责任与除外责任兼而有之。如果多种原因造成损失，既有保险责任事故，又有除外责任事故，则应以"直接、有效、起决定作用"标准确定近因。如果保险责任事故是近因，保险人必须承担赔偿责任；反之，则免责。

如果无法判定近因或危险事故所起作用的均衡时，需区分保险事故引起的损害和除外责任事故引起的损害，保险人只对因保险事故造成的损害承担赔偿责任。例如，意外伤害保险中，如果疾病是除外危险，当伤害与疾病皆为近因时，需考虑疾病的特殊作用。当事人的伤害或死亡由疾病造成，因疾病属于除外危险，保险人不负保险金给付义务。若疾病只是加重了伤害原因，导致结果的发生，此时，即使疾病属于除外危险，保险人亦负保险金给付义务。若疾病仅使被保险人身体衰弱，其结果是"使被保险人更易受到意外伤害"，疾病不是致伤害或死亡的近因。若意外伤害只是加重了已经患有的疾病，疾病仍是近因。

1903年英国马多夫诉事故保险公司案就充分体现了这一规则。基本案情如下：被保险人意外事故中擦伤了腿，伤害发生后一段时间，腿开始发炎，炎症导致的败血症蔓延到身体其余部位，最终引发肺炎而死亡。由于保单载明承保被保险人因意外事故或指明疾病而导致的死亡，保险人由此辩称造成被保险人死亡的近因是肺炎，肺炎不在保单"指明疾病"之列，因此可不承担赔偿责任。但法官认为，被保险人腿受伤—腿发炎—败血症—染上肺炎—死亡是一个完整的链条，各链条紧密联结，这种情况下，导致被保险人死亡的近因是腿受伤，而非肺炎。腿受伤属于保单所称的"事故"，因此，保险人应赔偿。[1]

---

① 张燕. 英国保险判例看保险法中的"近因原则"［J］. 上海保险，1995（9）：32－33.

该案例中即出现了多种原因同时发生致损，并兼有保险责任、除外责任，法官根据近因原则推断出近因属于保险事故，因此，要求保险人予以赔偿。

（四） 多种原因间断发生致损

在多种原因先后发生的情况下，新介入原因打断了前一原因与损害结果的因果链条，并且该介入原因不是前一原因直接、必然的结果，又对损害结果起着决定性作用，此时，就需对导致间断的新介入原因的性质予以判断。如果属于被保风险，保险人承担保险责任；反之，则不承担。例如，投保火灾险的仓库失火后，在抢救过程中露天堆放的货物被盗。从因果链来看，失火引起将货物堆放于露天场所的事实，然后被盗，此时，因果链条明显中断。因为将货物堆放于露天场所并不必然导致被盗，根本原因还是看管不到位，因此，其近因应该是介入的看管不严等其他因素，而非火灾。

第五节　保险法基本原则的法经济学分析

一、法经济学分析的基本范畴

（一） 法经济学的含义

法经济学也称法律经济学、经济分析法学等，是"将经济学的理论和经验主义方法全面运用于法律制度分析"的学科，主要目的是使法律制度原则更清楚地显现出来。[1] 作为西方经济学流派之一，法经济学的产生基于两个前提条件：一是法学与经济学在研究主题和价值上有相当的共通性；二是分析方法上，经济学提供了一套分析人类行为的完整框架和工具，而这套框架和工具是传统法学缺少的。[2] 法经济学促进法律制度完善和法学学科发展同时，也促进了经济学的发展。

（二） 法经济学的分析方法

法经济学的分析方法很多，主要分为对法律进行规范性的经济分析和实证性的经济分析。前者以经济学的某些基本规范和理论对法律进行定性分析，理论性较强；后者以代数、平面几何等经济学常用的方法，对法律进行定量分

① 理查德·A. 波斯纳. 法律的经济分析（上）[M]. 北京：中国大百科全书出版社，1997：25.
② 卢现祥，刘大洪. 法经济学 [M]. 北京：北京大学出版社，2007：4.

析，具体性、直观性较强。① 两种分析方法相辅相成。规范分析涉及道德评价和价值判断，旨在回答"法律应该怎么样"，经济效益是法经济学的基本规范，强调在决定法律权利的赋予时，应该权衡利弊，以较少的损失换取较多的收益。法律的效益性，既要实现社会资源的效益配置，还要调整社会各个集团的利益冲突，实现社会正义。实证分析是在规范性分析的基础上，将具体的法律与经济问题数量化，使法律的经济分析更加精确，具有更强的实用价值和操作性，旨在回答"法律会怎么样"。博弈论、行为学等分析方法的加入拓展了法经济学的分析方法。实际中，法律是一个复杂的社会现象，法律制度对经济活动的效应也难以完全、精确地量化。为此，需把握具体分析对象，对不同法律运用不同的分析方法进行恰当分析。

（三） 法经济学与保险法学的关联

法学与经济学的相互渗透和交叉，是现代社会科学发展特征之一。保险法作为部门法，属于民商法体系，其法律规范亦可引用法经济学分析方法予以评判。

二、最大诚信原则的法经济学解释

诚信是保险业的基石，保险法中的最大诚信原则对保险市场的稳定有序发展起到了重要作用，也符合市场经济的规制需求。市场经济本身也是法治经济，经济分析方法应用于法律等非市场问题研究的一个重要前提，是假设它们具有与市场问题相似的属性，假设存在一个与经济市场相似的法律市场。"个人主义方法论"作为法经济学中的典型经济思维，承认"所有行为都是人的行为""在个体成员的行为被排除在外后，就不会有任何团体的存在和现实性"。② 因此，法律市场中，每个主体都是"利己人"并注重个人利益，该做法符合亚当·斯密"看不见的手"的原理，但在达到个人追求同时，易出现"损人不利己"的结果，往往合作才是最优策略。这种现象的造成，也与一般契约中天然的信息不对称有关。

合同缔约当事人基于个人身份与专业能力，无法全面知晓对方的真实信息，尤其是因成本等因素造成的无法验证的信息，更是增强了信息的不对称，

---

① 刘大洪. 法经济学视野中的经济法研究（第二版）［M］. 北京：中国法制出版社，2008：11.
② 卢现祥，刘大洪. 法经济学［M］. 北京：北京大学出版社，2007：18.

并产生逆向选择与道德风险。保险中的逆向选择，是指由于交易双方信息不对称和市场价格下降产生的劣质品驱逐优质品，进而出现市场交易产品平均质量下降的现象。在其他条件相同的情况下，高概率风险的投保人会比低概率风险的投保人有更大的投保偏好。如果潜在的保单持有人比保险人更了解自己是否会遭受高概率或者相对低概率的风险，就会发生逆向选择：若保险人对投保人收取同样的价格，则相较于低风险者而言，更多的高风险者就会积极地选择投保，保险人就得被迫提高承保价格，进而使先前已经被承保的低风险概率的投保人拒绝购买保险或者购买较少的保险。其结果是保单持有人的平均风险程度随之上升，保险人会被迫再次提高承保价格，从而再次开始逆向选择的循环。最后，保险的风险集中和风险分散机制要么完全失灵，要么会达到这样一种平衡状态：低风险的当事人购买少于其实际需要的保险而其他人则不投保。无论出现哪一种情况，低风险投保人都会购买较少的保险，较之于保险人能够区分对待风险程度不同的投保人的情况，高风险投保人则会购买更多的保险。①

保险中的道德风险，狭义指被保险人或受益人为获得保险金可能会故意损毁保险标的。广义则涵盖了被保险人避免损失发生而尽的注意义务弱于其未投保时注意义务的行为倾向。由于保险人对被保险人注意义务的监控有高额成本，因此导致信息不充分，并使道德风险在不同程度上对保险的运行构成了持续性威胁。

保险人会采取不同措施来对抗逆向选择与道德风险的危害。为了判断潜在被保险人的风险程度，保险人会对投保申请进行挑选和评估，也会基于风险程度而对被保险人进行风险等级分类，并确定相应的保险费率。保险人还会在保单中纳入免赔条款、共保分摊条款或保险金额限制条款，通过条款设计，使标准化保单不会把异常风险囊括其中，也降低全部损失的完全承保而减弱投保人的道德风险倾向。保险法有时会确认这些措施的有效性，但通常情况下加以禁止或规制。②

上述情形可通过典型的博弈理论分析来体现。保险人和投保人（被保险人）其实是博弈双方，在保险合同关系中，投保人（被保险人）对标的的真实信息最知情，基于信息不对称优势，如何告知、告知什么、告知多少，取决

---

①② ［美］肯尼斯·S. 亚伯拉罕. 美国保险法原理与实务（第四版）［M］. 北京：中国政法大学出版社，2012：6－7，8.

于保险人的奖励或惩罚态度，高奖励、重惩罚都会在一定程度上降低投保人（被保险人）隐瞒真实情况的可能性。《保险法》第 16 条也是遵循该思路对投保人（被保险人）的告知义务，以及未履行如实告知义务并对保险人产生是否同意承保或提高费率的重大影响时，可能会产生的合同被解除、损失不赔偿、保险费不退等单一或组合惩罚措施予以规定。如图 2－1 所示，投保人（被保险人）因信息不对称有如实告知与不如实告知两种选择，针对不同选择，保险人可以做出差异化的应对对策。当投保人（被保险人）如实告知后，保险人在事故发生前，有权行使选择权，决定是否承保或提高保险费率；事故发生后，则需按约定履行赔偿义务。当投保人（被保险人）不如实告知时，保险人享有合同解除权，并根据投保人（被保险人）主观上是故意抑或重大过失，采取对合同解除前的事故不赔偿、不退费或退费的处理。同时，保险人也可以放弃解除权，并基于弃权与禁止反言规定承担赔偿责任。

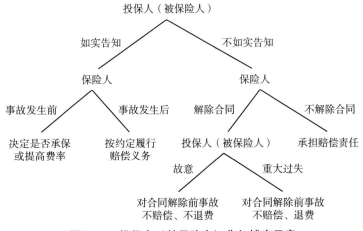

图 2－1 投保人（被保险人）告知博弈示意

基于保险合同的格式性以及保险人作为制定方的信息优势，《保险法》第 17 条也对保险人规定了说明义务及未履行后的不生效惩罚。这些最大诚信原则的法律规定源于保险合同当事人之间的信息不对称及衍生出的逆向选择、道德风险，也是市场失灵的体现，需要政府用"看得见的手"规制、调控，法律防范则是其中最主要的手段。

三、保险利益原则的法经济学解释

可保利益具有两个基本特征，首先它本质上是经济利益，其次形式上须合法，故可保利益虽能引申出法律权利，但不是法律权利。正是可保利益的经济利益特性，使其极易引发道德风险。K. J. 阿罗（K. J. Arrow，1963）和 M. V. 保罗（Mark V. Pauly，1968）提出两种解决道德风险的方式：一是对损失进行不完全保险；二是由保险人小心谨慎地监督被保险人对投保财产的保护行为。他们在模型中假设，引发道德风险的机制是由看护费用影响发生损失的概率，且在发生实际损失后，赔偿的基础就是核保确定的损失额，这样，道德风险便通过影响实际损失额得以最终影响赔偿金的额度，其机制如图 2 - 2 所示。①

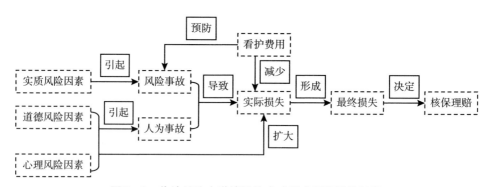

图 2 - 2　传统保险中道德风险成功影响理赔额的机制

实际中，道德风险因素如果用人的理性约束人的自理，确定合适比率就会产生研发费用，并且"人的理性"差异化、多样化明显，无法精准判断，研发费用也呈现不确定状态；如果用监督来抑制道德风险的发生，就会引发较高的核保费用。因此，本着降低成本、提高效率的理念，各国围绕保险利益范围，通过法律规定并明确责任的方式，提前防范道德风险。如我国《保险法》第 33 条、第 34 条为防范针对生命的道德风险，强调"需经被保险人同意"，以死亡为给付保险金条件的合同方可生效；除父母为未成年子女投保外，其他人不得为无民事行为能力人投保以死亡为给付保险金条件的人身保险。同时，

---

① 孟一坤. 论农业天气指数保险的可保利益和损失补偿——一个法经济学视角 [J]. 上海保险，2016（2）：31 - 35.

因被保险人死亡给付的保险金总和受到国家限制。第 51 条、第 52 条为防范财产保险的道德风险，规定投保人、被保险人须遵守国家有关消防、安全、生产操作、劳动保护等方面的规定，维护标的安全。未按约定履行安全责任的，保险人有权要求增加保险费或解除合同。合同有效期内标的危险程度显著增加时，被保险人应及时通知保险人，未履行该义务，标的因危险程度显著增加而发生的保险事故，保险人不承担赔偿责任。

四、损失补偿原则的法经济学解释

损害并非一个纯粹的法律概念，而是一个牵涉法律规定的经济性概念。保险中，支付损害赔偿金的目的首先在于被保险人遭受了约定的风险事故并产生了实际损失，所以，赔偿金的支付应使受害人有一定程度的恢复。至于能否完全恢复到未受到伤害时的效用水平，还需结合合同约定综合考量。其次，赔偿金是保险人根据合同约定而必须支付的"对价"。

实际侵害行为中，受害人遭受的损失有些可以精确计算，并使效用恢复至原有状态，如财产、收入损失等；但死亡、人身伤害很难根据上述方法计算，这样，就存在两种不同的补偿性赔偿金概念：一是微观经济学中的无差异概念，二是等量风险概念，并分别适用于财产损害赔偿金和人身伤害赔偿金的计算。[1] 无差异补偿是指在有形物质损害中，受害人的损害得到赔偿，并且该赔偿使其与未受损害时的效用没有差异。[2] 显然，这是一种完全补偿，理念与损失补偿原则的全面、充分内涵一致，意味着保险合同约定的事故责任发生，其损失可以用替代品的市场价格去衡量，并以此为标准来计算受害人的赔偿金，即保险人有义务按照合同约定，履行"损失多少、补偿多少"的赔偿义务，做出符合保险金额、保险价值、保险利益等限定下的具体补偿。等量风险是通过实际的市场购买活动来计算购买者对安全的定价，从而计算生命内含价值，主要针对人的生命、身体、健康等无价物而言。例如，车祸中折断胳膊、丧失生命等，就很难得到完全补偿，这是因为，这类损失没有可参照的市场价格，无论补偿多少，受害人及其亲属都不可能恢复到损害之前的效用状态。人身保险的保险给付金就是等量风险的体现，保险公司履行给付义务，只践行合同约定，并不代表受害人生命、身体、健康的价值。

---

①② 卢现祥，刘大洪. 法经济学 [M]. 北京：北京大学出版社，2007：130.

这些理念在保险法律中有所体现。如我国《保险法》第 55 条对财产保险标的损失的赔偿，规定合同约定了保险价值的，以约定的价值为赔偿计算标准；没有约定的，以事故发生时标的的实际价值为标准；保险金额超过保险价值的部分无效，低于保险价值的，除另有约定外，按照保险金额与保险价值的比例承担赔偿。对人身保险的赔偿标准未直接规定，但在第 46 条针对被保险人因第三人而发生死亡、伤残或疾病等保险事故的，指出"保险人给付保险金后，不享有向第三者追偿的权利，但被保险人或者受益人仍有权向第三者请求赔偿"，即被保险人可依法行使合同履行请求权与侵权赔偿请求权，获得多重赔偿。

五、近因原则的法经济学分析

设立近因原则其实是立法者赋予保险人的一项权利，近因原则可以限定保险人的责任范围，使赔偿范围小于使用因果关系理论时确定承保风险是否造成标的损失的原因。[①]

法经济学中，科斯从谈判理论出发，认为交易双方通过博弈达成的合作会给双方均带来收益，交易双方的权利越明确，合作的可能性则越大，因监督和控制所需交易的成本越低。[②] 将科斯定理中的权利界定引入近因原则，实际是需要探讨近因原则的应用权利是界定给保险人还是被保险人？如果界定给被保险人，则意味着保险人无权使用近因原则确定保险责任，此时应由民法中的因果关系理论来代替；若界定给保险人，即表明保险人有权使用近因原则确定保险责任。

如前所述，近因原则与因果关系理论存在一定的包容关系，但近因原则相较因果关系理论，有平衡双方利益和防止道德风险的作用，能在一定程度上减轻负外部性。所以，近因原则的确定需考虑成本。实际中，不同的原因确定方式会产生不同的外部性成本、信息发现成本、谈判成本，而原因确定后的协议执行成本无差异。因果关系理论重在保护受害人利益，认定标准较为宽松；近因原则侧重保护保险人利益，认定标准较为严格。如果将近因原则应用权界定

---

① 邓格. 海上保险近因原则的法经济学浅析——以科斯定理为视角 [J]. 法制与社会，2015（4）：114 – 115.

② 卢现祥，刘大洪. 法经济学 [M]. 北京：北京大学出版社，2007：34.

给被保险人，保险人则需使用因果关系理论来认定，此时，较为宽松的认定必然增加了原因类型，加大信息发现成本与谈判成本，也会扩大保险人的赔偿范围，导致赔偿额增加。在这种易于获得赔偿的情况下，会引发不诚实的被保险人想方设法增加赔偿概率的道德危机，造成资源浪费，产生额外的负外部性。综合相比，保险人运用因果关系理论确定保险责任而产生的成本永远大于运用近因原则确定保险责任而产生的成本。根据科斯定理，在现实交易成本存在的情况下，能使交易成本影响最小化的法律就是最适当的法律，所以，应将近因原则应用权赋予保险人一方。

本章案例

近因原则的应用①

（一）　基本案情

2008 年 8 月 5 日，原告上海名家敬老院向被告都邦财产保险公司上海分公司投保团体意外伤害保险，为敬老院内 40 名老人投保人身意外伤害险、附加意外伤害团体医疗险、意外伤害住院津贴险，保险费 6000 元，意外伤害身故保险金额 4 万元，保险期限自 2008 年 8 月 6 日 0 时起至 2009 年 8 月 5 日 24 时止。双方签订的养老机构老人意外伤害保险协议第一条保险责任项下死亡保险金条款约定："被保险人自意外伤害发生之日起 180 日内因同一原因死亡的，保险人按照保险金额给付死亡保险金，本合同对该被保险人的保险责任终止。"

2008 年 9 月 9 日，原告处老人胡某意外跌伤，经上海市第六人民医院诊断为左股骨胫骨折，卧床治疗后引发深度肺部感染，造成坠积性肺炎，医院抢救无效死亡。胡某家属向法院起诉了上海名家敬老院。审理中，当事人一同前往司法鉴定中心咨询知悉，胡某的肺部感染与骨折后卧床有因果关系，肺炎导致其死亡。据此，原告与家属达成调解，赔偿各项费用共计 4.3 万元。原告认为，胡某在原告处意外骨折，引发肺部感染进而死亡的事实，属于保险合同约定的意外伤害死亡，保险合同依法有效，原告也按时缴纳了保险费，被告应依约定进行赔偿。但被告拒赔，故诉至法院，要求判令被告支付保险赔偿金 4 万元。被告不同意原告诉请，理由是：（1）死者胡某不属于保险合同约定的被保险人，且合同上没有其亲笔签名，故合同中的死亡赔偿条款无效；（2）胡

---

① 陈萌，林晓君，黄宗琴. 保险责任中近因原则的适用 [J]. 人民司法，2011（10）：40－43.

某即使是被保险人，但并非由于意外伤害死亡，死亡条件与合同约定不符；（3）原告对胡某的死亡有过失，应由原告承担民事责任，与保险公司无关；（4）胡某死亡原因不明。请求法院驳回原告诉请。

（二）案件审理

上海市浦东新区法院审理后认为本案争议焦点有三个。（1）保险合同中的死亡赔偿条款是否具有法律效力？（2）胡某骨折、肺部感染与死亡之间是否具有因果关系？（3）被告是否或如何承担保险责任？

对于争议焦点一，被告作为专业主体，与原告签订以死亡为给付保险金责任的保险合同时，应充分告知被保险人订立合同应履行的相关手续，并尽到细致、全面的审查义务。本案中，被告在没有尽到充分审查义务的情况下便接受了原告的投保，出险后却以未经被保险人签名为由主张合同无效。法院认为，原告为其所护理的老人向被告投保团体险，对此情况被告应是明知的，且原告投保行为符合被保险人利益，是善意的，并不存在保险法规定的防止侵害被保险人利益的道德缺失情形，应认定本案保险合同关于死亡赔偿的条款有效。

对于争议焦点二，确认保险责任承担与否的关键是事故原因是否属于承保范围，认定本案因果关系的关键在于确认该案的事故原因是意外骨折还是肺部感染。本案中，被保险人摔跌导致骨折而后卧床治疗，护理期间肺部感染、引发死亡。表面看，似乎肺部感染强行介入了保险事故发生原因，从而切断了骨折和死亡之间的联系，且被告举证骨折卧床和肺部感染之间没有必然联系，但实际中受伤卧床极易导致肺部感染，进而引发死亡也存在一定概率，被保险人作为年迈老人，三者之间存在因果联系的可能性较高。因此，对胡某死亡而言，意外骨折和肺部感染都属于事故原因，骨折虽不是死亡的直接原因，却导致肺部感染、引发死亡，是死亡的诱发因素。如果仅仅因为直接导致死亡的肺部感染不是合同约定的非意外事故的疾病而拒赔，显然有违公平合理原则。被告举证的卧床后完全避免肺部感染是理论医学的研究状况，要求需精细护理，实际中，受许多客观条件限制的护理情况下难以完全避免。

针对第三个争议焦点，保险标的致损的原因必须是双方当事人在签订合同时可以预见的，而且前后原因的相继发生是不可避免的。本案中，被保险人意外摔跌导致骨折，如果纯粹由摔跌导致死亡，保险公司应承担全部赔付责任。被告与原告签订合同时，明知被保险人是老人，对这一点更应当有事先的充分预计。骨折并不是导致死亡的直接原因，如果保险人承担全部保险责任，有失公允。所以从公平合理原则出发，鉴于骨折、肺部感染与死亡结果之间的有机联系，以及骨折的主要作用，法院确认保险人承担意外伤害身故赔偿金30%的赔付责任。据此，判决被告赔付原告1.2万元。一审宣判后，双方均未上诉，判决生效。

（三）案件评析

本案审理要点在于"近因"。近因的认定需结合案情分析，本案以时间顺序排列的因果链是：意外骨折—卧床治疗—肺部感染—死亡，但实际中骨折后并不一定必然导致肺部感染，肺部感染不是前因骨折的合理连续。本案属于多项原因间断发生致损，各原因虽有先后之分，但不存在因果关系的断裂。如果骨折直接导致死亡或是死亡的近因，那么属于意外事故，保险公司理应赔付；如果肺部感染是死亡的近因，而肺部感染不是本案意外险的承保范围，保险公司就无须赔付。本案中，骨折和肺部感染先后发生，肺部感染介入并打断了骨折与死亡之间的因果关系链条，并对死亡独立起到决定性作用，据此骨折似乎就不是死亡的近因。需指出的是，介入原因独立对损害结果产生作用，并不排除现实中前因先使保险标的陷入非正常境地，而由后因介入发挥作用的情形。显然，本案若没有骨折这一意外事件的发生，被保险人就不需长期卧床治疗，正常情况下也就不会肺部感染。正是骨折使之陷入非正常情况后引发肺部感染，但肺部感染并没有打断骨折与死亡之间的因果关系，骨折导致肺部感染对死亡发生作用，形成因果链条。因此，本案可将骨折认定为损害结果的近因，属于保险公司承保的意外事故范围。

关于保险责任的认定。虽然骨折是造成死亡的近因，但并非直接的、决定性的原因，与骨折直接造成死亡存在区别，如果要求保险公司承担全部保险责任有失公允，需区别对待其赔偿责任。资料显示，目前对骨折引起肺部感染的预防和护理已很成熟，只要注意护理的卫生、通风及适当活动，都可以保证护理成功率，如对患者指导早期活动，肺部感染率可从一般护理下的15%降为5%，故意外伤害骨折与肺部感染、死亡之间无必然联系。但被保险人是敬老院老年人这一特殊性，使关联度增强、风险增大，保险公司作为专业主体应充分认识到承保风险，从公平合理角度出发，需承担一定的保险责任。至于如何承担责任，也要遵循公平合理原则。对多项原因造成保险事故的损失，应按保险危险与不保危险对损害造成的原因比例确定。本案鉴于骨折、肺部感染与死亡结果之间的有机联系，且有效数据显示老年骨折如护理得当可将引发肺部感染以致死亡的风险控制在三成以下，因而判决保险公司承担30%的赔付责任。

总之，对损失发生具有现实性、决定性和有效性的原因才是近因，并且损失是近因必然的、自然的结果和延伸。认定近因还需对因果关系链进行整体考量，不能机械地认为直接致损的原因就是近因，要充分考虑致损的诱因，衡量原因与结果的作用过程，并根据作用大小确定承担保险责任的比例。

本章要点

本章主要讨论保险法的基本原则，包括最大诚信原则、保险利益原则、损失补偿原则、近因原则以及各原则的法经济学分析；要求熟悉基本原则与理论知识，重点掌握基本原则的运用。

第三章

保险合同概述

第一节　概念与特征

一、概念

我国《保险法》第 10 条第 1 款规定："保险合同是投保人与保险人约定保险权利义务关系的协议。"其中，投保人指与保险人订立保险合同，并按照合同约定负有支付保险费义务的人。保险人指与投保人订立保险合同，并按照合同约定承担赔偿或给付保险金责任的保险公司。保险合同法律关系的实质内容是，投保人向保险人支付保险费，保险人对于约定的可能发生的事故因其发生所造成的财产损失承担赔偿保险金责任，或者当被保险人死亡、伤残、疾病或达到约定的年龄、期限时承担给付保险金责任。

二、特征

保险合同具有一般合同的共性，受《民法典》规范，又有特定的、具体的法律内容，有自身法律特性。

（一）保险合同是射幸合同

射幸合同指一方当事人给付义务的履行是不确定的，这也导致双方交换关系的非等价性。保险合同是典型的射幸合同。一方面，订立保险合同时，保险人是否履行赔付保险金的义务不确定，依赖于保险事故发生的偶然性；另一方面，保险人赔付的保险金通常远远大于收取的保险费，但事故在保险期限内未发生则无法获得保险金，也不退还保险费，也属于一种不确定。与之不同的是，投保人给付保险费的义务则在合同成立时已确定。

需要注意的是，射幸性仅针对单个保险合同的性质而言。保险合同的这种射幸性与赌博有着本质区别，也与强调当事人的给付与所得利益相当的交换合同、当事人给付义务在订立合同即已确定的实定合同相区别。

（二） 保险合同是附合合同

附合合同又称格式合同、标准合同，指当事人为了重复使用而预先单方面拟定合同的主要内容，另一方当事人不能就相关条款进行充分协商，仅限于接受已提出的条件而订立的合同。保险合同除需要特别商讨约定的事项外，通常都由保险公司单方制定并经监管机构认可后广泛适用，投保人只能接受或不接受，不能决定合同条款的内容，是一种典型的附合合同。附合合同具有手续简便、节省交易费用和交易时间的优点，同时也存在免除或限制条款制定者的责任、加重合同相对人责任、不合理分配合同风险等弊端，需适度限制，并以书面明示为原则。

（三） 保险合同是双务有偿合同

保险合同的双务性体现为从合同缔结至履行的整个过程，双方当事人都负担给付义务。投保人负有支付保险费给保险人的义务，保险人则需在整个保险期间承担风险，并在约定情况下支付赔款。

保险合同的有偿性体现为投保人与保险人双方都以获得对方的支付为对价基础，并都能获得经济上的利益。其中，投保人或被保险人以支付金额较少的固定钱款，来换取对自己较大的财产或利益保障，免除了事故发生的后顾之忧。保险人以承担事故损失的经济补偿为条件，换取保险费的支付，积累成保险基金，并借助少数事故赔付与多数投保人分摊的差额，获取一定的经济收益。

（四） 保险合同是诺成性合同

《保险法》第13条规定："投保人提出保险要求，经保险人同意承保，保险合同成立……依法成立的保险合同，自成立时生效。投保人和保险人可以对合同的效力约定附条件或附期限。"由此可见，通常情况下，保险合同只需双方当事人同意后即宣告成立，属于诺成性合同。这有利于便捷地完成交易，满足当事人的实际生活需要；也可以避免将合同的成立与合同义务的履行混淆，遏制实践中保险人拒绝或拖延签发保险单进而逃脱责任的行为。

（五）　保险合同是要式合同

要式合同指法律、法规规定，或者当事人约定应当采用书面形式的合同。《保险法》第 13 条规定："投保人提出保险要求，经保险人同意承保，保险合同成立。保险人应当及时向投保人签发保险单或者其他保险凭证……当事人也可以约定采用其他书面形式载明合同内容。"由此可见，保险合同的成立需要以书面形式体现，属于要式合同。

第二节　保险合同的分类

一、财产保险合同和人身保险合同

财产保险合同和人身保险合同是根据保险合同标的所做的分类，也是我国《保险法》中认同的分类。二者具有以下区别。

一是保险标的不同。财产保险合同是以财产及其有关利益为保险标的的保险合同；人身保险合同是以人的寿命和身体为保险标的的保险合同。

二是损害填补原则适用规定不同。财产及其有关利益可判断价值大小，故财产保险合同可使用损害填补原则；人的寿命和身体属于无价物，故人身保险合同不适用损害填补原则。

三是保险利益适用规则不同，包括保险利益人的确定时间、方式、关系等都存在差别。财产保险合同订立时，投保人对保险标的可以不具有保险利益；但事故发生时，被保险人对保险标的应具有保险利益。具体根据法定权利、合同权利、责任利益等判定。人身保险合同订立时，保险利益必须存在，否则合同无效；事故发生时保险利益是否存在，对保险合同效力不发生影响。具体根据家庭、亲属、劳动关系或被保险人同意等方式判定。

四是保险单有无现金价值不同。财产保险合同时间较短，通常无储蓄性、无现金价值；人身保险合同中的人寿保险，投保人缴费超过 2 年的，具有现金价值。

五是保险费的支付与返还方式不同。财产保险合同所承保的财产流动性较强，保险期限较短，所以通常一次性缴清保险费，并在理赔时一次性赔付；人身保险合同大多是长期性保险，保险费可采用分期缴付方式，并分期返还。

二、定额给付性保险合同和损失补偿性保险合同

这是以保险人给付保险金的性质和目的为标准所做的划分。

定额给付性保险合同，指当保险合同约定的事故发生或约定期限届满，按约定的保险金额给付保险金的合同。绝大多数人身保险合同为给付性保险合同，这是由标的的价值无法衡量性决定的。

损失补偿性保险合同又称评价保险合同，指事故发生时，由保险人评估被保险人所遭受的实际损失，并在保险金额限度内给付保险金，以弥补被保险人所受实际损失的合同，目的在于补偿被保险人因保险事故所遭受的经济损失。

三、定值保险合同和不定值保险合同

这是根据保险标的物的价值在合同中是否预先约定所做的分类。保险价值是确定保险金额的基础，也是财产保险合同的特有概念，人身保险标的无法估价，不存在定值问题，只能是参照适用。之所以定值，主要是基于损害填补原则的适用，该原则强调有损害方能赔偿保险金，并不得超过损失额。这就意味着保险人的赔付责任需结合被保险人的损失额共同核算，其中，保险人的危险分担比例等于保险金额与保险标的物价值的比例，被保险人的损失额则等于保险标的物的价值与实物损失比例的乘积。

定值保险合同指双方当事人订立合同时约定保险标的物的价值并载于合同中，作为保险事故发生时标的物价值的保险合同。事故发生后，合同约定的保险标的物价值即为保险人赔付责任的计算依据。保险人按约定价值，结合实际损失程度予以赔付，不受出险时标的物市价的影响。这类合同避免了保险事故发生后定价的困难与争议，提高了保险人决定承保前评估保险标的价值的审慎程度。

不定值保险合同指合同中并不列明保险标的物的实际价值，只约定一定的金额作为保险人赔偿最高限额；事故发生并实际造成损失时，保险人按照出险时的实际价值计算损失额，在约定的赔偿最高数额内予以赔付。标的物价值的确定既可按照市价核算，也可以以重置成本减折旧核算。

我国《保险法》第55条第1款和第2款规定："投保人和保险人约定保险

标的的保险价值并在合同中载明的，保险标的发生损失时，以约定的保险价值为赔偿计算标准。投保人和保险人未约定保险标的的保险价值的，保险标的发生损失时，以保险事故发生时保险标的的实际价值为赔偿计算标准。"

四、足额保险合同、不足额保险合同和超额保险合同

这是以保险金额与保险价值的关系为标准所做的分类。此时，定值保险的保险价值为合同约定的价值；不定值保险的保险价值为事故发生时标的物的实际价值，一般为市价。

足额保险指保险金额等于保险价值。当发生事故后，实际全损按保险金额全赔；部分损失按实际损失额赔偿，损失多少赔付多少。

不足额保险指保险金额小于保险标的物价值。主要是因为订立合同时投保人只以保险价额的一部分进行投保，或是因标的物价值上涨，足额保险变成出险时的不足额保险。当足额保险合同理赔时，标的全损，保险人需给付保险金额全部；标的部分损失，且价值具有不可分性，则需按全损处理，如古董、文物；若标的价值具有可分性，可选择适用第一危险原则或比例分担原则。第一危险原则又称实际填补原则，保险人在保险金额范围内对损失全部赔付。比例分担原则，是根据被保险人的损失额与危险分担比例来确定保险人的赔偿金额。我国《保险法》第 55 条第 4 款规定："保险金额低于保险价值的，除合同另有约定外，保险人按照保险金额与保险价值的比例承担赔偿保险金的责任。"

超额保险合同指保险金额大于保险标的物的价值。出现原因有两种：一是合同订立时，投保人基于善意或恶意的心理状态，将标的物价额提高，超过实际价值；二是保险合同存续期间，非基于当事人的主观原因，标的物价值下跌。由于超额保险合同可以使被保险人获得超过保险标的的实际价值的利益，容易诱发道德危险，出现被保险人希望或恶意促成保险事故发生的情形。因此，一般情况不允许签订超额保险合同，超过部分无效。赔付时，按足额保险规则理赔，保险人返还相应的保险费。我国《保险法》第 55 条第 3 款规定："保险金额不得超过保险价值。超过保险价值的，超过部分无效，保险人应退还相应的保险费。"

五、单独保险合同、共同保险合同、重复保险合同

这是以签订同一保险合同时保险人的数目为标准所做的划分。

单独保险合同指由一个保险人与一个投保人订立的保险合同。

共同保险合同指两个或两个以上的保险人与投保人针对同一保险标的，就同一保险利益、同一风险，共同承担同一保险责任而订立的保险关系协议。数个保险人可能以某一保险人的名义签发保险单，但事故发生后，各保险人需按约定比例承担保险责任。如果投保人是就不同的危险分别向不同保险人投保，则该投保人签订的是数个单一保险合同。

重复保险合同指投保人对同一保险标的、同一保险利益、同一保险事故分别与两个以上保险人订立保险合同，且保险金额总和超过保险价值的保险。这在《保险法》第 56 条第 4 款被明确规定。

六、原保险合同和再保险合同

这是以保险合同是否必须以已经存在的保险合同为基础所做的分类。

原保险合同指投保人为保险利益与保险人最初订立的保险合同。

再保险合同指保险人为减少自身责任、维护经营安全，将其承担的保险业务，以承保形式部分转移给其他保险人承担时所达成的协议，属于原保险的分保。《保险法》第 28 条第 1 款规定："保险人将其承担的保险业务，以分保形式部分转移给其他保险人的，为再保险。"

第三节　保险合同主体

保险合同主体是指保险合同关系中享有权利和承担义务的法人、公民或其他组织，是保险合同的必备要素之一。根据在保险合同中的不同地位、作用，可分为当事人、关系人和辅助人。

一、当事人

当事人是保险合同最重要的主体，指参与订立保险合同并就合同内容协商一致后，签字、盖章使合同成立的主体，即保险合同订约方，包括投保人、保险人。

（一）投保人

根据《保险法》第 10 条第 2 款的规定，投保人指与保险人订立保险合同，并按照合同约定负有支付保险费义务的人。

1. 投保人的资格条件

保险合同的订立是典型的民事法律行为，根据《民法典》《保险法》等有关规定，投保人必须符合两个条件。一是应具备相应的主体资格。作为保险合同当事人的投保人，需具有缔结合同的资格，即必须具备基本的民事权利能力和民事行为能力。身份上须是独立的自然人或法人；资格上，自然人应是完全民事行为能力人，具有正常的判断能力，法人需依法登记注册、能独立承担经济责任。二是应对保险标的具有保险利益。人身保险的投保人需在订立保险合同时对被保险人具有保险利益；不具有保险利益的，合同无效。财产保险不要求订立合同时投保人对保险标的具有保险利益，但亦需提供与基本关系证明。

2. 投保人的权利

（1）保险合同的变更权。投保人是保险合同的当事人，可根据自身需求主张变更合同的内容。《保险法》第 20 条规定："投保人和保险人可以协商变更合同内容。变更保险合同的，应当由保险人在保险单或其他保险凭证上批注或者附贴批单，或者由投保人和保险人订立变更的书面协议。"

（2）保险合同的解除权。作为保险合同当事人，投保人亦有权解除保险合同。《保险法》第 15 条规定："除本法另有规定或者保险合同另有约定外，保险合同成立后，投保人可以解除合同，保险人不得解除合同。"

（3）受益人的指定和变更权。人身保险合同中，投保人享有指定和变更受益人的权利。根据《保险法》第 39 条规定，人身保险的受益人由被保险人或投保人指定，投保人指定时须经被保险人同意。投保人为与其有劳动关系的劳动者投保人身保险，不得指定被保险人及其近亲属以外的人为受益人。最高人民法院《关于适用〈中华人民共和国保险法〉若干问题的解释（三）》（以下简称《司法解释（三）》）第 9 条第 1 款强调"投保人指定受益人未经被保险人同意的，法院应认定指定行为无效"。

根据《保险法》第 41 条的规定，被保险人或投保人可以变更受益人并书面通知保险人。《司法解释（三）》第 10 条和第 11 条进一步明确，投保人或被保险人变更受益人，当事人主张变更行为自变更意思表示发出时生效的，以及变更受益人未通知保险人，保险人主张变更对其不发生效力的，法院应予支持。投保人变更受益人未经被保险人同意的，法院应认定变更行为无效。投保人或被保险人在保险事故发生后变更受益人，变更后的受益人请求保险人给付保险金，法院不支持。

（4）申请复效权。交纳保险费是投保人的合同义务。但投保人因特殊情况，交纳首期保费后推迟交费并造成合同中止时，仍在一定条件下享有申请复效权。

根据《保险法》第 36 条和第 37 条的规定，合同约定分期支付保险费，投保人支付首期保险费后，除合同另有约定外，投保人自保险人催告之日起超过 30 日或超过约定期限 60 日未支付当期保险费的，合同效力中止，或由保险人按照合同约定条件减少保险金额。合同中止的，经保险人与投保人协商并达成协议，投保人补交保险费后，合同效力恢复。但是，自合同效力中止之日起满 2 年双方未达成协议的，保险人有权解除合同。

（5）保险单质押借款和获取红利权。人身保险合同，尤其是长期寿险合同具有明显的储蓄性，使其保单具有有价证券的属性，依法可以设立质押。保险合同具有现金价值时，投保人可以书面形式向保险人申请借款，但最高不得超过保险合同当时的现金价值扣除欠交保险费及利息、借款及利息后余额的一定比例，如 70%，且每次借款期限一般不得超过 6 个月。当时的现金价值不足以抵偿欠交的保险费及利息、借款及利息时，合同效力中止。[①]《保险法》第 34 条第 2 款规定："按照以死亡为给付保险金条件的合同所签发的保险单，未经被保险人书面同意，不得转让或质押。"

分红类型的保险合同在有效期限内，投保人可以依照约定领取红利，但如果存在保险合同的欠款，需优先偿还欠款，余额可采用现金领取、累积生息、抵交保费或交清增额保险等方式领取。

---

① 许崇苗. 保险法原理及疑难案例解析 [M]. 北京：法律出版社，2011：205.

3. 投保人承担的义务

（1）如实告知义务。作为订立保险合同的直接当事人，投保人应履行如实告知义务。《保险法》第 16 条规定："订立保险合同，保险人就保险标的或者被保险人的有关情况提出询问的，投保人应当如实告知。"

（2）交纳保险费的义务。保险费的交纳不是保险合同成立的先决条件，但是保险合同生效、保险人开始承担保险责任和合同效力维持的先决条件。投保人向保险人给付保险费，是保险人承担保险责任的对价。因此，投保人签订保险合同后，需按期交纳保险费。

《保险法》第 14 条规定："保险合同成立后，投保人按照约定交付保险费，保险人按照约定的时间开始承担保险责任。"第 35 条规定："投保人可以按照合同约定向保险人一次支付全部保险费或者分期支付保险费。"从上述规定可以看到，投保人交纳保险费与保险人是否承担保险责任并无直接的对应关系。实务中，也会出现保险人预收保险费，并规定保险合同自保险人签发保险单之日起生效；以及人身保险合同中，投保人在缴纳首期保险费后，后期未缴或欠缴保险费，保险人仍有可能承担保险责任的情形。

需注意的是，义务人虽然为投保人，但保险人一般不得拒绝第三人的缴费。《司法解释（三）》第 7 条规定："当事人以被保险人、受益人或者他人已经代为支付保险费为由，主张投保人对应的交费义务已经履行的，法院应予支持。"

（3）通知义务。投保人的通知义务包括保险标的危险增加时的通知和危险事故发生后的通知。根据《保险法》第 21 条的规定，投保人、被保险人或受益人知道保险事故发生后，应及时通知保险人。故意或因重大过失未及时通知，致使保险事故的性质、原因、损失程度等难以确定的，保险人对无法确定部分不承担赔付责任，但保险人通过其他途径已经知道或应当及时知道事故发生的除外。

（4）配合提供资料义务。投保人在保险事故发生后，还需及时向保险人提供相关证明材料。根据《保险法》第 22 条规定，保险事故发生后，按照保险合同请求保险人赔付保险金时，投保人、被保险人或受益人应向保险人提供其所能提供的与确认保险事故的性质、原因、损失程度等有关的证明和资料。保险人按照合同约定，认为有关证明和资料不完整的，应及时一次性通知投保人、被保险人或受益人补充提供。通常保险合同对损失证明的具体类型和要求有详细规定。

投保人违反上述义务会导致何种法律后果，《保险法》未明确规定。通常，只有因故意、重大过失而未提供损失证明，并且保险人能够证明该义务的违反造成了保险事故的性质、原因、损失程度等难以确定的，保险人对无法确定的部分，不承担保险金赔付责任。此外，投保人、被保险人、受益人编造未曾发生的保险事故，或编造虚假的事故原因，或夸大损失程度，骗取保险金，但尚不构成犯罪的，依法给予行政处罚。[①] 保险事故发生后，投保人、被保险人或受益人以伪造、变造的有关证明、资料或其他证据，编造虚假的事故原因或夸大损失程度的，保险人对其虚报部分不承担赔付责任。投保人、被保险人或受益人因前款行为致使保险人支付保险金或者支出费用的，应当退回或者赔偿。[②]

（二）保险人

保险人又称承保人，指与投保人订立保险合同，按照合同收取保险费，并于保险事故发生后承担赔偿或给付保险金的主体。

1. 保险人的资格条件

由于保险业的特殊风险管理作用和社会影响，各国都对保险人的法定资格及条件做了严格限制。在我国，保险人须依照《民法典》《保险法》《公司法》等相关法律规定，具备两个条件。一是必须是依法成立的经营保险业的法人组织。《保险法》第6条的规定："保险业务由依照本法设立的保险公司以及法律、行政法规规定的其他保险组织经营，其他单位和个人不得经营保险业务。"二是必须在核准的经营范围内经营业务。《保险法》第95条第3款规定："保险公司应在国务院保险监管机构依法批准的业务范围内从事保险经营活动。"

2. 保险人的权利

（1）保险费收取权。交纳保险费是投保人的主要义务，但从保险人的角度来说，保险合同成立后，依据合同约定向投保人收取保险费，是保险人享有的主要合同权利。

（2）保险合同解除权。在一定条件下，保险人享有保险合同的解除权。由于保险合同多为保险人拟定的格式合同，因此，只有在符合法定条件时，保

---

① 《保险法》第174条。
② 《保险法》第27条第3款和第4款。

险人才能行使合同解除权。如《保险法》第 16 条第 2 款规定："投保人故意或因重大过失未履行前款规定的如实告知义务，足以影响保险人决定是否同意承保或者提高保险费率的，保险人有权解除合同。"第 27 条第 1 款和第 2 款规定："未发生保险事故，被保险人或受益人谎称发生了保险事故，向保险人提出赔偿或者给付保险金请求的，保险人有权解除合同，并不退还保险费。投保人、被保险人故意制造保险事故的，保险人有权解除合同，不承担赔偿或者给付保险金的责任；除本法第 43 条规定外，不退还保险费。"

（3）代位追偿权。财产保险中，保险人履行赔偿责任后，对依法需承担赔偿责任的第三者可以享有代位追偿权。《保险法》第 60 条第 1 款规定："因第三者对保险标的的损害而造成保险事故的，保险人自向被保险人赔偿保险金之日起，在赔偿金额范围内代位行使被保险人对第三者请求赔偿的权利。"

（4）采取措施权。保险人为增强保险业中的风险防范意识，减少理赔，可以根据防灾防损需求对被保险人采取对应措施。《保险法》第 51 条第 4 款规定："保险人为维护保险标的的安全，经被保险人同意，可以采取安全预防措施。"

3. 保险人的义务

（1）保险条款的说明义务。根据《保险法》第 17 条，订立保险合同采用保险人提供的格式条款的，保险人提供的投保单应当附格式条款，并向投保人说明合同内容。对合同中免除保险人责任的条款，保险人订立合同时应在投保单、保险单或其他保险凭证上做出足以引起投保人注意的提示，并对该条款内容以书面或口头形式向投保人做出明确说明；未做提示或明确说明的，该条款不产生效力。

（2）赔偿或给付保险金的义务。发生保险事故，保险人应当履行赔偿或给付保险金的义务，这是保险人承担的主要义务，具体赔付的方式、时间均可在合同中约定。此外，保险人还需承担必要的合理费用，包括施救费用及其他合理费用，并在保险金外另行支付。其中，施救费用不得超过保险金额的 1倍；其他合理费用指为确定保险人给付义务范围内的损失所支出的费用。

依照《保险法》第 23 条的规定，保险人收到被保险人或受益人的赔付保险金请求后，应及时做出核定；情形复杂的应在 30 日内做出，合同另有约定的除外。保险人应将核定结果通知被保险人或受益人。保险人认为不属于保险责任的，除履行通知义务外，还应说明理由；属于保险责任的，在与被保险人或受益人达成赔付协议后 10 日内，履行赔付义务。保险合同对赔付期限有约定的，保险人应按约定履行赔偿义务，未及时履行的，除支付保险金外，应当赔偿被保险人或者受益人因此受到的损失。任何单位和个人不得非法干预保险人履行赔付保险金的义务，也不得限制被保险人或者受益人取得保险金的权利。

（3）解约金的返还义务。保险合同解除时，保险人负有退还保险费或保险单现金价值的义务。对人身保险，《保险法》第 47 条规定："投保人解除合同的，保险人应当自收到解除合同通知之日起 30 日内，按照合同约定退还保险单的现金价值。"第 37 条、第 43 条、第 44 条、第 45 条也分别规定了退还保险单现金价值的具体适用情形。对财产保险，《保险法》第 54 条规定："保险责任开始前，投保人要求解除合同的，应当按照合同约定向保险人支付手续费，保险人应当退还保险费。保险责任开始后，投保人要求解除合同的，保险人应当将已收取的保险费，按照合同约定扣除自保险责任开始之日起至合同解除之日止应收的部分后，退还投保人。"

（4）保密义务。投保人在保险合同订立时需向保险人披露大量信息，如投保人的财产状况、被保险人的健康状况、保险金额等，这些信息的泄露会给投保人和被保险人产生不利影响。因此，保险人还需遵守基本商业道德，对有关投保人和被保险人的非公开信息负有保密义务，未征得许可不得向外界泄露。如果保险人未履行保密义务，擅自将获取的有关投保人、被保险人的个人信息出售或非法提供给他人，不仅要求承担民事侵权赔偿责任，情节严重时还要求承担刑事责任。《保险法》第 116 条规定："保险公司及其工作人员在保险业务活动中不得有下列行为：……（十二）泄露在业务活动中知悉的投保人、被保险人的商业秘密。"

二、保险合同的关系人

保险合同的关系人指因保险合同而牵涉利害关系的主体，尤其是保险合同为第三人利益而订立时，这种利害关系极为突出，此时，涉及的主体主要包括被保险人和受益人。

（一）被保险人

根据《保险法》第 12 条第 5 款的规定，被保险人是指其财产或者人身受保险合同保障，享有保险金请求权的人。投保人可以是被保险人。

1. 被保险人的资格条件

由于被保险人不是保险合同当事人，对其民事行为能力的要求相对宽松，有无民事行为能力并不影响合同效力。通常，被保险人的资格和条件主要取决于保险合同的规定，[①] 法律也有一些特别限制。

一是人寿保险中，被保险人须达到能够判断行为性质的年龄，没有生理或心理障碍，能够对危险状况有正确估计和一定的预防、自救能力。严禁设立针对未成年人或生理、心理障碍者的死亡保险，但父母为未成年子女设立时例外。我国《保险法》第 33 条就规定投保人不得为无民事行为能力人投保以死亡为给付保险金条件的人身保险，保险人也不得承保，但父母为其未成年子女投保的排除。

二是成年被保险人对人身保险合同的成立拥有同意权。在我国，当投保人对被保险人有保险利益，并为被保险人投保非死亡保险时，无须其同意；但投保死亡保险时，被保险人需是成年人，经其同意并认可保险金额后，方可生效。这是因为人身保险以人的生命或身体为对象，若无限制，无异于以他人生命、健康为赌注，体现了对被保险人人格权的尊重；而且，被保险人可以评估自己的风险状况，从而控制风险。

三是财产保险中，被保险人应该是保险标的的所有人或其他权利人，他们会因保险事故的发生遭受损失。

四是具体保险合同中，被保险人还需满足具体的特殊要求。如少儿险需满足 18 周岁以下的年龄条件；团体人身险需具有团体身份等。

2. 被保险人的权利

（1）同意权。

一是有权同意为其投保并认可保险金额。如果投保人与被保险人不存在一定的亲属关系，须获得被保险人同意才能取得保险利益。否则，所订立的合同无效。《保险法》第 31 条规定投保人对本人、配偶、子女、父母，其他有抚养、赡养、扶养关系的家庭成员、近亲属，有劳动关系的劳动者有保险利益；其他被保险人同意的，视为投保人具有保险利益。第 34 条强调，"以死亡为给付保险金条件的合同，未经被保险人同意并认可保险金额的，合同无效。"《司法解释（三）》第 1 条进一步明确，"被保险人同意并认可保险金额"可以

---

① 许崇苗. 保险法原理及疑难案例解析［M］. 北京：法律出版社，2011：208.

采取书面、口头或其他形式；可以在合同订立时做出，也可以在订立后追认。同时，有下列情形之一的，应认定为被保险人同意投保人为其订立保险合同并认可保险金额：被保险人明知他人代其签名同意而未表示异议的；被保险人同意投保人指定的受益人的；有证据足以认定被保险人同意投保人为其投保的其他情形。

二是有权同意投保人转让或者质押保单。《保险法》第34条第2款规定："按照以死亡为给付保险金条件的合同所签发的保险单，未经被保险人书面同意，不得转让或者质押。"

三是同意投保人指定和变更受益人。根据《保险法》第39条、第41条的规定，人身保险的受益人由被保险人或者投保人指定；投保人指定受益人时须经被保险人同意。被保险人或投保人可以变更受益人并书面通知保险人，保险人收到变更通知后，应做批注或附贴批单；投保人变更受益人时须经被保险人同意。

（2）享有保险金请求权。

被保险人在准许将自己的人身、财产及相关利益作为保险标的时，根本目的是获取保障及收益。因此，保险金请求权是被保险人的重要权利。虽然人身保险合同中存在受益人时，受益人依法享有保险金请求权，但该权利是被保险人让与的，被保险人的保险金请求权决定着受益人的受益权。

（3）受益人的指定或变更权。

对于受益人的确定，被保险人具有比投保人更充分的决定权。投保人指定、变更受益人时，须经被保险人同意。被保险人为无民事行为能力人或限制民事行为能力人时，可以由其监护人指定受益人。

3. 被保险人的义务

（1）通知义务。

一是危险增加的通知义务。此时的危险增加需满足显著性、持续性、超出预期三个特性。"显著性"指该危险的增加在普通保险人看来，足以影响到决定提高费率或解除合同。未达到此程度的被保险人不负有通知义务。"持续性"指保险合同订立后，危险状况因某特定情事变换至新状况，且持续一段时间。这是为了与促成保险事故发生的事件相区分，一时出现而随即消失的危险增加，不会加重保险人的责任，也不要求通知。《司法解释（四）》第4条进一步明确法院认定"危险程度显著增加"时，应综合考虑保险标的用途、使用范围的改变，所处环境、因改装等原因引起的变化，使用人或管理人的改变，危险程度增加持续的时间，其他可能因素等。危险程度虽然增加，但属于合同订立时保险人预见或应当预见的保险合同承保范围的，不构成危险程度显著增加。

当发生危险显著增加的事实时，为控制风险，要求被保险人履行及时通知义务。如出现怠于通知，因危险增加所导致的事故，保险人不负赔付责任。根据《保险法》第52条的规定，合同有效期内，保险标的危险程度显著增加的，被保险人应当按照合同约定及时通知保险人，保险人可以按照合同约定增加保险费或者解除合同。被保险人未履行通知义务的，因保险标的的危险程度显著增加而发生的保险事故，保险人不承担赔偿保险金的责任。

二是出险通知义务。鉴于投保人、被保险人、受益人与保险标的的密切关联，法律要求出险后，承担及时通知保险人的义务。"及时"属于事实判断，只能根据具体背景来判断，既为了保证事故发生后证据的有效搜集，防范保险欺诈的发生，也有助于保险人采取自我保护措施，避免损失的进一步扩大。与投保人的出险通知义务雷同，都规定于《保险法》第21条中。

三是保险标的转让的通知义务。保险标的转让可能使原有风险改变，因此，被保险人还需向保险人承担相应的转让通知义务。根据《保险法》第49条第2款、第4款的规定，保险标的转让的，被保险人或受让人应及时通知保险人，货物运输保险合同和另有合同约定的除外。被保险人、受让人未履行通知义务的，因转让导致保险标的的危险程度显著增加而发生的保险事故，保险人不承担赔偿责任。

（2）安全维护义务。

财产保险中，被保险人还需担负维护标的安全的义务。通常，安全维护成本会大大低于事故损失，有利于减少不必要的社会财富浪费。安全防范有利于降低道德风险发生概率，直接影响费率核定、降低成本开支。根据《保险法》第51条的规定，被保险人需遵守国家有关消防、安全、生产操作、劳动保护等方面的规定，维护保险标的的安全。保险人可按照合同约定对保险标的的安全状况进行检查，及时向投保人、被保险人提出消除不安全因素和隐患的书面建议。投保人、被保险人未按约定履行安全责任的，保险人有权要求增加保险费或者解除合同。

（3）防止和减少损失的义务。

保险标的发生损害事故时，被保险人应尽力采取必要措施防止或减少损失。鉴于人身保险被保险人不得从事不必要的冒险行为，因此，该规定仅针对财产保险合同。我国将被保险人减损义务规定为法定义务，即使合同中未明确规定，被保险人仍需承担，主要是为了遏制被保险人的道德风险。

根据《保险法》第57条的规定，保险事故发生时，被保险人应当尽力采取必要的措施，防止或者减少损失。事故发生后，被保险人为防止或减少保险标的损失所支付的必要的、合理的费用，由保险人承担。值得注意的是，即使保险合同未对费用补偿做规定，被保险人仍有权请求保险人承担，这也是保险人的法定义务。但《保险法》对未施救的后果没有做出规定，可以考虑借鉴《民法典》第591条的规定，没有采取适当措施致使损失扩大的，被违约方不得就扩大的损失请求赔偿，即对扩大的损失，保险人可以拒赔。

（4）提供证明和资料的义务。

保险事故发生后，投保人、被保险人、受益人都负有提供损失证明的义务。具体可见前面分析。

（5）不当得利的返还义务。

不当得利，指没有合法根据取得不当利益，造成他人损失的，应当将取得的不当利益返还受损失的人。根据《保险法》第27条第1款的规定，未发生保险事故，被保险人或受益人谎称发生了保险事故，向保险人提出赔付请求的，保险人有权解除合同，并不退还保险费。此时，被保险人或受益人在没有发生保险事故的情况下而请求获得保险金，构成典型的不当得利，应当退回。赋予保险人合同解除权和不退还保险费权，则是对不当得利人的惩罚。

（二）受益人

受益人又称保险金请求人、保险金受领人，指由投保人或被保险人在保险合同中指定的，于保险事故发生时，享有赔偿或给付请求权的人。受益人可以是投保人或被保险人自己，也可以是投保人或被保险人指定的其他人。财产保险中，被保险人与受益人身份合一；独立的受益人仅在寿险中存在。

1. 受益人的资格条件

一是通常存在于人身保险合同中。财产保险合同的投保人通常为与自己有利害关系的财产投保，投保人即为被保险人。保险事故发生时，只是保险标的本身受损毁，也只影响被保险人利益，故受益人往往就是被保险人自己，不再单独指定。但人身保险合同的保险标的是被保险人的身体或者寿命，被保险人死亡时，会产生谁来享有和行使保险金请求权的问题，所以，有必要设定专门的受益人。

二是必须经指定产生，并且资格一般不受任何限制。由于人身保险合同可呈现为第三人利益的特性，即被保险人死亡后由第三人享有保险金，为充分保障被保险人的利益，需指定产生受益人。对受益人而言，除享有及时通知、提供证明资料义务外，不承担其他义务，因此，只需以民事权利能力为标准，无须考虑民事行为能力的有无和是否完全。这意味着可以是任何自然人、法人或其他组织，如胎儿、与被保险人没有任何利害关系的人都可以被指定为受益人，甚至受益人犯罪被剥夺政治权利后，仍享有受益权。但投保人为与其有劳动关系的劳动者投保人身保险，不得指定被保险人及其近亲属以外的人为受益人。

《司法解释（三）》第9条第2款规定："当事人对保险合同约定的受益人存在争议，除投保人、被保险人在保险合同之外另有约定外，按照以下情形分别处理：（1）受益人约定为'法定'或'法定继承人'的，以继承法规定的法定继承人为受益人；（2）受益人仅约定为身份关系，投保人与被保险人为同一主体的，根据保险事故发生时与被保险人的身份关系确定受益人；投保人与被保险人为不同主体的，根据合同成立时与被保险人的身份关系确定受益人；（3）受益人的约定包括姓名和身份关系，保险事故发生时身份关系发生变化的，认定为未指定受益人。"

三是独立享受保险金请求权的人。受益人以其民事主体的独立资格来享有保险金请求权。虽然这种权利相对不确定，如受益人可以被变更或主动放弃受益权，但未发生这些变化时，受益人可以依照合同约定独立享有保险金请求权，并在保险金给付纠纷中，以合法的诉讼资格独立行使诉讼权利，请求实现保险金的给付。

2. 受益人的权利

受益人享有的权利即为受益权。

（1）受益权的性质。

第一，受益权为固有权，是基于保险合同而原始取得的权利，并非继受取得。一方面，当受益人与被保险人属同一人时，被保险人享有自己生命、身体的价值无可厚非，这种固有性不言自明；另一方面，当受益人与被保险人为不同人时，为他人保险的目的与功能也要求必须固有。这就意味着受益权为无负担的取得，受益人只享有权利，不承担义务。

第二，受益权为非继承权。受益人请求保险人给付保险金，是基于保险合同产生的权利，并不是基于继承身份取得的遗产。保险金不属于被保险人的遗产，无须征收遗产税、个人所得税，也不可以直接偿还被保险人生前的债务；投保人、被保险人的债权人也不得扣押保险金而优先受偿，但投保人以自己为被保险人和受益人时除外。《司法解释（三）》第 15 条规定，当受益人与被保险人存在继承关系，在同一事件中死亡且不能确定死亡先后顺序的，法院应推定受益人死亡在先，并按照规定确定保险金归属。

第三，受益权为期待权。保险事故发生前，投保人或被保险人可以随时向保险人申请变更受益人，因此，对受益人而言，受益权随时可以被变更、撤销，在保险事故发生前始终处于不确定状态。只有保险事故发生并且受益人生存时，受益权才能转变为现实的既得权。这种期待性表现在两个方面：一是被保险人生存期间，受益人不得向保险人索取保险金；二是受益人取得保险金的权利以被保险人死亡时仍生存为前提条件。受益人先于被保险人死亡的，由被保险人、投保人指定受益人；无指定，则参照继承规则，不发生代位受益问题。

（2）受益权的内容。

一是受益人可以向保险人请求保险金，但不承担任何投保人所应履行的合同义务，除非自愿承担。实际中，除另有约定外，受益人的受益权仅限于保险金请求权，其他权利属投保人享有。如投保人的保费返还请求权不能转让给受益人，受益人也无权解除保险合同。

二是受益人有权放弃保险金请求权。受益人在自愿情形下，可自主决定是否放弃保险金请求权。如果放弃，保险金自动归属被保险人。《司法解释（三）》第 12 条的规定，投保人或被保险人指定数人为受益人，部分受益人在保险事故发生前死亡、放弃受益权或者依法丧失受益权的，该受益人应得的受益份额按照保险合同的约定处理；合同没有约定或者约定不明的，该受益人应得的受益份额按照以下情形处理：①未约定受益顺序和受益份额的，由其他受益人平均享有；②未约定受益顺序但约定受益份额的，由其他受益人按照相应比例享有；③约定受益顺序但未约定受益份额的，由同顺序的其他受益人平均享有；同一顺序没有其他受益人的，由后一顺序的受益人平均享有；④约定受益顺序和受益份额的，由同顺序的其他受益人按照相应比例享有；同一顺序没有其他受益人的，由后一顺序的受益人按照相应比例享有。

三是受益人有权将受益权转让给他人，但必须取得被保险人的同意，且在合同中有所约定。《司法解释（三）》第 13 条进一步明确："保险事故发生后，受益人将与本次保险事故相对应的全部或者部分保险金请求权转让给第三人，当事人主张该转让行为有效的，法院应予支持，但根据合同性质、当事人约定或者法律规定不得转让的除外。"

3. 受益人的义务

（1）及时通知义务和证明资料提供义务。这项义务同投保人、被保险人。在《保险法》第 21 条、第 22 条有规定。

（2）不得加害被保险人。当受益人对被保险人有加害行为时，丧失保险金请求权。《保险法》第 43 条第 2 款规定："受益人故意造成被保险人死亡、伤残、疾病，或者故意杀害被保险人未遂的，该受益人丧失受益权。"此时，保险公司仍需向其他继承人赔付。

三、保险合同的辅助人

保险合同的辅助人即保险中介，指以专门知识和技术为当事人提供协助，从而辅助保险合同订立、履行的保险活动其他参加者。他们不是保险合同的主体，对合同不享有权利亦无义务。

（一）保险代理人

《保险法》第 117 条规定："保险代理人是根据保险人的委托，向保险人收取佣金，并在保险人授权的范围内代为办理保险业务的机构或者个人。保险代理机构包括专门从事保险代理业务的保险专业代理机构和兼营保险代理业务的保险兼业代理机构。"

1. 保险代理人的活动特征

现代保险市场上，保险代理人已成为保险企业开发、拓展保险业务的主要形式和途径，又被称为保险人"延长的手"，二者通过委托代理合同来界定关系。保险代理人的代理活动具有以下特征。

一是保险代理人须以保险人的名义进行活动。保险代理人的任务，包括代理保险人销售保险产品、收取保费、损失勘察和理赔等，只有以保险人的名义进行代理活动，才能为保险人设定权利和义务。

二是保险代理人须根据保险人的委托，在授权范围内代为办理保险业务，不能越权或滥用代理权。

三是保险代理人在保险人授权范围内代理保险业务所产生的法律责任，由保险人承担。保险代理人以保险人名义所为的行为，直接对保险人发生效力；保险人对代理人在代理活动中的过错行为承担责任，但给保险人造成损失的，代理人应承担赔偿责任。委托书授权不明的，保险人应向第三人担责，保险代理人负连带责任。①《保险法》第127条规定："保险代理人根据保险人的授权代为办理保险业务的行为，由保险人承担责任。保险代理人没有代理权、超越代理权或者代理权终止后以保险人名义订立合同，使投保人有理由相信其有代理权的，该代理行为有效。保险人可以依法追究越权的保险代理人的责任。"

2. 保险代理人的类型

（1）保险专业代理机构：指根据保险人的委托，向保险人收取佣金，并在授权范围内专门代为办理保险业务的机构，包括保险专业代理公司及其分支机构。我国境内设立保险专业代理机构，应符合监管机构规定的资格条件，取得经营保险代理业务许可证。除另有规定外，应采取有限责任公司或股份有限公司的组织形式，经营范围包括代销保险产品、代收保险费、代理损失勘查和理赔以及监管机构规定的其他相关业务。

（2）保险兼业代理机构：指利用自身主业与保险的相关便利性，依法兼营保险代理业务的企业，包括保险兼业代理法人机构及其分支机构。兼业代理人从事保险代理业务应遵守国家有关法律法规和规章，遵循自愿和诚信原则，在保险人授权范围内代理保险业务所产生的法律责任，由保险人承担。党政机关及其职能部门、事业单位、社会团体不得从事保险代理业务。

（3）保险个人代理人：指与保险公司签订委托代理合同，从事保险代理业务的人员。

（二）保险经纪人

根据《保险法》第118条的规定，保险经纪人是基于投保人的利益，为投保人与保险人订立保险合同提供中介服务，并依法收取佣金的机构。对被保险人来说，保险经纪人在保险条件、费率及市场方面具有的专业知识和经验，可以帮助节约时间成本，提高专业信息获取效率。对保险人来说，可以帮助招揽客户，扩大业务范围。当今保险市场上，大多数保险业务都是通过代理人或经纪人招揽的。

---

① 许崇苗. 保险法原理及疑难案例解析 [M]. 北京：法律出版社，2011：384 - 385.

除另有规定外，保险经纪人应采取有限责任公司和股份有限公司的组织形式。可以经营下列全部或者部分业务：为投保人拟订投保方案、选择保险公司以及办理投保手续；协助被保险人或受益人进行索赔；再保险经纪业务；为委托人提供防灾、防损或者风险评估、风险管理咨询服务；保险监管机构规定的与保险经纪有关的其他业务。①

（三）　保险公估人

保险公估人又称保险公证人，指向保险人、被保险人收取佣金，以其专门知识或技术提供服务的保险从业人员，如理算人、调查人、鉴定人等。通常向委托方收费。《保险法》第 129 条规定："保险活动当事人可以委托保险公估机构等依法设立的独立评估机构或者具有相关专业知识的人员，对保险事故进行评估和鉴定。接受委托对保险事故进行评估和鉴定的机构和人员，应当依法、独立、客观、公正地进行评估和鉴定，任何单位和个人不得干涉。前款规定的机构和人员，因故意或过失给保险人或者被保险人造成损失的，依法承担赔偿责任。"

第四节　保险合同的主要内容

根据《保险法》第 18 条的规定，保险合同应包括：保险人的名称和住所；投保人、被保险人的姓名或名称、住所，人身保险受益人的姓名或名称、住所；保险标的；保险责任和责任免除；保险期间和保险责任开始时间；保险金额；保险费及支付办法；保险金赔偿或者给付办法；违约责任和争议处理；订立合同的年、月、日。投保人和保险人可以约定与保险有关的其他事项。

根据条款对保险合同效力的不同影响，可分为基本条款和特约条款两大类。

一、基本条款

保险合同必须具备，若有欠缺合同将不成立的条款称为基本条款。根据《保险法》第 18 条的规定，具体包括以下内容。

---

① 《保险经纪人监管规定》第 36 条。

（一） 保险合同当事人及关系人的名称及住所

保险合同当事人包括投保人、保险人，是合同的权利享有者和义务承担者。保险合同订立后，有关保险费的交付、危险增加及事故发生的通知等，都与当事人的名称及住所有关。被保险人与保险标的有密切关系，受到合同保障并享有保险金请求权，保险合同应载明其名称及住所，以便评估风险和正确履行合同。人身保险合同的受益人因涉及保险金的给付，也需载明。这些基本信息的载明便于确认当事人的资格是否合法，有利于合同的正确履行和纠纷解决。

（二） 保险标的

保险标的是保险利益的载体，是保险合同保障的具体对象，具体指作为保险对象的财产及其有关利益或者人的寿命和身体。作为保险合同必不可少的内容之一，保险标的是决定保险费率、保险责任、保险期限等其他条款的基础。许多险种就按标的不同而划分设计。

（三） 保险责任和责任免除

保险责任指保险人按照保险合同的约定，在保险事故发生时所承担的赔偿或给付保险金的责任。根据责任是共性的，还是特别约定的，分为基本责任和特约责任。保险合同必须约定保险责任范围，是保险人的基本义务和承担责任的界限，通常由保险人或有关机构根据法律和实际需要确定，印制在保单中。

责任免除又称除外责任，指依照法律或合同规定，保险人不承担赔偿责任的范围，目的是对保险人的责任范围加以适当限制，避免由于保险责任和除外责任相混淆引起的保险争议。实际中，免责条款多用于排除和限制保险人未来的赔付责任，为避免误解，必须以明示方式做出，保险人应在投保单、保险单或其他保险凭证上做出足以使投保人注意的提示。

保险责任与责任免除条款的内容都属于限定性规定。保险责任条款概括规定的责任，在免责条款中列为除外责任的，保险人不承担保险责任；保险人只对没有在免责条款中剔除的保险责任范围内的事故承担保险责任。

（四） 保险期间和保险责任开始时间

保险期间又称保险期限，指保险人承担保险责任的期限。保险人只对保险期间内发生的保险事故承担责任。通常有两种计算方法。一是按公历年、月、日、小时计算，开始的当天不计入，从下一日开始计算；按小时计算期间的，自法律规定或者当事人约定的时间开始计算。[①] 二是以某一事件的始末或业务过程的起止计算。如货物运输保险、运输工具航程保险都是以一个航程的起止为保险期间，建筑、安装工程保险以工程施工日起至竣工验收日止为保险期间。

保险责任开始时间，指保险人开始承担保险责任的时间。与保险合同的生效时间不一定完全一致。《保险法》第 14 条规定："保险合同成立后，投保人按照约定交付保险费，保险人按照约定的时间开始承担保险责任。"

（五）保险金额

保险金额，指保险人承担赔偿或者给付保险金责任的最高限额。保险金额不仅限定了合同当事人的权利和义务范围，也为保险费计算提供了依据。财产保险合同的保险金额需以被保险人对保险标的所具有的保险利益为限，并不得超过保险价值。人身保险合同的保险金额由当事人根据保险需求和保费缴付能力协商并在合同中载明，除不得超出监管部门规定的最高限额外，一般没有限制。

（六）保险费以及支付办法

保险费，简称保费，指投保人为使保险人承担保险责任而向保险人支付的费用，也是保险人承担保险责任应取得的报酬。保险费的多少主要取决于保险金额和保险费率两个因素，核算时，保险费 = 保险金额 × 保险费率。

支付保险费是投保人的基本义务，直接影响保险合同效力，投保人订立保险合同后应立即交付保险费。交付方法由合同约定，可以一次性全部付清或分期分批交付，可以以红利抵缴，以保险单的价值自动垫缴，或其他特别约定等。

（七）保险金赔偿或者给付办法

保险金的赔偿或给付是保险人履行保险合同义务、承担保险责任的基本方式，也是投保人和被保险人实现保险保障权利的体现。保险人应及时履行保险金赔偿或给付义务，合同有期限约定的，应按照约定履行。保险条款一般应载明赔偿数额或给付保险金数额的计算方法、保险金的申请人、应提交的证明及资料、保险金赔偿或给付的期限和诉讼时效等。

（八）违约责任和争议处理

违约责任，指保险合同当事人违反约定，不履行合同义务或不按照约定条

---

① 《民法典》第 201 条。

件履行义务，应当承担的法律责任。该责任的规定有助于保险合同的顺利履行和当事人权利的实现。《保险法》对保险合同违约责任有明确规定，因此，当事人可根据要求在合同中载明违约责任及其承担方式等内容。

保险合同争议处理是指当事人双方发生纠纷后的解决方式和途径。保险合同的纠纷类型多样，如保险责任的承担、保险合同的效力、解除等。根据《民法典》的规定，纠纷发生后，当事人寻求的纠纷解决途径有四种：和解、调解、诉讼、仲裁。保险合同中可根据惯例或纠纷特殊性，对诉讼地、仲裁机构等提前约定。

（九）订约的时间和地点

订立合同的日期对于认定保险合同的成立时间，判定保险利益存在与否、保险危险是否在保险合同成立后发生等，都有积极意义，必须在保险合同中载明。

（十）其他事项

《保险法》第18条第2款规定："投保人和保险人可以约定与保险有关的其他事项。"当然，这些约定不得与法律、法规相抵触，不得违反社会公共利益。

二、特约条款

特约条款指保险人与投保人在已经拟定的基本条款的基础上，为满足各自特殊需要而约定的合同内容。通常是双方当事人为控制危险而协商一致的特别约定，与基本条款具有同样法律约束力，并不得违反法律的强制规定。常见形式有四种。

（一）附加条款

指在基本条款的基础上，为增加或限制基本条款的内容所做的补充。如扩大承保责任、减少基本条款规定的除外责任或者承保范围等，以满足投保人的需要。通常，保险人事先印制附加条款的相应格式，在与投保人就特别约定的事项达成一致并填写完毕后，将其粘贴在保险单上，效力同原合同。

（二）共保条款

共保条款是共同保险条款的简称，在财产保险合同中经常出现，旨在鼓励被保险人按照财产可保价值的一定比例进行投保，即保险人与投保人约定就保险标的的一部分，由投保人自行负担因合同承保危险所致的损失。如果损失发生时共同保险要求没有得到满足，被保险人作为共同保险人之一，必须承担部分损失；如果被保险人想要获得局部损失的全额赔偿，必须满足共同保险的要求。否则，当局部损失时，被保险人将处于不利地位。对保险范围内的损失进行赔偿的数额可以用共同保险公式来确定，具体为：承保额÷所需投保额×损失＝赔偿额。

应用共同保险公式时，应注意赔偿金额不应超过实际损失的金额，即使通过共同保险公式计算会得到这样的结果。这种情况在承保额大于最低所需投保额时会发生。同时，任何损失的最大赔偿金额不超过保险价值。①

（三）协会条款

协会条款指同业组织之间根据实际需要，经协商一致而制定的保险合同条款。目前常见的是伦敦保险人协会下属的技术和条款委员会拟定并颁布的海上保险条款，作为国际海上保险市场通用条款，也被许多国家当作蓝本来制定本国的海上保险条款。主要类型有：（1）协会船舶险条款，包括协会船舶定期保险条款、协会船舶航程保险条款、协会船舶港口险条款、协会船舶战争险与罢工险条款等。（2）协会货物保险条款，主要有协会货物运输险条款、协会货物战争与罢工险条款。（3）协会运费保险条款，主要有协会运费定期保险条款、协会运费航程保险条款、协会运费船舶战争险与罢工险条款。②

（四）保证条款

保证条款指保险合同中被保险人为了享受合同权利而承诺做出某些行为或不行为的规定。违反"保证"，保险人有权解除合同。根据保证的表达形式，可分为明示保证和默示保证：前者一般以书面或特约条款形式载于保单中；后者虽在保单内无明文规定，但按国家法律、商务习惯或约定俗成需遵守。

本章案例

投保人可否以被保险人不具有保险利益而单方解除合同③

（一）基本案情

1995年10月30日，某保险公司县支公司为本单位6名女职工（包括原告王某之妻陈某）投保妇科癌病普查保险，保单号95－018，投保人和保险人

---

① ［美］乔治·E.瑞达，迈克尔·J.麦克纳马拉. 风险管理与保险原理（第十二版）［M］. 北京：中国人民大学出版社，2015：205.

② 协会条款［DB/OL］. 百度百科，https：//baike. baidu. com/item/协会条款/22559386？fr＝aladdin.

③ 李玉泉. 保险法学——理论与实务［M］. 北京：高等教育出版社，2007：107－110.

均为某县支公司，被保险人和受益人是 6 名女职工，保险期限 3 年，保险金额1 万元，保费每人 40 元，已由公司工会经费一次性交清。1996 年 6 月，该公司分立为人寿保险公司和财产保险公司两个单位，陈某被分到被告某人寿保险公司工作。1997 年 7 月，陈某又调往另外一家保险公司工作。同年 8 月 5 日，某人寿保险公司做出业务批单，以陈某不具有可保利益为由解除了保险合同，没有书面通知陈某。1998 年 1 月，陈某被诊断患子宫膜腺癌，并于同年 1 月和 5 月两次向某人寿保险公司递交给付保险金的申请。但后者以陈某调离后不具有可保利益，保险合同失效为由，于 1998 年 7 月 21 日下发保险金拒付通知书。陈某为此于 1999 年 2 月 8 日向县法院提起诉讼，同年 7 月 8 日因癌症恶化死亡。王某就本案继续诉讼。

原告诉称：被告曾为在单位工作的我妻陈某投保妇科癌病普查保险，保期3 年，保费 1 万元。我妻在保期内患癌后，被告却拒绝理赔。请求判令被告按照合同约定给付保险金，并赔偿生前因被告拒绝理赔而遭受的精神损失。被告辩称：本单位曾给女职工投保妇科癌病普查保险是事实。但陈某后来调出本单位，本单位已没有可保利益，因此以业务批单解除了该保险合同。保险合同不存在了，原告的理赔申请当然无效，应当驳回原告的诉讼请求。

（二）案件审理

县法院认为，单位为自己职工谋取合法利益是法律允许并支持的正当行为。由于保险是某保险公司县支公司的业务，此次保险是公司为自己职工投保，这种特殊情况决定了保险合同上投保人和保险人签署的是同一人，但这同自己与自己签订的无效合同情况不同，仍属于两个平等民事主体之间签订合同。根据保费出资情况，应认定此保险合同的投保人是工会，保险人是该公司。工会在职工同意情况下为职工投保人身险，是履行职责的体现。依据《保险法》规定，某保险公司县支公司工会对保险标的具有保险利益，并且，本案的人身保险合同是当事人真实意思的表示，依法成立有效。原告王某之妻陈某在某保险公司县支公司工作期间，既是单位职工，也是工会会员，有权享有职工和会员的待遇。该公司工会出资为女职工投保，是工会给会员的福利待遇。因保险合同的成立，陈某以被保险人和受益人的身份成为合同当事人，依照法律规定，陈某享有保险金请求权。

通常的合同，签约双方协商一致就可以变更或解除，但保险合同与被保险人利害相关，只有在通知并征求被保险人意见后，才能决定合同的订立、变更或解除。原告王某之妻陈某从被告某人寿保险公司调离后，该公司在没有征求陈某意见的情况下，就以业务批单形式解除合同，违背了《保险法》第 15 条"除本法另有规定或保险合同另有约定外，保险合同成立后，投保人可以解除合同，保险人不得解除合同。"不能发生解除的效力。

对人身保险合同，只能根据投保人在投保时是否具有保险利益来确定合同效力，不能随合同成立后的人事变化情况来确定，这样才能保持合同的稳定性。被告某人寿保险公司以陈某调离后无可保利益为由，主张合同无效，理由不能成立。

依法成立的合同，对各方当事人都有约束力，都须按合同约定享受权利和履行义务。原告王某之妻陈某在保期内患了妇科癌症，符合保险合同约定的承保条件，被告某人寿保险公司在接到理赔申请后，应按约定支付保险金。王某诉请判令被告给付保险金 1 万元，应当支持；诉请判令被告赔偿陈某的精神损失，因未提供相应证据，不予支持。

一审后，某人寿保险公司提出上诉。理由是：本案中，上诉人既作为投保人又作为保险人，经协商一致变更保险合同的部分内容，做出终止对陈某保险责任的批单，是合法的民事行为；即使以批单形式终止该责任无效，由于陈某已调离，上诉人已不具有可保利益，保险合同中涉及陈某的部分也应当认定无效。

二审法院认为：认定本案的保险合同不能解除，不仅因为它是以无效的批单形式解除的，更因为解除时没有通知陈某并征求其意见。陈某虽不是合同签约人，但作为人身保险合同的被保险人与受益人，有权知道合同的效力情况。在无人通知状况下，有理由相信该合同仍然存在。当其患癌并申请理赔时，上诉人才出具解除合同的批单，此举违背了民事行为应遵循的诚信原则，当然无效。本案保险合同成立，一方是从事保险业务的某保险公司县支公司，另一方是代表女职工权益的公司工会。上诉人在还涉及其他 5 名女职工权益的情况下，既不想否认本案保险合同的效力，又要说服该合同是由其一人签订，不但与事实不符，且与法理不合，自相矛盾。如果确实是自己与自己签订的"合同"，变更保险合同的"协商一致"又从何谈起？该公司的上诉理由不能成立，原判正确，应当维持。

（三）案件评析

本案审理时强调：一是人身保险合同的保险利益问题，二是保险合同的当事人问题。从本案涉及的合同主体来看，投保人为某保险公司县支分公司工会，保险人是某保险公司县支公司，被保险人为陈某。保险合同变更、解除时只能在投保人和保险人之间进行，但被保险人权益的保障不容忽视。

本章要点

本章主要讨论保险合同的基本规定，包括概念与特征、分类、主体、主要内容；要求熟悉上述保险合同的基本规定及相关理论知识，重点掌握保险合同主体的权利、义务及主要内容的运用。

第四章

保险合同的订立和生效

第一节　保险合同的订立

一、保险合同的形式

作为投保人与保险人约定保险权利义务关系的协议，保险合同是一个泛指概念，具体表现形式多样。实践中主要包括投保单、保险单、暂保单、保险凭证、其他书面协议。

（一）投保单

投保单是投保人为向保险人申请保险而填写的单证，是申请订立保险合同的书面要约。实际中，投保单是保险人事前预估、审核风险并决定是否承保的主要因素，通常由保险人准备，同一险种适用统一格式。内容上，要求投保人依照所列项目逐一据实填写。投保单本身并非正式合同文本，但投保人填写的内容会影响合同效力，因此，对投保人"如实"填写的要求较高。投保单上如有记载，保险单上遗漏，其效力与记载在保险单上一样；如果投保单中告知不实，保险单上又未修正，保险人可以投保人未遵守诚信原则为由在规定期限内宣布合同无效。

（二）保险单

保险单简称保单，是保险人根据投保人的申请而签发的保险合同的正式书面凭证，也是投保人与保险人之间保险合同行为的一种正式书面形式。保险单必须明确、完整地记载合同当事人的权利和义务，当保险标的遭受责任范围内的损失时，记载内容是双方履约的依据。

（三） 暂保单

暂保单即临时保险单，是保险人出立正式保险单之前的代替物，其效力与正式保单相同。性质上属于记载保险双方当事人意思表示一致的书面凭证，内容较简单，本身不是合同，也不是订立保险合同的必经程序，但由于基本条款和主要事项都已载明，实践中一般将其视为临时合同。

暂保单一般适用于财产保险，如正式保险合同已经谈妥，但因签发流程、审批程序或个别条件未谈妥，投保人又急需保险凭证等情形下，可签发暂保单，大多使用书面形式，表明投保人已经办理了保险手续，效力同正式保单，但有效期较短，通常由保险人具体规定。当正式保单交付后，暂保单即自动失效；保险人也可在正式保单发出前终止其效力，提前通知投保人，并收取从签发至取消期间的保险费；若该期间发生保险事故，保险人需负责赔偿。实践中保费有时可在出立正式保单时支付，而暂保单自开具之日起即具有临时保险合同的效力，意味着这一阶段被保险人可享受免费保险。保险代理人为争取客户，会降低对投保人的审核，依赖于暂保单的自动失效，极易产生纠纷，因此，暂保单的签发需慎重。

（四） 保险凭证

保险人除签发保险单外，也可以向投保人签发证明保险合同已经成立的书面凭证，这是简化了的保险单，二者具有相同的法律效力。保险凭证主要在三种情况中使用。一是为简化单证手续而使用。如我国保险公司同外贸公司合作推出联合保险凭证，将保险合同相关事项附印在外贸公司发票上，仅注明承保险别和保险金额，其他项目以发票所列为准。外贸公司缮制发票时，保险凭证也办妥。二是保险单外再签发，如用一张保险单承保多辆汽车时，为向交管理部门证明每辆汽车已参保而签发的单车保险凭证。三是机动车第三者责任险作为强制保险，为便于被保险人随身携带以供检查，保险人通常出具保险凭证。

（五） 其他书面协议

保险合同双方当事人围绕保险事宜协商签订的其他书面协议种类多样，最典型的是批单与附加条款。批单是由保险人应投保人要求而出立的批改书，是在保险单签发后，对某些内容进行更改而附贴在保险单的书面协议，是保险合同的重要组成部分。批单不仅可以更改保险单的内容，也可以更改原有批单的内容，无论哪种情况，批单通常优于保单中任何与之相冲突的条款，并遵守

"后添加的批单优先于先添加的批单"的适用原则，以后加的批单条款为准。

附加条款可以直接在保险单中体现，也可以在保险单签发后设立，此时，与批单具有相同意思。财产保险中，批单是一种对原有合同条款进行增加、删除或修订的书面条款。如房屋保单将地震列为除外风险，但保险人可通过增加一条地震批单来为地震或地壳运动造成的损失提供赔偿。人身保险中，附加条款是一种修订或改变原保单的条款。例如，在美国人寿保单可以加入免缴保费的附加条款，如果被保险人完全残疾，根据附加条款的规定，只要一直处于残疾状况，经过 6 个月的等待期后，则可免除将来所有的保险费。[①]

《司法解释（二）》第 14 条对保险合同的多种形式可能出现的记载不一致情况，制定了认定规则：保险合同中记载的内容不一致的，按照下列规则认定：（1）投保单与保险单或者其他保险凭证不一致的，以投保单为准，但不一致的情形系经保险人说明并经投保人同意的，以投保人签收的保险单或其他保险凭证载明的内容为准；（2）非格式条款与格式条款不一致的，以非格式条款为准；（3）保险凭证记载的时间不同的，以形成时间在后的为准；（4）保险凭证存在手写和打印两种方式的，以双方签字、盖章的手写部分的内容为准。

二、订立程序

（一）投保

投保指投保人向保险人提出内容确定、表示明确的订立保险合同的意思表示，即提出投保要求，也称要保。

《保险法》第 13 条规定："投保人提出保险要求，经保险人同意承保，保险合同成立。保险人应当及时向投保人签发保险单或者其他保险凭证。"需注意的是，实务中，保险公司及其代理人往往会主动开展业务，向公众散发、递送一些与保险有关的宣传和促销资料，主动介绍、推荐保险产品，这种行为属于要约邀请，不具有法律约束力，也并非订立合同的必经程序。只有在投保人提出投保申请，填写好投保单并交给保险公司或其代理人时，才构成要约。

投保是保险合同成立的先决条件，应具备以下条件。

一是投保人要有缔约能力。投保是保险合同成立的必经程序，直接影响合

---

① ［美］乔治·E. 瑞达，迈克尔·J. 麦克纳马拉. 风险管理与保险原理（第十二版）［M］. 北京：中国人民大学出版社，2015：203.

同效力，因此，当事人需在自愿、平等的基础上投保。法人通常都具有缔约能力，自然人需与行为能力挂钩，无民事行为能力人、限制民事行为能力人一般不具有投保能力，单独提出的投保要求不产生要约效力。

二是投保人对保险标的应具有保险利益。依法具有正当的保险利益是保险合同成立的前提。

三是投保人要履行如实告知义务。投保的形式一般为投保单或其他书面形式。实务中，保险公司会提前印制好投保单，投保人只需向保险业务员提出保险要求，索要相关投保单，并按要求如实填写。投保人有特殊要求的，也可以与保险公司协商，约定特别条款，然后将填写好的投保单交给保险人。

（二）承保

承保是保险人完全同意投保人提出的保险要约的行为。合同签订中，承保属于承诺环节，是保险合同成立的必要要件，承诺生效时保险合同成立。实务中，保险人收到投保单后，经调查审核认为符合承保条件，在投保单上签字盖章并通知投保人的，构成承诺。通常，保险人承诺保险要约，不得附加任何条件或进行实质性的变更，否则，构成反要约，不发生承诺的效力。例如，投保人递交保单后，保险人审核时依据调查证据或体检结果，认为风险较高，做出调高保险费率或降低保险金额的决定，并在保单上注明。这种情况下，保险人向投保人送达保单的行为应视为向投保人发出的一个新要约。

保险合同成立过程中，承诺生效的时间、地点即为合同成立的时间、地点。实务中，保险人做出承诺，应当及时向投保人签发附有保险公司公章或合同专用章的保险单或者其他保险凭证，这既是承保的凭证，又是承诺的通知。需要注意的是，签发保险单不是保险合同成立的要件，而是保险人的合同义务。如果保险人没有签字盖章，一方已经履行主要义务且对方接受的，也视为成立。

第二节　保险合同的成立、生效与保险责任的起始

一、保险合同的成立

保险合同的成立，指保险合同当事人对保险合同的主要条款达成一致的意思表示。根据《保险法》第13条规定，投保人提出保险要求，经保险人同意

承保后，保险合同成立。保险合同成立标志着合同订立过程的完成，是当事人经过平等协商对合同的基本内容形成合意的结果，但只解决了合同是否存在的问题，其法律约束力如何，还需进一步进行合同效力的审核。因此，保险合同成立，不一定立即、必然生效。

二、保险合同的生效

保险合同的生效指保险合同对当事人双方发生约束力，条款产生法律效力。一般来说，保险合同依法成立后，具备生效要件才能生效，保险责任也才能开始。保险合同的生效既要符合民事法律行为的规定，又要符合《保险法》的规定，通常需具有以下要件。

一是订立者必须具备法律规定的民事行为能力。这是保证保险合同合法、有效的基础条件。

二是双方意思表示真实。如果一方当事人采取欺诈、胁迫的手段与对方订立合同，或者因乘人之危或重大误解而订立，则属于可撤销的保险合同，受欺诈方、受胁迫方、利益受损方有权请求法院或仲裁机构变更或撤销该合同。

三是保险合同不得违反法律规定，不得损害国家、集体或者第三人利益以及社会公共利益，否则保险合同无效。

四是投保人对保险标的必须具有保险利益。

五是投保人不得为未成年子女以外的无民事行为能力人订立以死亡为给付保险金条件的人身保险合同，否则该合同无效。

六是为被保险人订立以死亡为给付保险金条件的人身保险合同，必须征得被保险人书面同意并认可保险金额，否则无效。

除上述法定生效要件外，当事人还可在保险合同中指明一定的条件，并将条件的成就作为合同效力产生的依据，此即约定生效要件。约定的条件可以是事实、行为或期限。

三、成立与生效的区别

保险合同成立不代表一定有效，保险合同有效不代表立刻会生效，在法律上，成立、有效、生效是三个不同的概念。有效是对生效后的保险合同是否符合法律规定所做的判断，只有完全合法的保险合同才是有效的；完全违法的保险合同自始、当然、绝对无效。因欺诈、胁迫、乘人之危、显示公平、重大误解等原因签订的保险合同则存在效力瑕疵，属于可撤销的合同。保险合同的成立注重保险利益，通常不存在主体资格不合格的效力待定合同。

对于保险合同的成立与生效，如果当事人没有约定合同生效的时间，保险合同一般自成立时生效。二者主要区别如下。

一是所处阶段不同。保险合同成立指当事人完成了要约、承诺行为，对合同主要内容达成了一致意见，宣告了订立过程的完成，是单一的行为判断。保险合同生效是成立后的法律判断。只有已经成立的保险合同才谈得上是否生效。

二是要件不同。保险合同的成立要件包括存在双方或多方当事人，以及彼此意思表示一致两个要件。保险合同的生效要件则包括主体合格、意思表示真实、内容合法三个方面。因此，成立了的保险合同如果违反法律规定，亦不能生效。

三是遵循的原则不同。成立作为行为判断，强调双方当事人的合意，体现的是合同签订中的意思自治。生效作为约束力判断，体现的是国家干预及法律权威。

四是效力不同。通常，双方当事人协商一致后保险合同就可以成立，但不发生法律效力。保险合同生效是对当事人发生法律约束力，此时，当事人均受合同条款约束，如有违反，需承担相应的法律责任。

五是保险人责任不同。保险合同成立后未生效前，保险人不承担保险责任；但保险合同生效后发生事故的，保险人须按合同约定承担保险责任。

四、保险责任的开始

保险责任开始是指保险合同约定的保险人开始承担保险责任的时间。实际中，保险条款一般约定，保险合同自保险人同意承保、投保人缴纳保险费，且保险人签发保险单时开始生效，保险合同生效时保险责任开始。但这一规定是针对保险人同意承保，即收取保险费并签发保险单的一般情况而言的。从现行《保险法》和合同理论上分析，签发保险单并不是保险合同生效的要件，而是合同生效后保险人的义务。因此，如果保险人已经接受投保、同意承保，且投保人已经缴纳保险费，即使保险人没有及时签发保单，在此期间内发生保险事故，保险人仍应承担保险责任，不能因为保险人违反义务而使合同的另一方受到损失。《司法解释（二）》第 4 条规定："保险人接受了投保人提交的投保单并收取了保险费，尚未做出是否承保的意思表示，发生保险事故，被保险人或者受益人请求保险人按照保险合同承担赔偿或者给付保险金责任，符合承保条件的，法院应予支持；不符合承保条件的，保险人不承担保险责任，但应当退还已经收取的保险费。保险人主张不符合承保条件的，应承担举证责任。"

《保险法》第 14 条规定："保险合同成立后，投保人按照约定交付保险费，保险人按照约定的时间开始承担保险责任。"由此可见，保险责任的开始时间与合同成立、生效的时间是不同的概念，既可以是同一时间，也可以是不同时间。保险合同成立是保险责任开始的前提，保险合同生效是保险责任开始的基础。我国《保险法》强调保险人开始承担保险责任的时间应当按照合同约定的时间来确定。例如，寿险实务中，一般约定投保人交付第一期保费后合同才正式生效，因此保险人及其代理人常常要求投保人在投保时交纳第一期保险费。但由于寿险合同标的的特殊性，保险人需对被保险人进行必要的体检，并在审核体检单后才决定是否承保。这就意味着寿险的要约与承诺之间存在一段"时间差"，此时，保险责任开始的时间就需要做出明确规定。通常，保险人会以暂保单的形式特别约定，表明保险责任的承担以投保人符合投保要求为前提，保险责任始于投保人交付保费之时，即合同的生效时间回溯至投保人交付保险费之时。如果被保险人在承保日期之前发生保险事故而死亡，保险人不承担给付责任，承保日期可设定为投保单由保险人的核保部门审核批准的日期或被保险人体检通过的日期。[①]

第三节　保险合同成立、生效的法经济学分析

一、保险合同订立的成本分析

保险合同订立中，当事人需搜集标的物的情况、当事人的信用和支付能力等与合同相关信息，这种为达成合作在自愿交往中所支付的成本叫交易成本。合同双方订立合同旨在期望实现某种权益，属于当事人预期可获得的收益。商品经济中，根据"经济人"假设，合同双方都是理性人，若合同预期收益属

---

① 朱铭来．保险法学［M］．天津：南开大学出版社，2006：76－77．

于既定，那么当事人毫无疑问会追求成本最小化。①

保险合同的订立决定着合同的成立、履行、变更等后续环节，要求较高，这也意味着交易成本较大。整体上，保险合同的订立主要依赖于双方的诚信程度及当事人信息掌握程度。若当事人都诚实守信或充分掌握相关信息，那么合同订立中的交易成本就会降低。反之，若当事人诚信度不高或掌握信息不充分，则需在订立时通过明确约定双方权利义务来提高交易成本，从而降低未来的纠纷成本。对法院而言，也更容易判断当事人是否违约并根据违约程度做出公正判决。②

信息不对称以及产生的不完全信息博弈是增大保险合同订立成本的关键因素。相较于其他经济活动，保险合同中的信息不对称情况尤为突出。订立环节，基于外部环境的复杂和个人的有限理性，投保人对合同内容和未来保险人的履行情况不了解；保险人也对保险标的已存的、潜在的危险情况不了解。这种信息的不对称和不完全性，是当事人及仲裁者无法观察、验证到，造成合同不完全的关键；也是投保人与保险人利益博弈的主要诱因，双方会围绕交易成本的降低而各施己策，隐瞒真实信息，尤其是对自己不利的信息。

对保险人的信息不完全，各国通过规定投保人在订立合同时的告知义务及不履行告知义务会承担的法律后果来规制。我国《保险法》第16条即规定投保人应对保险人就保险标的或被保险人有关情况提出的询问如实告知，故意或因重大过失未如实告知义务并足以影响保险人决定是否同意承保或提高费率的，保险人有权解除合同。对于投保人的信息不完全，考虑到保险活动的专业性和大多投保人专业知识的欠缺，通常将信息沟通任务交付于保险代理人，投保人是否签订合同也主要依据代理人的说明。实际中，保险人及其代理人为了拓展客源、吸引客户，缔约时往往故意隐瞒对投保人不利的信息，夸大保险合同的经济利益和保障功能，以使投保人自愿与其订立合同。一旦保险标的出险涉及理赔时，保险合同的技术性、复杂性和专业性便给了保险人充分的抗辩理由。对此，各国法律均规定了保险人不履行免责条款说明义务的法律后果。我国《保险法》第17条即规定，保险人订立合同时应对免除自身责任的条款做出足以引起投保人注意的提示，并对该条款内容向投保人做出明确说明；未做提示或明确说明的，该条款不产生效力。司法实践中，保险人如果违反该条款会导致保险格式合同中的免责条款无效，最终将会承担败诉的法律后果。③

①②③ 王春凤. 法经济学视角下的保险格式合同及其法律规制研究［J］. 西南金融，2013 (9)：59-61.

二、保险合同生效中的博弈分析

资源配置的效率依赖于权利的交易，交易又需要通过合同来规范和治理。英美法系国家将合同定义为一个或一系列的允诺。允诺是合同的核心要素，但只有法律上能够强制执行的允诺才能成为合同。合同的交易规则认为，如果承诺构成交易的一部分，它在法律上就是可强制执行的。

合同法的根本目的是通过节约交易成本，以提高交易双方当事人乃至整个社会的效益。对保险合同而言，除遵守合同法外，还应遵守保险法的特殊规定。保险合同成立中，保险人签发合同的行为构成承诺，但还需结合投保人依约交付保费的时间来判断保险人承担保险责任的始期，自此也构成了强制履行。根据交易理论，如果立约人履行承诺，受约人将从交易中得到利益，该利益是承诺中预期可得到的合理收益；如果违约，这一预期收益将成为损失赔偿金的计算标准。由此可见，承诺的可强制性与违背可强制履行承诺的补偿两个问题紧密相连，如果承诺构成交易的一部分，它就应该被强制履行，且对违背可强制履行承诺的补偿就是判给受害人的预期收益。[①]

保险法的上述功能的可通过简单的博弈模型来说明。假设投保人作为出资方，有投保和不投保两种选择；保险人作为承保方有履行合作与不履行合作两种选择。如果投保人选择投保，则保险人可选择的策略是履行合作或者不履行合作。若选择履行合作，则双方可通过赔偿、获取保险费而各自获益；若选择不履行合作，则只能导致资产的重新分配，即保险人通过损害投保人的利益而获益。表4-1描述了保险合同双方的策略选择及其财富变化。

表4-1　　　　　　　　无保险法约束的保险合同生效后的利益博弈

投保人	保险人	
	履行合作	不履行合作
投保	-1 1	2 -2
不投保	0 0	0 0

注：投保人的收益或支付位于每格的左下方，保险人的收益或支付位于每格的右上方。

---

① 卢现祥，刘大洪. 法经济学［M］. 北京：北京大学出版社，2007：90.

保险法

如表 4 - 1 所示，假设投保人选择的策略为是否缴纳 2 个单位的保险费予以投保，保险人的策略选择是合作承担 3 个单位的赔偿，还是不履行合作、不赔偿。当保险事故发生后，如果投保人选择投保，而保险人选择履行合作，则投保人可获得 1 个单位的收益（3 个单位的赔偿 - 2 个单位的保费），保险人则获得 - 1 个单位的收益（2 个单位的保费 - 3 个单位的赔偿）。如果保险人选择不履行合作，则可获得 2 个单位的保费，而无任何赔偿；投保人损失了 2 个单位的保费，未获得任何赔偿。如果投保人选择不投保，那么，博弈结束，双方均一无所获。

从上可知，如果投保人选择投保，保险人的最优选择是不履行合作，因为此时会比履行合作获得更多的收益。在没有法律保障、缺乏信任的状况下，投保人可能预期到保险人不履行合作，因此，他的最优选择是不投保，相应地，博弈均衡解为：（不投保，不履行合作）。可以看出，如果没有法律的约束，双方订立的合同就可能不被强制履行，保险人不履行合作后，投保人便不能寻求法律救济，博弈也不能达到（投保，履行合作）的理想结果。

当法律介入，可使合作被强制履行，保险人不履行合作会受到惩罚，不仅要求按约履行合作，还需要缴纳 1 个单位的惩罚金，则会出现表 4 - 2 情形。

表 4 - 2　　　　　有保险法约束的保险合同生效后的利益博弈

投保人	保险人	
	履行合作	不履行合作
投保	-1 1	-2 1
不投保	0 0	0 0

注：投保人的收益或支付位于每格的左下方，保险人的收益或支付位于每格的右上方。

如表 4 - 2 所示，如果投保人选择投保，而保险人选择履行合作，和前面一样，投保人可获得 1 个单位的收益，保险人获得 - 1 个单位的收益。如果保险人选择不履行合作，由于法律介入后的强制执行及惩罚，投保人仍可获得 1 个单位的赔偿，但保险人需按约定赔偿 3 个单位损失，并需缴纳 1 个单位的罚金，最后收益为（2 个单位的保费 - 3 个单位的赔偿 - 1 个单位的罚金）。此时，无论保险人采取何种策略，投保人都能获得 1 个单位的净收益，如果投保人选择不投保，则不能获得任何额外赔偿。因此，投保人的最优选择是投保。

对保险人而言，给定投保人投保，如果保险人履行合作，将只需多赔付 1 个单位；如果不履行合作，将承担 2 个单位的赔付，因此，保险人的最优选择是合作。博弈的均衡结果为：投保，履行合作。

总结以上两种结果，当承诺不可强制执行时，投保人不投保；当法律使承诺可强制执行时，投保人选择投保，保险人选择履行合作。因此，对保险合同的生效，法律规定可以通过发挥警示作用把不合作的博弈转化为合作博弈，增进保险合同主体的福利水平。实际中，保险合同的成立、生效还依赖于彼此的信任，以及保险法对承诺的信任保障。最大诚信原则中对投保人、被保险人及保险人的相关规定及其处理结果则是典型体现，这些规定有助于当事人获取最优信任。

本章案例

保险责任开始时间之争议①

（一）基本案情

1995 年 11 月 25 日，上海金国钟表工业有限公司（简称钟表公司）向美国友邦保险公司申请投保，投保项目为钟表公司坐落于上海市哈密路 718 号办公楼宇及该楼附属设置，价值人民币 280 万元；钟表公司的机器设备等动产价值 90 万元。友邦保险同意承保，并于 11 月 28 日签发了保险单、明细表与保险条款。明细表注明：保险费率 9.35%；保险期限为 1995 年 11 月 28 日至 1996 年 11 月 27 日午夜止，保单每次每项免赔额为 5000 元人民币。保单首部载："鉴于被保险人已向本公司付清明细表上指定的保险费，本公司同意根据保险条款，在保险期间，如保险财产因意外灭失、毁坏或损毁，赔偿被保险人灭失或毁损财产的实际价值或以复修、更换全部或部分受损财产作为赔偿。"保单还规定，发生争议若协商或调解无效，将纠纷提交中国国际贸易仲裁委员会上海分会进行仲裁。保险单上仅有友邦保险的签章，未明确保险费给付方法、时间和保险责任开始时间。

1996 年 7 月 26 日，钟表公司支付给友邦保险不动产部分保险费人民币 9800 元，后友邦保险催促钟表公司交付动产部分保险费美元 3150 元未果，双

---

① 史卫进. 保险法原理与实务研究 [M]. 北京：科学出版社，2009：122–124.

方发生纠纷。1997年，友邦保险致函钟表公司，主张将原保险单约定的纠纷由仲裁改为法院管辖。7月22日钟表公司传真同意选择法院管辖，遂诉诸法院。

（二）案件审理

原告友邦保险诉称，1995年11月，被告投保财产保险，原告同意承保并签发了保单，已承担了保险责任，但被告仅付保险费人民币9800元，尚欠美元3150元未付，故请求法院判令支付。被告钟表公司辩称，保险单确认的保险期限与投保单明显不一致，对于保险费率和免赔额，原告从未与被告协商，被告也未收到保险单，故保险合同未成立，也未生效。

一审法院认为，钟表公司提出投保要求，友邦保险同意承保并签发了保险单，钟表公司按保单规定付清了不动产部分的保险费，并就欠交动产部分的保险费同意选择法院管辖，表明钟表公司已经收到保单，故保险合同成立。由于合同未标明保险费付费日期和保险责任开始的明确日期，而保单首部"鉴于条款"中规定友邦保险承担保险责任以钟表公司付清保险费为条件，该条件也就是保险合同生效的条件。附条件的民事行为在所附条件成就时才生效。钟表公司付清了不动产部分的保险费，合同中有关不动产部分生效的条件已经成就，应认定该部分已经生效。因钟表公司未付动产部分保险费，故有关动产部分的条件未成就，该部分并未生效。一审法院判决驳回原告的诉讼请求。友邦保险不服判决，提起上诉。

二审法院经审理认为，原审法院认定钟表公司已经收到保险单，本案保险合同已经成立，于法有据。但原审法院认为本案保险单首部鉴于条款是本合同生效的前提条件，即认为被保险人已经付清保险费的不动产部分生效，而未付保险费部分的动产部分没有生效，缺乏法律依据。钟表公司在保险合同成立后，未向保险公司提出退保，其应当按约定支付保险费，友邦保险要求钟表公司支付动产部分的保险费并无不当，应予以支持。二审法院判决，撤销一审判决，钟表公司向友邦保险支付美元3150元，折合人民币26113.83元。

（三）案件评析

本案属于保险人追索保险费案件，但处理关键是保险合同中通常约定的"投保人付清保险合同约定的保险费时，保险人开始承担保险责任"条款的认定问题。

关于保险责任开始与保险合同成立、生效的关系问题，根据我国《保险法》规定，保险责任是根据保险合同约定的开始时间而开始，保险合同成立是保险责任开始的前提，保险合同生效是保险责任开始的基础。保险合同成立生效后，保险人依约定开始承担保险责任。但保险责任开始存在两种例外：一是追溯保险中，对被保险人与保险人在订立保险合同时均不知道保险事故已发生的，保险人对保险标的的损失承担赔偿责任；二是根据临时保险保障原则，保险人在收取投保人交纳的保险费时起，如果保险合同未成立和生效，保险人承担临时保险责任。

关于"投保人交纳保险合同约定的保险费时，保险人开始承担保险责任"这一约定的性质认定，一审法院认为，该条款中关于保险人承担责任的条件，也就是保险合同生效的条件；附条件的民事行为在所附条件成就时才生效。一审法院的这一认定，混淆了保险合同生效和保险责任开始的概念，把条款中约定的保险人承担保险责任的条件，作为合同生效条件，是错误的。二审法院则准确区分了保险责任开始和合同生效，将约定条款认定为保险责任开始的条件约定，并在判决中明确认定保险合同成立后，投保人依照合同约定负有交纳保险费的义务。当投保人没有履行保费交纳义务时，所欠保险费是投保人对保险人的债务，保险人有权对债务进行追偿，即使是保险人的保险责任依照保险合同的约定尚未开始。

本章要点

本章主要讨论保险合同的订立和生效，包括保险合同的形式、订立程序、保险合同订立的成本分析，保险合同的成立、生效、保险责任的开始；要求熟悉上述保险合同成立和生效的基本原则与理论知识，重点掌握保险合同成立、生效、保险责任开始的运用。

第五章

保险合同的效力变动

第一节 保险合同的变更

一、概念

为充分保障保险合同当事人的利益，保险法赋予合同成立后当事人享有合同变更权。《保险法》第 20 条规定："投保人和保险人可以协商变更合同的内容。变更保险合同的，应当由保险人在保险单或者其他保险凭证上批注或者附贴批单，或者由投保人和保险人订立变更的书面协议。"

根据变更范围，保险合同的变更可以分为广义变更和狭义变更。广义的保险合同变更指在保险合同存续期间内，主体、内容或者客体的变更。狭义的保险合同变更仅指内容的变更。其中，保险合同主体的变更，实质上是合同的转让，包括当事人和关系人的变更。内容的变更指在保险合同不变的情况下，部分内容发生变更；若全部内容发生变更，则属于新成立的合同。客体的变更也称保险标的的变更，指采用一个新的保险标的取代原保险标的。因为保险标的直接影响保险人是否承保或提高费率，相当于一个新的保险合同替代原有合同，当事人的权利义务关系以新保险合同为主，因此，保险标的的变更必须通知保险人。

根据变更方式，保险合同的变更可分为协商变更和法定变更。协商变更指当事人协商一致后所做的变更。《保险法》第 20 条规定，投保人和保险人可以协商变更合同内容。这也是法律重点保护的形式。法定变更是指保险合同的一方当事人依据法律规定直接变更保险合同，或者行使变更权利予以变更，无须与对方进行协商，但必须通知另一方当事人，否则不能对抗。

二、保险合同变更的要件

结合保险合同变更的行为目的及效力追求，变更须符合如下条件。

一是必须以合法有效的保险合同的存在为基础。保险合同的变更必须是当事人在原合同的基础上，通过协商对合同的某些条款加以修改和补充，从而改变原合同的内容。如果不存在原合同，根本谈不上变更，此时的协商一致应属于新合同的订立。此外，原保险合同必须是合法有效的合同，如果是无效合同、可撤销合同，则需要依法纠正或弥补其法律效力，该过程亦不能称为合同的变更。

二是保险合同的变更须依当事人的约定或法律规定发生。保险合同的变更主要是为了赋予当事人顺应情势变更而做的弥补，投保人与保险人可通过协商一致决定变更，这是合同变更的主要原因。但某些情况下也可依据法律规定发生变更。

三是保险合同的变更必须符合法定形式。保险合同的变更必须采用书面形式。变更保险合同的，应当由保险人在保险单或者其他保险凭证上批注或附贴批单，或者由投保人和保险人订立变更的书面协议。

三、保险合同变更的程序及效力

保险合同的变更由投保人、保险人提出，经保险人同意后，签发批注或附贴批单、订立变更书面协议，进而完成变更。变更时通常不需要被保险人和受益人同意，但以死亡为给付保险金条件的人身保险合同变更需征得被保险人同意。

保险合同变更的效力主要体现为，以变更后的合同取代了原合同。所以，当事人对保险合同变更未达成一致协议以前，原保险合同继续有效。保险合同变更生效后，即对当事人产生新的法律约束力，当事人应按变更后的保险合同内容约定履行各自的义务，任何一方违反变更后的合同内容都构成违约。这也强调保险合同的变更不具有溯及力，只对变更后的未来发生效力；保险合同的变更过程并不会引起保险合同效力的中止或中断；同时，也不影响当事人要求赔偿的权利。

四、保险合同主体的变更

保险合同主体的变更又称为保险合同的转让，指保险合同当事人一方依法将合同权利和义务全部或部分地转让给第三人的行为。

（一）保险方的变更

保险方的变更主要涉及保险人资格的变更或消灭。例如，保险公司发生合并或分立，合并后消灭的公司其权利义务随之概括转让，由变更后存续或者新设的公司承受。保险公司还可能因为破产、依法被撤销而发生主体的变更。根据《保险法》第 92 条的规定，在我国，经营人寿保险业务的保险公司被依法撤销或宣告破产的，其持有的人寿保险合同及责任准备金，必须转让给其他经营有人寿保险业务的保险公司；不能同其他保险公司达成转让协议的，由国务院保险监管机构指定经营有人寿保险业务的保险公司接受转让。

（二）投保方的变更

投保方转让保险合同，因财产保险合同和人身保险合同的不同而差别规制。

1. 财产保险合同的投保方变更

财产保险合同投保方的变更主要涉及投保人、被保险人的变更，一般是由保险标的的转让引起，既可能产生合同权利的转让，也可能产生权利、义务的概括转让。根据变更原因，可分为法定变更与约定变更两种形式。

（1）法定变更。

财产保险合同主体法定变更的原因主要是投保人、被保险人发生死亡、破产，具体包括以下几项。一是因买卖、赠与等引起标的物的所有权发生变更，导致投保人或被保险人变更。二是在被保险人死亡或保险标的物所有权转移时，除合同另有规定外，仍为继承人或受让人的利益而存在。也可事先在合同中做出相反规定。三是投保人或被保险人破产时，保险合同产生的权利义务转为破产财产，但保险合同仍为破产债权人的利益存在。让与人负责支付保险期间已到期的保费，在将让与一事及受让人的名称通知保险人前，对后来到期的保费与受让人承担连带责任。

对于因法定原因而转让的，转让后果一般应采取绝对继受主义，或称当然继受主义，保险合同当然随之转让，即原保险合同对受让人继续有效，继承人或者破产管理人当然取得保险合同当事人的法律地位，而无须征得保险人的同意和认可。由于法定转让并非当事人行为所致，为了保护受让人的利益，保险人应继续受原合同关系的约束，为受让人提供保险保障。[①] 对此，《保险法》第49条第1款规定："保险标的转让的，保险标的的受让人承继被保险人的权利和义务。"

（2）约定变更。

财产保险合同主体约定变更的原因主要包括因保险标的或风险转移等事实，投保人或被保险人通过与第三人的合意而将合同的权利、义务转让，这种转让是意思自治下的自行约定，也称为合意转让。

对于保险标的因约定原因转让的，一般应遵照属人原则，即未经保险人同意，原保险合同对受让人不产生效力，保险人也不再受原合同关系的约束。[②]因当事人的约定而发生保险标的的转让，由此引发标的危险程度或风险因素发生的变化，也是当事人行为所引起，为了不让保险人承保未经评估的危险，立法一般赋予保险人重新评价风险以决定是否维持原保险合同效力的机会。根据《保险法》第49条规定，我国关于保险标的的转让并不区分具体原因，只是要求被保险人或受让人应当及时通知保险人，但货物运输保险合同和另有约定的合同除外。因保险标的转让导致危险程度显著增加的，保险人自收到通知之日起30日内，可按合同约定增加保险费或解除合同。保险人解除合同的，应将已收取的保险费，按合同约定扣除自保险责任开始之前起至合同解除之日止应收的部分后，退还投保人。被保险人、受让人未履行通知义务的，因转让导致标的危险程度显著增加而发生的保险事故，保险人不承担赔偿责任。

2. 人身保险合同的投保方变更

人身保险合同的转让，通常是由受让人代替原投保人承担缴付保险费义务或享受领取保险金的权利，不存在保险标的的所有权变更的问题，一般风险程度也不会改变。因此，人身保险合同投保方的变更包括保险当事人——投保人的变更，和保险关系人——被保险人、受益人的变更。

对于投保人的变更，如果投保人死亡或者夫妻离婚等情况下，不能再按约定支付保险费时，被保险人为了保障合同的效力，往往会选择自己继续交纳保

---

① 　朱铭来. 保险法学［M］. 天津：南开大学出版社，2006：93 – 94.
② 　朱铭来. 保险法学［M］. 天津：南开大学出版社，2006：94.

险费，从而发生投保人的变更。

被保险人的变更，在人身保险合同中一般不会出现。这是因为人身保险合同以被保险人的寿命和身体为保险标的，如果被保险人变更，即构成合同根本性条款的变化，应视为订立了新的保险合同，而非原合同的变更。但是，某些团体人身保险合同中，为了维护合同的稳定性，简化手续，也可以发生被保险人变更的情形，如单位职工的离任、入职，投保单位往往会向保险公司申请变更被保险人。

受益人的变更是人身保险合同主体变更的主要形式。受益人由投保人或被保险人指定设立，如果被保险人与受益人之间的信赖关系或者法律关系发生变化，被保险人当然可以根据自己的意志来变更受益人。当被保险人或投保人变更受益人时，无须征得保险人的同意，但须书面通知。保险人收到变更书面通知后，应在保险单或其他保险凭证上批注或附贴批单；若没有通知保险人，不得对抗。需要注意的是，如果投保人或被保险人变更受益人时未依法向保险人发出书面通知，变更该如何界定。对此，《司法解释（三）》第 10 条第 1 款、第 2 款规定："投保人或者被保险人变更受益人，当事人主张变更行为自变更意思表示发出时生效的，法院应予支持。投保人或者被保险人变更受益人未通知保险人，保险人主张变更对其不发生效力的，法院应予支持。"这是由于受益人的变更通常不会导致风险程度的增加，不会因此加重保险人的责任，通知的目的仅在于使保险人知悉应向谁给付保险金，因此，从探究立法意图和尊重当事人意图的角度来看，保险事故发生后，如果当事人能够举证证明投保人或被保险人已经依法定程序做出了变更受益人的意思表示，仅仅只是未通知保险人，仍应认为该变更具有法律效力。

五、保险合同内容的变更

在保险合同成立后、终止前，经投保人和保险人协商一致，可以对保险合同的内容进行变更，包括协议变更和法定变更。协议变更体现了当事人自愿、协商一致的原则，法律不做太多干涉，直接承认并保护其法律效力。法定变更是在保险合同有效期间内，因保险标的的危险程度等状况发生变化，而发生的保险合同变更。《保险法》主要规定了以下几种情形。

一是投保人、被保险人未按约定履行其对保险标的的安全应尽责任的，保险人有权要求增加保险费或者解除合同。①

二是在合同有效期内，保险标的的危险程度显著增加的，被保险人应按合同约定及时通知保险人，保险人可以按照合同约定增加保险费或者解除合同。保险人解除合同的，应将已收取的保险费，按照合同约定扣除自保险责任开始之日起至合同解除之日止应收的部分后，退还投保人。②

三是有下列情形之一的，除合同另有约定外，保险人应当降低保险费，并按日计算退还相应的保险费：据以确定保险费率的有关情况发生变化，保险标的的危险程度明显减少的；保险标的的保险价值明显减少的。③

第二节　保险合同的中止与复效

一、保险合同的中止

保险合同的中止指在人身保险合同的有效期间内，因某种事由的出现而使合同的效力处于暂时停止的状态。

之所以允许保险合同中止，一是因为长期保险合同的存续时间较长，投保人难免因疏忽或经济一时变化而不能按时交付保险费。若直接丧失合同效力，难免对投保人不公平，也损害了被保险人的保障利益，与保险化解风险危害、提供风险保障的价值取向相违背，对保险合同保障之人有失公允。二是有利于保险人继续保有合同业务，节省开发客户的成本。需要注意的是，从保险合同中止到复效时为止，保险合同的效力处于待定状态，这也属于保险合同效力变动的范畴。

（一）　适用对象

保险合同的中止仅仅适用于分期交纳保费的人身保险合同，并且，投保人已经交付了首期保险费，保险合同已经发生效力。财产保险合同，以及一次性交纳保费的人身保险合同皆不适用。

（二）　中止的原因及事由

《保险法》第 36 条规定："合同约定分期支付保险费，投保人支付首期保

---

① 《保险法》第 51 条第 3 款。

② 《保险法》第 52 条第 1 款。

③ 《保险法》第 53 条。

险费后，除合同另有约定外，投保人自保险人催告之日起超过 30 日未支付当期保险费，或者超过约定的期限 60 日未支付当期保险费的，合同效力中止，或者由保险人按照合同约定的条件减少保险金额。被保险人在前款规定期限内发生保险事故的，保险人应当按照合同约定给付保险金，但可以扣减欠交的保险费。"

由此可知，保险合同中止的原因及事由只有一项，即投保人不按期交纳保险费，并且保险合同没有约定其他补救办法，事后亦未达成其他协议。规定的 30 日或 60 日称为宽限期或优惠期，该期间内，投保人未交纳当期保费，合同仍然有效。若此期间发生保险事故，保险人仍需担责，但可以扣减欠交的保险费。在宽限期届满后仍不交保费的，保险合同的效力才开始中止，另有约定的从约定。

（三） 中止的后果

保险合同的效力一旦中止，保险期间发生的保险事故，保险不承担赔偿责任，这反映了中止不具备溯及既往的效力。但保险合同的中止并非终止，终止是合同的效力完全结束，当事人之间的权利义务关系也必须了结，之后不复存在。中止则仅仅是效力的暂时停止，在投保人向保险人申请复效之前，合同的效力处于暂时中断的状态。只要具备一定的条件，中止合同的效力即可恢复。为了避免保险合同的效力悬而未决，法律赋予保险人催告权，并在一定条件下享有解除权。

二、保险合同的复效

保险合同的复效指当导致保险合同中止的事由消除后，其效力即行恢复到中止前的状态。恢复后的合同是前合同的继续。根据《保险法》第 37 条的规定，合同效力中止的，经保险人与投保人协商并达成协议，在投保人补交保险费后，合同效力恢复；但自合同效力中止之日起满 2 年双方未达成协议的，保险人有权解除合同，并按照合同约定退还保险单的现金价值。

（一） 复效的条件

保险合同的复效是处于中止状态的原保险合同关系效力的继续，并不意味着原保险合同关系的消灭和新保险合同关系的产生，复效前后的保险合同在内容上存在延续性。中止并不必然导致复效的结果，保险合同复效必须满足以下条件。

一是保险合同尚未解除。保险合同的复效强调恢复原合同的效力，根据法律规定，必须是在合同效力中止的 2 年内，并且保险人没有通知投保人解除合同。

二是保险期间尚未结束。如果保险合同效力中止期间，约定的保险期间已经结束，则无恢复的必要。

三是被保险人的健康状况符合保险人承保的范围。合同效力中止后，投保人有权选择是否恢复保险合同，显然会选择对自己有利的措施；保险人也需考虑意外情况的防范，通常会在效力中止一段时间后，要求审查被保险人的身体状况，以决定是否继续承保。所以，我国《保险法》规定，投保人与保险人需进行协商并达成协议，在投保人补交保险费后，合同效力才能恢复。

《司法解释（三）》第 8 条补充规定："保险合同效力依照保险法第 36 条规定中止，投保人提出恢复效力申请并同意补交保险费的，除被保险人的危险程度在中止期间显著增加外，保险人拒绝恢复效力的，法院不予支持。保险人在收到恢复效力申请后，30 日内未明确拒绝的，应认定为同意恢复效力，自投保人补交保险费之日恢复效力。保险人要求投保人补交相应利息的，法院应予支持。"

（二）复效的意义

保险合同的复效是对合同中止后的挽救，对保险合同双方当事人均有益。对保险人来说，有利于以较低成本维持有效的合同，避免了签订新合同所花费的高额佣金及管理费用，且投保人补交保险费后对其承保的危险没有增加。对投保人或被保险人而言，有利于及时恢复保障，缩短保障空缺期。需注意的是，即使保险合同未能复效，对投保人和被保险人而言，也并非意味完全丧失对保险人享有的权益。如果投保人与保险人未达成复效协议，保险人主张解除合同，而投保人已交足 2 年以上保险费，保险人需在扣除手续费后，退还保险单的现金价值。

第三节　保险合同的解除

一、概念

保险合同的解除是指在保险合同的有效期间内，当事人依法提起终止保险合同效力的行为。

根据当事人解除合同的原因，可分为约定解除与法定解除。约定解除指当事人基于意思自治提起终止合同效力。一是合同成立后，投保人与保险人协商一致解除合同；二是保险合同事先约定解除条件，当约定条件出现时，投保人、保险人解除合同。法定解除指根据法律规定，当事人行使解除权而解除合同。

根据行使解除权的主体数量，可以分为单方解除和双方解除。单方解除是合同一方当事人根据法律规定或合同约定而做出的解除合同的意思表示，从而使合同效力归于消灭。双方解除是当事人双方就合同效力提前消灭而意思表示一致。相比之下，保险合同的双方解除更多是协商一致后的行为，比较简单。单方解除则需遵守法律规定或合同的约定。

二、保险合同解除的条件

基于保险合同双方当事人权益的保护，通常，各国法律授予投保人、保险人皆享有合同解除权，但单纯的受益人无解除权。我国保险法也确立了"以投保人任意解除合同为一般，以不得解除保险合同为例外"的基本原则。以该原则为基础，合同解除主要包括投保人和保险人解除保险合同的处理规则。

（一）投保人解除保险合同的条件

一般情况下，投保人可随时提出解除保险合同。《保险法》第15条规定："除本法另有规定或者保险合同另有约定外，保险合同成立后，投保人可以解除合同，保险人不得解除合同。"其中，"另有规定"指某些特殊类型的保险合同，在保险责任开始后，因难以确定危险发生时间，故不允许当事人解除合同。如《保险法》第50条就规定货物运输保险合同和运输工具航程保险合同，保险责任开始后合同当事人不得解除。此外，《司法解释（三）》第17条还规定，"投保人解除保险合同，当事人以其解除合同未经被保险人或受益人同意为由主张解除行为无效的，法院不予支持，但被保险人或受益人已向投保人支付相当于保险单现金价值的款项并通知保险人的除外。"

（二）保险人解除保险合同的条件

保险人原则上不得解除保险合同，除非依据合同约定或出现法定情形。我国《保险法》规定的保险人可解除保险合同的类型包括：投保人违反告知义务；被保险人或受益人谎称或故意制造保险事故；投保人或被保险人未按约定履行其对保险标的安全应尽的责任；保险标的危险程度增加；投保人申报的被保险人年龄不真实；保险合同经过复效期。具体规定如下。

（1）《保险法》第 16 条第 1 款："投保人故意或者因重大过失未履行前款规定的如实告知义务，足以影响保险人决定是否同意承保或者提高保险费率的，保险人有权解除合同。"

（2）《保险法》第 27 条第 1 款："未发生保险事故，被保险人或者受益人谎称发生了保险事故，向保险人提出赔偿或者给付保险金请求的，保险人有权解除合同，并不退还保险费。"

（3）《保险法》第 27 条第 2 款："投保人、被保险人故意制造保险事故的，保险人有权解除合同，不承担赔偿或者给付保险金的责任；除本法第 43 条规定外，不退还保险费。"

（4）《保险法》第 32 条第 1 款："投保人申报的被保险人年龄不真实，并且其真实年龄不符合合同约定的年龄限制的，保险人可以解除合同，并按照合同约定退还保险单的现金价值。保险人行使合同解除权，适用本法第 16 条第 3 款、第 6 款的规定。"

（5）《保险法》第 37 条："合同效力依照本法第 36 条规定中止的，经保险人与投保人协商并达成协议，在投保人补交保险费后，合同效力恢复。但是，自合同效力中止之日起满 2 年双方未达成协议的，保险人有权解除合同。保险人依照前款规定解除合同的，应当按照合同约定退还保险单的现金价值。"

（6）《保险法》第 49 条第 3 款："因保险标的转让导致危险程度显著增加的，保险人自收到前款规定的通知之日起 30 日内，可以按照合同约定增加保险费或者解除合同。保险人解除合同的，应当将已收取的保险费，按照合同约定扣除自保险责任开始之日起至合同解除之日止应收的部分后，退还投保人。"

（7）《保险法》第 51 条第 3 款："投保人、被保险人未按照约定履行其对保险标的的安全应尽责任的，保险人有权要求增加保险费或者解除合同。"

（8）《保险法》第 52 条第 1 款："在合同有效期内，保险标的危险程度显著增加的，被保险人应当按照合同约定及时通知保险人，保险人可以按照合同约定增加保险费或解除合同。保险人解除合同的，应当将已收取的保险费，按照合同约定扣除自保险责任开始之日起至合同解除之日止应收的部分后，退还投保人。"

（9）《保险法》第 58 条："保险标的发生部分损失的，自保险人赔偿之日起 30 日内，投保人可以解除合同；除合同另有约定外，保险人也可以解除合同，但应当提前 15 日通知投保人。合同解除的，保险人应当将保险标的的未受损失部分的保险费，按照合同约定扣除自保险责任开始之日起至合同解除之日止应收的部分后，退还投保人。"

三、保险合同解除的程序

保险合同的任何一方当事人均可在一定条件下单方解除合同，并及时通知对方，在通知到达对方时合同解除。如果一方当事人解除合同后未通知对方，则不发生解除的法律效果。根据《司法解释（三）》第2条的规定，被保险人以书面形式通知保险人和投保人，撤销其同意并认可保险金额的、以死亡为给付保险金条件合同的，可认定为保险合同解除。

对于人身保险合同，投保人解除合同的，保险人应当自收到解除合同通知之日起30日内，按照合同约定退还保险单的现金价值。[①] 但投保人与被保险人、受益人为不同主体，被保险人或者受益人要求退还保险单的现金价值的，法院不予支持，保险合同另有约定的除外。[②]

对于财产保险合同，涉及保险费的退费事宜。在保险合同期间未发生保险事故时，根据《保险法》第54条的规定执行："保险责任开始前，投保人要求解除合同的，应按照合同约定向保险人支付手续费，保险人应当退还保险费。保险责任开始后，投保人要求解除合同的，保险人应将已收取的保险费，按照合同约定扣除自保险责任开始之日起至合同解除之日止应收的部分后，退还投保人。"发生保险事故，投保人解除保险合同的，根据《保险法》第58条的规定执行："保险标的发生部分损失的，自保险人赔偿之日起30日内，投保人可以解除合同；除合同另有约定外，保险人也可以解除合同，但应当提前15日通知投保人。合同解除的，保险人应将保险标的未受损失部分的保险费，按照合同约定扣除自保险责任开始之日起至合同解除之日止应收的部分后，退还投保人。"

第四节　保险合同的终止

一、保险合同终止的原因

保险合同的终止是指保险合同成立后因法定或约定事由的发生，合同规定

---

① 《保险法》第47条。
② 最高人民法院《关于适用〈中华人民共和国保险法〉若干问题的解释（三）》第16条第1款。

的权利义务关系消灭。引起保险合同终止的原因大致有以下几类。

（一）　自然终止

自然终止指保险合同因期限届满而终止。这是保险合同最普遍、最基本的终止方式。在保险合同约定的保险期间届满后，保险合同终止，当事人之间的权利义务即归于消灭。

（二）　因保险人完全履行赔偿或给付义务而终止

根据约定，在保险合同有效期内，发生约定的保险事故，保险人需承担赔偿或支付保险金的责任。与此同时，如无特别约定，即使保险期限尚未届满，合同也告终止。

（三）　因保险标的发生部分或全部损失而终止

因非保险事故导致保险标的的灭失或者被保险人死亡，保险标的实际已不存在，保险合同自然终止。对于保险标的的部分损失，根据《保险法》第58条的规定，自保险人赔偿之日起30日内，投保人可以解除合同；除合同另有约定外，保险人也可以解除合同，但应当提前15日通知投保人。合同解除的，保险人应将保险标的未受损失部分的保险费，按照合同约定扣除自保险责任开始之日起至合同解除之日止应收的部分后，退还投保人。

（四）　保险合同因保险人资格消灭而终止

保险人资格消灭是指保险人因被撤销保险资格、被宣告破产或者解散而丧失其经营保险业务的法律地位，此时，保险合同也会自然消灭。在我国，根据《保险法》第92条的规定，经营有人寿保险业务的保险公司被依法撤销或宣告破产的，其持有的人寿保险合同及责任准备金，必须转让给其他经营有人寿保险业务的保险公司；不能达成转让协议的，由国务院保险监管机构指定保险公司接受转让。由此可见，因保险人资格消灭而终止的保险合同仅限于财产保险合同。

（五）　保险合同终止的其他原因

除上述原因外，《保险法》还规定了以下几种保险合同终止的特殊情况。

（1）人身保险合同中，投保人故意造成被保险人死亡、伤残或者疾病的，保险人不承担给付保险金的责任。投保人已交足2年以上保险费的，保险人应当按照合同约定向其他权利人退还保险单的现金价值。[1]

---

[1] 《保险法》第43条。

（2）以被保险人死亡为给付保险金条件的合同，自合同成立或者合同效力恢复之日起 2 年内，被保险人自杀的，保险人不承担给付保险金的责任，但被保险人自杀时为无民事行为能力人的除外。保险人依照前款规定不承担给付保险金责任的，应当按照合同约定退还保险单的现金价值。①

（3）因被保险人故意犯罪或者抗拒依法采取的刑事强制措施导致其伤残或者死亡的，保险人不承担给付保险金的责任。投保人已交足 2 年以上保险费的，保险人应当按照合同约定退还保险单的现金价值。②

（4）投保人破产时，保险合同仍为破产债权人的利益而存在，但破产管理人或保险人可以在破产宣告 3 个月内终止合同，保险人应返还合同终止后交付的保险费。

二、保险合同终止的效果

保险合同的终止只产生将来效力，不溯及既往，当事人不承担恢复原状的义务。保险合同终止后发生保险事故，保险人不再承担保险责任，终止后收取的保险费应予以返还。人身保险合同中，符合法律规定或者合同约定的条件，保险人还应当退还约定的保单现金价值。

本章案例

投保人保险合同解除权之纠纷案③

（一）基本案情

2000 年 2 月 3 日华侨大厦与某保险公司签订了 9 份机动车辆保险合同，保险期限自 2000 年 2 月 4 日零时起至 2001 年 2 月 3 日 24 时止；签订当日，华侨大厦交纳保险费 65599.20 元；同年 4 月 5 日至 10 月 22 日期间，上述保险合同项下的标的物 7 次出险，华侨大厦及时将出险事实通知了保险公司，保险公司进行了定损。其后，华侨大厦与保险公司达成自修协议，并依此协议对受损车辆进行了维修，将维修费发票交付给保险公司，但保险公司未及时支付保险

---

① 《保险法》第 44 条。
② 《保险法》第 45 条。
③ 李玉泉．保险法学——理论与实务［M］．北京：高等教育出版社，2007：173 - 175.

赔款。2000 年 11 月 10 日、27 日保险公司通知华侨大厦，双方签订的保险单真实、有效，请求协助核实保费去向，提供证明。

2000 年 12 月 25 日华侨大厦向法院提起诉讼，要求解除合同、全额退还保费，并赔偿其所交保费的存款利息损失 405.67 元。2000 元 12 月 28 日法院通知保险公司应诉。保险公司依据《保险法》第 38 条的规定，同意与华侨大厦解除保险合同，但不同意退还全部保费，只同意退还合同解除后至到期日止的保险费。

（二）案件审理

法院经审理认为，本案争议的焦点是投保人可否随时解除保险合同？保险合同解除是否具有溯及力，即合同解除是否消除已经承担的保险责任？

华侨大厦与保险公司签订的保险合同合法、有效。合同成立后，华侨大厦按约定交纳了保险费，即产生法律效力，双方均应严格履行合同义务。保险公司应按约定时间开始承担保险责任。华侨大厦在投保车辆发生保险事故后，履行了通知、协助等应尽义务。保险公司进行定损并就受损车辆修理达成自修协议，应视为部分履行了义务，但收到索赔请求后，因内部原因未及时进行理赔，存在过错。

华侨大厦要求解除与保险公司签订合同的诉讼请求，因该解除权是法定任意解除，当事人可随时行使，法院予以支持；但其行使单方解除权应通知对方，合同自通知到达时解除。华侨大厦未能举证证明其曾通知保险公司解除合同，故合同解除日期应自保险公司收到法院送达的解除合同诉状之日计算。保险合同作为特定合同，已开始的保险责任不因保险人未能及时履行赔偿保险金责任、投保人解除合同而消灭。保险公司的保险责任自华侨大厦支付保险费后，即依合同约定时间开始，至解除通知到达时止。据此法院认定本案涉及的 9 份保险合同，保险责任已经开始。保险公司有权收取自保险责任开始之日起至合同解除之日止的保险费，剩余部分予以退还。华侨大厦在保险公司延迟履行赔偿义务时，如认为丧失信赖利益，可随时解除合同，其未能及时行使解除权，由此造成的法律后果应自担。未解除合同前，保险公司对保险标的发生的保险事故，仍应承担保险责任。华侨大厦要求保险公司退还全部保险费及利息的诉讼请求，法院认为缺乏事实与法律依据，不予支持，依法判决双方签订的 9 份保险合同自 2000 年 12 月 28 日解除，保险公司退还华侨大厦保险费 5814.94 元。

（三） 案件评析

本案审理时强调以下几方面。

一是投保人的合同解除权。我国《保险法》第15条、第50条规定，除货物运输保险合同和运输工具航程保险合同外，投保人对保险合同依法享有任意解除权。投保人订立保险合同的目的在于，当保险标的发生保险事故时，保险人依合同约定承担保险责任，赔偿投保人的损失或给付保险费。如果保险事故发生后，保险人拒绝理赔，依合同法规定应视为债务人明确表示拒绝履行主要债务，投保人可解除合同。就本案讲，当保险人迟延履行赔偿义务时，投保人享有两种权利：（1） 行使请求权，诉至法院寻求公力救济，要求保险人承担赔偿责任和延期赔付责任；（2） 自己行使解除权，自力救济，要求解除合同，退还剩余保费。投保人与保险公司达成协议时合同成立；投保人缴纳保费后合同生效，保险人应依约定时间开始承担保险责任。若行使了解除权，投保人可获得解除后至合同期间届满的保费。当投保人认为保险人不能正确履行保险责任时，应及时通知保险人解除合同，以减少自己的损失。

二是保险合同解除不具有溯及力。依民法、合同法理论，合同解除后尚未履行的，应终止履行；已经履行的，应恢复原状。保险人拒不履行合同义务，致使投保人不能实现合同目的，该合同应予解除。但合同法是处理民商事合同的一般法，保险法是特别法，特别法优于一般法。合同解除的效力一般情况下有溯及力，应恢复原状，但保险合同属于继续性合同，其履行不能返还，无法恢复原状。保险法虽未明确规定合同解除的溯及力，但规定保险责任开始后，投保人要求解除合同的，保险人可以收取责任开始至合同解除时的保险费。因此可以推定保险合同的解除不具有溯及力，意味着解除前的履行依然有效，保险人仍应承担保险责任，投保人仍应支付保险费。

同时，保险合同的解除并不消灭已经开始的保险责任。《保险法》第13条规定，投保人提出保险要求，经保险公司同意承保并达成协议时，保险合同成立。投保人缴纳保险费后，保险合同生效。保险人应依合同约定的时间开始承担保险责任，并持续至合同解除前。本案中，投保人缴纳保费后，保险责任开始。合同的解除并不消灭已开始的保险责任，至保险合同解除前，保险责任始终存在，保险人需承担相关责任。本案中，保险人对投保人的保险事故应当承担赔偿责任。

本章要点

　　本章主要讨论保险合同的效力变动形式，包括保险合同的变更（转让）、中止和复效、解除、终止；要求熟悉上述合同效力变化形式的概念和意义，重点掌握保险合同各方主体的法律义务。

第六章

保险合同的解释

第一节　保险合同解释的一般方法

一、保险格式合同的普遍性

格式合同，也称定式合同、标准合同，指一方当事人为重复使用而事先拟定好固定格式，并在合同订立时无须与对方协商，对方只需签字盖章即视为同意成立的一种合同。19 世纪，随着垄断资本主义社会出现的生产方式规模化、产品种类多样化和垄断企业的发展，保险行业中出现了格式合同。如今，保险格式合同因高效率、低成本、便捷性，已成为现代生活中的重要合同形式之一，为保险业的发展做出了巨大贡献。

二、保险格式合同的法经济学分析

从历史来看，定型化保单的产生基于保险人自身的利益考虑，可以使全体保险人都能从汇总后的数据来预测各自的预期损失，并出售相同的定型化保单，进而促使保险人之间的竞争从承保条件转移到价格和服务的可靠性方面。

标准化保单降低了保险人的经营成本，但条款内容通常由保险人一方制定，对于投保人而言，具有明显的信息不对称。这种信息不对称是规模化经营的必然要求和结果，而规模化经营往往由垄断导致。即使保险业资源不具备垄断性，标准化保单、格式合同的存在也使同种产品的经营者在无须联系的情况下形成默契成为可能，也易于达成一致的经营策略。当保险合同中的基本条款在整个行业中一致时，事实上就形成了垄断。垄断导致合同双方无法进行平等的协商，对于未提供格式合同的一方当事人来说，只有接受或放弃交易两种选择，如果拒绝交易，也无法在同样的市场中寻找到其他的合作伙伴。对整个保险市场来说，缺乏有效竞争的市场环境，使保险人产品定价时不会受到其他竞争者的限制，从而掌握了高价或低价的定价策略决定权。保险人为自身利益最大化采取高价市场策略，并超过大多数有意愿购买该产品的相对人的价值评价时，明显阻碍了市场经济资源的有效流转，必然不利于整个社会经济建设。①

这就要求保险公司需以有关法律作为行为准则，自觉规制自己的交易行为，如格式合同订立时遵循平等、诚信原则明确双方权利义务；缔约时主动履行说明义务，采取合理方式提示对方注意有重大利害关系的条款；不得利用经济垄断地位和信息上的优势地位预先制定不合理的格式合同条款损害投保人的权益等。

三、格式条款的解释方法

保险合同作为格式合同，其条款是保险人为了重复使用而预先拟定，并在订立合同时未与对方协商的条款。合同当事人从不同角度出发，会对条款形成不同的理解，产生异议，此时，可选择采用以下的解释方法。

（一）　通常理解

通常理解指一个理性的被保险人的理解，即具有合理智力并对保险仅有普通理解力的外行人的理解，并非保险专业或者法律专业人士的理解。这主要是因为合同用语源于日常生活，当事人有共同或类似的生活经验、背景，因此，用语的通常含义是合同双方当事人能够和应该理解、接受的。如果保险人对条款有特别含义或说明，必须提请投保人注意并予以解释，使其明了相关内容，否则不得按照保险人的理解来解释该条款。

《保险法》第30条第1款规定："采用保险人提供的格式条款订立的保险合同，保险人与投保人、被保险人或者受益人对合同条款有争议的，应当按照

---

①　王春凤. 法经济学视角下的保险格式合同及其法律规制研究［J］. 西南金融，2013（9）：59 - 61.

通常理解予以解释。"《人身保险保单标准化工作指引（试行）》《关于实施〈财产保险公司保险条款和保险费率管理办法〉》等规定中也都要求保险公司制定条款时，应从方便消费者阅读并全面理解产品的角度出发，积极推进条款通俗化工作；语言流畅、语句通顺、文字浅显易懂、内容完整；尽量避免使用生僻术语，必须使用的专业术语，应在条款释义中以浅显的非专业语言进行解释等。

（二） 文义解释

文义解释指按照保险合同条款所使用文字的通常含义和保险法律、法规及习惯，并结合合同整体内容对条款所做的解释。这是合同解释中最基本的方法，我国《保险法》未做明确规定，但《民法典》第 466 条规定："当事人对合同条款的理解有争议的，应当依据本法第 142 条第 1 款的规定，确定争议条款的含义。合同文本采用两种以上文字订立并约定具有同等效力的，对各文本使用的词句推定具有相同含义。各文本使用的词句不一致的，应根据合同的相关条款、性质、目的及诚信原则等予以解释。"第 142 条第 1 款规定："有相对人的意思表示的解释，应按照所使用的词句，结合相关条款、行为的性质和目的、习惯以及诚信原则，确定意思表示的含义。"

（三） 体系解释

体系解释也称整体解释，指将合同全部条款作为一个整体，在对个别条款或用语进行解释时，应根据各个条款与整个保险合同的关系，结合合同各方面通盘考虑，确定条款的含义。主要功能在于依据合同体系上的关联去探求具体的规范意义，避免孤立解释时的弊端，维护合同秩序的统一性。

（四） 目的解释

目的解释指做出符合当事人订立合同目的的解释，重在探求当事人的真实意思表示。当事人订立合同时都出于一定的目的，合同条款只是实现目的的手段，因此，对合同条款含义产生分歧时，可先确定合同目的，然后从目的出发对具体条款进行解释，力求条款的含义与合同目的一致。但目的解释方法要求存在一个可以查明的合同当事人的共同目的，当双方目的大相径庭时，需谨慎用之。

目的解释体现在以下规则中：一是保险单优于投保单、暂保单等文件；二是个别商议的条款优于基本保险条款；三是后加的条款优于原来的条款；四是手写的条款优于印刷的条款，打印的条款优于加贴的条款，加贴的条款优于早已印就的条款。

（五）专业解释

专业解释指保险合同所使用的法律术语或其他专用术语，应按照术语所特有的意义进行解释，不能以人们的常识或习惯来判断。《司法解释（二）》第17条规定："保险人在其提供的保险合同格式条款中对非保险术语所作的解释符合专业意义，或者虽不符合专业意义，但有利于投保人、被保险人或受益人的，法院应予认可。"

四、个别协商条款的解释方法

个别协商条款是指保险合同中的某些条款，由保险人与投保人基于平等地位协商，达成合意而形成。该类型条款是双方当事人自愿协商订立，出现争议时，优先尊重当事人的意愿。

（1）合同文字的意思已经明确时，应采取文义解释方法，即按合同条款通常的文字含义并结合上下文来解释，要求被解释的合同字句本身具有单一且明确的含义。如果有关术语本身就只具有唯一的意思，或联系上下文只能具有某种特定含义，或根据商业习惯通常仅指某种意思，就必须依照本意去理解。

（2）文字不够明确时，应探求当事人的真意，即采取意图解释，指在无法应用文义解释方式时，通过其他背景材料来分析判断当事人订约时的真实意图，由此解释保险合同条款的内容。解释时须尊重双方当时的真实意图。意图解释只适用于合同条款不精确、语义混乱、当事人对同条款实际意思理解有分歧的情况。

（3）合同条款有疑义时，应做出不利于合同起草者的解释，即当保险合同当事人对条款有争议时，法院或仲裁机关常常会做出有益于被保险人的解释。

第二节　不利解释原则的适用

一、不利解释原则的概念

不利解释原则又称为疑义利益解释规则，源于罗马法"有疑义应为表意者不利益之解释"原则，指对保险合同的格式条款有两种以上解释的，应当做出不利于格式条款拟定人的解释。我国《保险法》在立法上确认了保险合同适用不利解释原则的规则，第30条第2款规定："对合同条款有两种以上解释的，法院或者仲裁机构应当做出有利于被保险人和受益人的解释。"

二、不利解释原则适用的法律基础

（一）保险合同的格式合同属性

保险合同是格式合同，不论是投保单、保险单，还是特约条款，多由保险人事先制定。制定时，保险人必然深思熟虑、反复推敲，并以利己为重心。投保人只能对条款表示接受或不接受，处于明显的弱势地位。这种格式合同的特殊性要求倾向于非拟定方的利益保护。我国《民法典》第498条规定："对格式条款的理解发生争议的，应当按照通常理解予以解释。对格式条款有两种以上解释的，应当做出不利于提供格式条款一方的解释。格式条款和非格式条款不一致的，应当采用非格式条款。"这一规则应直接引入保险条款的解释中。

（二）保险合同条款的技术性特征

保险合同内容复杂，其格式化更是实现了合同术语的专业化，除保险专业术语外，风险保障的特殊性还会涉及法律、统计、精算、医学、气象等行业术语，增加了一般人的理解难度。实践中，保险人可能出现滥用保险技术，在条款中过多使用专业术语、维护利益的情形，而投保人受专业知识和时间、能力限制，无法对条款细致研究。因此，存在两个以上解释时，应采用对保险人不利的解释。

（三）保险合同主体的不平等性

保险人凭借专业优势，对保险的熟悉程度远远超过合同相对方。这使得投保人、被保险人在保险合同订立、履行中明显处于弱势。因此，为了避免保险人借助拟订含义模糊的保险条款损害合同相对方的利益，立法上规定了不利于保险人解释的原则，赋予投保人、被保险人、受益人积极的司法救济权。

三、不利解释原则的适用条件与范围

（一）适用条件

从不利解释原则的历史渊源及相关法律规定来看，只有当保险合同双方当事人对条款解释存在争议时，才有采取不利保险人解释原则的必要。产生争议的原因在于合同条款的疑义性，即合同解释的不一致。因此，保险合同条款疑义的存在，是适用不利解释原则的前提。

合同条款的疑义性，指当事人对合同条款含义同时存在两种或两种以上的理解，且这些解释表面上均可以成立。为确定合同条款疑义性存在与否，国际上根据理论研究和实务判例产生了多种判断标准，其中被公认比较公正合理，也被我国理论实务界接受的是"普通读者标准"（the ordinary reader standard）。该标准要求根据正常的具有合理理解能力、未经专业训练的阅读者在阅读合同时，是否能诚实地对其含义产生歧义来判断。也就是说，保险单文字的疑义，应依据"一个正常智力水平及平均知识水准的人"的理解进行判断。保险具有社会性，保险合同签订面向的对象是社会大众，由"普通读者"来对保险合同疑义性存在与否做出判断，是符合社会公正要求的。

因此，不利解释原则仅适用于保险合同条款所用文字语义不清或有歧义而使当事人意图不明的情况，并至少存在两种解释，导致无法判明当事人真实的意思表示，法院或仲裁机构基于中立立场，以通常智力水平当事人的标准进行判断。当保语义明晰时，即使当事人有争议，也不得适用而曲解合同内容。

（二）适用范围

1. 保险人提出的格式保险合同

根据我国《保险法》第 136 条规定，保险合同的格式条款包括两类：一是保险人提出经监管机构审批的条款及法定条款，包括关系社会公众利益的保险险种、依法实行强制保险和新开发的人寿保险险种等的保险条款和费率；二是保险人单独提出只经监管机构备案的条款，除上述几类条款外，其他保险险种的保险条款和费率都只报备案。由此可见，国家保险监管部门审批的条款完全可以有效规范保险活动并维护被保险人和受益人的利益，所以此类条款发生歧义时，应当由监管部门做出公正的解释，不适用不利解释原则。其他的保险条款和保险费率，由于实行的是备案制，发生歧义时应适用不利解释原则。

2. 投保人或者被保险人为弱者的保险合同

不利解释原则是为了保护处于弱势的普通投保人或被保险人的利益而设立，只能适用于普通保险相对人。美国司法判决确立了以下规则：若被保险人并非自然人，而是规模庞大、由经验丰富的商人经营，并委托有如同保险公司顾问水准那样的专业顾问公司，则不能适用不利解释原则。基于相同理由，再保险合同条款发生争议时，因当事人均为专营保险业务的保险公司，对合同内容应具有充分的判断能力，亦不能适用。我国尚无相关规定，但《保险法》

第30条充分体现了追求实质公平与正义价值的理念，通过立法强化保险人拟定保险条款所应承担的特殊责任。一旦保险人滥用保险合同格式化创立的优势地位，即授权法院或仲裁机构对拟定的保险条款做不利于保险人的解释，以求司法上的利益平衡。

第三节　合理期待解释原则

20世纪70年代，美国保险判例法兴起了"满足被保险人合理期待"的学说，倡导一种新型的优先保护消费者权益的法益思潮——法院重视并尊重被保险人以及受益人对保险合同条款的客观合理的期待，即使保单中严格的条款术语并不支持这些期待。① 该学说被普遍接受后，逐渐成为一种全新的保险合同解释原则，由法院在处理保险合同争议或纠纷时适用。

一、合理期待解释原则适用的法律基础

与上述传统的合同解释精神不同，合理期待解释原则完全排除了文字解释方法的适用，要求法官"根据一个未经保险或法律等专门训练的人的理性预期来解释保险单；如果一个理性的人预期保单会对某一种损失提供保障，法院就会要求保险人赔付——尽管可能是合同文字已经清楚地排除了的赔付"。②

合理期待解释原则指当保险合同当事人就合同内容的解释发生争议时，应以投保人或被保险人对于缔约目的的合理期待为出发点对保险合同进行解释。③ 强调优先保护弱者，维护社会公平的立法精神。其存在的法理基础主要体现在两方面。

一是传统的契约自由思想已经无法适应现代经济活动需要。保险合同的格式条款特征，使接受方往往处于弱势。一些不平等特征的"霸王条款"更是严重侵犯了弱势消费者的利益，各国纷纷制定相应法律或运用司法解释，以限制"契约自由"滥用。除疑义利益解释原则外，还产生了合理期待解释原则。④

① 樊启荣. 保险法诸问题与新展望 [M]. 北京：北京大学出版社，2015：97.
② [美] 哈林顿，尼豪斯. 风险管理与保险 [M]. 北京：清华大学出版社，2001：149.
③ 陈百灵. 论保险合同解释中的合理期待原则 [J]. 法律适用，2004（7）：20－22.
④ 李秀芬. 论保险合同合理期待解释原则 [J]. 法律方法，2014（1）：416－423.

　　二是传统的合同理论存在漏洞，需要借助司法解释使其明了。疑义利益解释原则适用的前提是保险合同条款有疑义，其遵循的理念仍然是"明示合同条款必须严守和履行"这一传统的契约精神。合理期待原则是对疑义利益解释原则的补充与发展，使保险合同的内容和形式在特定条件下发生某种分离。即使保险人提供的保险条款词语的文义和意旨是清楚、明确的，如果被保险人对该保险条款感到出乎意外或者认为显失公平，并对其合理性提出质疑或发生争议时，法院基于公平原则和改革政策的考量，可以拒绝按照该保险条款的文义来执行，而改为依照被保险人内心的合理期待来强制执行该保险合同。①

二、合理期待解释原则的适用条件与范围

（一）适用条件

　　合理期待原则的基本假设是投保人在充分掌握信息的基础上，能够做出符合内心真实期待的意思表示。我国《保险法》规定了保险人的说明义务和条款存在疑义时的不利解释原则，但无法解决"条款意思表示清晰但对投保人不利"的问题。合理期待解释原则的最大特点就是不再以探究合同双方的一致意思表示为要务，不以合同条款有歧义为前提，而以投保人一方意志的客观方面作为判断基准去解释合同。换言之，适用合理期待原则时，保险合同并未存在语义含糊或矛盾之处。这是充分考虑保险消费者人格，并给予了特殊优惠保护和必要的司法救济。

（二）适用范围②

　　美国各州法院适用合理期待原则的具体形式不同，概括起来，主要有以下几种。

　　一是合理期待原则不能凌驾于明白无误的保单措辞之上，只有在保单存在歧义的情况下才能适用。这种利益衡量方法与疑义利益解释原则有共性，但裁判的基础是条款拟定相对方的合理期待。

　　二是当被保险人被保险条款所误导并导致保险人获得了不合理利益时，法院可以适用合理期待原则对案件进行审理。此时，保险条款本身在法律意义上讲并不存在疑义，但从普通保险消费者的角度看，合同条款确实存在模糊

---

① 樊启荣. 保险法诸问题与新展望［M］. 北京：北京大学出版社，2015：103.
② 孙宏涛. 保险合同解释中的合理期待原则探析［J］. 当代法学，2009（4）：23-29.

之处。

三是当某些保险条款可能导致投保人订立保险合同的基本目标落空时，通过合理期待原则来排除保险条款的适用，无论上述条款是如何的明确。也就是说，即使保单条款本身毫无歧义，合理期待原则也会创造出额外权利。

总之，合理期待原则是合同正义的自然延伸和逻辑结果，矫正了缔约双方的失衡地位。该原则作为保险合同解释的特有方式，纠正了保险条款"专业解释"与"合理解释"的偏差，制衡了保险人制定条款优势。实务中，合理期待原则作为保险合同纠纷的事后救济机制，法官运用自由裁量权，通过普通投保人的合理期待解释合同条款，保护投保人的合法利益。我国《保险法》虽然没有合理期待原则的具体规定，但法官在裁判案件中以"合理期待原则"的基本理念对保险条款进行解释，在一定程度上达到规制保险人制定条款的优势。立法机构适当时应通过保险法修订，规范合理期待原则的适用，以达到统一司法裁判的目的。①

本章案例

格式保险条款的疑义利益解释②

（一）基本案情

2009 年 3 月，原告某设计公司对公司车辆向被告某财产保险公司投保，保险公司 4 月 1 日签发机动车辆保险单，载明承保车辆损失险，保险金额 10 万元且不计免赔，保险期间自 2009 年 4 月 17 日起至 2010 年 4 月 16 日止。车辆损失条款由保险公司提供格式条款，约定保险责任是"被保险人及其允许的合法驾驶员在使用被保险车辆过程中，由于碰撞等原因造成的保险事故，由保险人按照合同约定负责赔偿。"该条款在"责任免除"段落另约定："被保险车辆在营业性维修、养护场所修理、养护期间，不论任何原因造成的损失，保险人均不负责赔偿。"

保险期间，设计公司发现被保险车辆漏油，于 2010 年 3 月 13 日委托某汽车修理厂维修。3 月 14 日，车辆修理完毕，修理厂职员陈某在驾驶该车辆送

---

① 何丽新，王鹏鹏. 论合理期待原则对保险合同解释的司法适用 [J]. 厦门大学学报（哲学社会科学版），2017（6）：135–145.

② 刘建勋. 保险法典型案例与审判思路 [M]. 北京：法律出版社，2012：216–225.

还途中撞上路灯，被保险车辆受损，公安机关认定陈某对事故负全责。保险公司核定事故，确认车辆损失金额1万元。调查笔录中，陈某陈述：被保险车辆由于漏油于3月13日送交修理厂，次日修理完毕，陈某驾驶车辆进行"试车"，途中与路灯相撞。设计公司修理被保险车辆后，请求保险公司赔偿，但保险公司以合同约定"被保险车辆在维修养护期间发生的损失保险公司不负责赔偿"为由拒绝。

设计公司认为，本案争议所涉及的交通事故，并非发生在维修养护期间，而是发生在维修养护完成后的车辆送还期间。因此保险公司应当对车辆损失承担赔偿责任。综上，设计公司提起诉讼，请求法院判决保险公司赔偿被保险车辆损失1万元。被告答辩称，该公司认可与设计公司订立了保险合同及事故造成被保险车辆的损失。但合同约定："被保险车辆在营业性维修、养护场所修理、养护期间，不论任何原因造成的损失，保险人均不负责赔偿。"驾驶被保险车辆发生事故的陈某，并非设计公司职员，而是修理厂职员，事故地点在修理厂门外30米处，据此可以认定，被保险车辆发生事故并非处于车辆修理完毕后的送车期间，而是处于修理过程中的"试车"期间，即事故发生于维修养护期间，符合保险合同约定的保险公司免责情形。据此，保险公司不同意设计公司的诉讼请求。

（二）　案件审理

法院认为，本案争议所涉及的保险合同有效。争议焦点是应当如何解释争议所涉及的免责条款？

保险条款约定："被保险车辆在营业性维修、养护场所修理、养护期间，不论任何原因造成的损失，保险人均不负责赔偿。"设计公司认为，被保险车辆在发生事故时已经修理完毕，处于修理厂将车辆送回途中，因此事故时间点不在免责条款约定的"修理养护期间"，保险公司应当承担保险责任。保险公司则认为，修理厂职员陈某接受调查时陈述称，事故发生时驾驶车辆进行试车，试车行为说明该车辆当时尚在修理养护期间。

法院对上述免责条款做出如下解释：该免责条款所称"维修、养护场所"，当指修理、养护被保险车辆的修理单位营业场地，本案实际情形是事故发生于修理厂门外30米处，该地点在修理厂营业场地范围外，故不属于"维修、养护场所"。免责条款所称"修理、养护期间"，存在广义、狭义两种理解：狭义解释指自设计公司将被保险车辆交付修理厂之时至修理厂完成修理工作的期间，该期间不包括修理工作完成后上路试车阶段。广义理解指自设计公司将被保险车辆交付修理厂之时至修理厂交还设计公司之时的期间，该期间包括修理工作完成后上路试车及将车辆送还的在途期间。两种解释均有合理性，广义解释的合理性在于，被保险车辆自交付修理厂之时起，至送回设计公司之时止，一直由修理厂控制并承担管理责任，因此将整个期间均认定为"维修、养护期间"具有充分理由。狭义理解也有道理，对某些维修项目而言，修理后的试车并非必须。例如本案被保险车辆送修故障为漏油，"行驶中测试"并非检验"漏油"修理效果的必然、唯一方法，车辆在停驶状态下点火发动，同样可以验明修理后是否仍存在漏油现象。因此，针对被保险车辆"漏油"这一特定故障，行驶中的"试车"并非"维修工作"的必然组成部分，修理厂将车辆送还设计公司，更不属于"维修车辆"范畴。

《保险法》第30条规定："采用保险人提供的格式条款订立的保险合同，保险人与投保人、被保险人或者受益人对合同条款有争议的，应当按照通常理解予以解释。对合同条款有两种以上解释的，法院或者仲裁机构应当做出有利于被保险人和受益人的解释。"本案中，首先，对"维修、养护期间"做出广义或者狭义理解均具有一定合理性；其次，被保险车辆送修故障为漏油，而漏油修理效果未必通过行驶中的试车进行判断；最后，格式保险条款并未对免责条款约定的"维修、养护期间"起止时间点做出明确约定。因此，法院对受争议的免责条款做出不利于保险公司的解释，在本案特定情形下，将"试车"与"送车"期间均排除于"维修、养护期间"，并判定保险公司应对事故损失承担赔偿责任，于判决生效后10日内给付原告设计公司保险金1万元。

（三）案件评析

本案审理时强调适用歧义利益解释原则的目的在于消除合同条款的歧义。所谓歧义，指合理解释之间的分歧，不合理与合理解释之间的差别不称为"歧义"。产生歧义的原因大致包括：受争议的事项在客观上没有明确的界定标准；条款语句语义模糊；条款指向不同的对象；保险业务的划分界限不清晰；保险人或代理人的误导；保险条款结构编排混乱、保险人刻意掩饰免责等。有学者指出，不利解释原则是合同解释标准的第二位选择，只有在其他解释方式无法领会合同用语含义时才适用。针对某一条款同时存在两个或两个以上的解释，且各种解释均合理，是适用疑义利益解释原则的必要条件。从该角度出发，疑义利益解释原则既为格式条款相对方提供了救济，使其获得合同利益；也为裁判机构提供了救济完成解释合同的任务。多数合同条款在穷尽传统解释方法的情况下，是可以获得"通常理解"的，因此法院在裁判活动中如果过于频繁地运用，即存在被滥用的危险。

本章要点

　　本章主要讨论保险合同的解释方法，包括保险合同解释的一般方法、不利解释原则和合理期待解释原则；要求熟悉上述保险合同解释的基本方法与原则，重点掌握各类型解释方法的运用。

第七章

保险合同的索赔和理赔

第一节　保险索赔

一、概述

保险索赔指被保险人、受益人或者被保险人的继承人在保险标的因保险事故发生，造成财产损失和人身伤亡以及在保险合同的期限届满时，依照约定，请求保险人赔偿损失或给付保险金的法律行为。

（一）索赔时效

索赔时效指保险索赔权人依合同约定，请求保险人赔偿或者给付保险金的法定时限或有效期间。索赔权人指被保险人或受益人。投保是为了使保险事故发生后通过索赔得到保障，但不乏有些被保险人怠于行使自己的索赔权，从而使保险理赔活动处于不确定状态，耽误保险资源的有效配置。因此，规定保险索赔时效是为了督促当事人及时行使权利，及早稳定保险法律关系。

《保险法》第 26 条规定："人寿保险以外的其他保险的被保险人或者受益人，向保险人请求赔偿或者给付保险金的诉讼时效期间为 2 年，自其知道或者应当知道保险事故发生之日起计算。人寿保险的被保险人或者受益人向保险人请求给付保险金的诉讼时效期间为 5 年，自其知道或者应当知道保险事故发生之日起计算。"

（1）保险索赔时效是一种诉讼时效，是权利人在法定期间内不行使权利就丧失请求法院依诉讼程序强制义务人履行义务的法律制度。索赔时效期间，自被保险人、受益人知道或者应当知道保险事故发生之日起计算。保险人或投保人知道保险事故发生的，不能作为时效期间开始计算的依据。

（2）非人寿保险和人寿保险的索赔时效不同。人寿保险是以被保险人的寿命为保险标的、以生存或死亡为给付条件的人身保险，具有储蓄性、长期性的特点。正是基于这种长期性，保险法规定人寿保险的诉讼时效为 5 年，人寿保险以外的其他保险的诉讼时效为 2 年。需要指出的是，《民法典》第 188 条第 1 款将向法院请求保护民事权利的普通诉讼时效期间规定为 3 年，法律另有规定的，依其规定，未来在《保险法》修订中有待修改。

（3）保险索赔时效的适用参照《民法典》的规定。《民法典》中有关诉讼时效起算、中止、中断、延长的规定，在保险索赔时效中继续适用。

（二）　索赔权利人

保险索赔权，即保险金请求权，指保险事故发生后，权利人依照法律规定或合同约定，要求保险人赔偿或给付保险金的权利。根据《保险法》第 26 条的规定，保险索赔权由被保险人或者受益人行使。如该权利人为无民事行为能力人或限制民事行为能力人时，由其法定代理人代为行使。具体来看，财产保险中，被保险人享有保险索赔权。事故发生时被保险人死亡或终止的，其法定继承人或财产继受人取得。人身保险中，受益人享有保险索赔权；没有指定受益人、受益人放弃或丧失保险受益权，以及受益人先于被保险人死亡且又无其他受益人的，则由被保险人享有。被保险人死亡，其法定继承人继受。责任保险中，保险合同约定或法律规定保险人直接向因被保险人的行为而受害的第三人赔偿的，第三人享有保险索赔权；否则，被保险人享有。

二、索赔程序

保险索赔和理赔是保险合同履行中的两个对应行为。保险事故发生后，保险人依照保险合同承担赔偿和给付保险金的责任，这一环节对被保险人或受益人而言是保险索赔，对保险人而言，则为保险理赔。依法索赔是被保险人或受益人实现保险权益的具体体现。通常，保险索赔程序包括以下流程。

（一）　出险通知

《保险法》第 21 条规定："投保人、被保险人或受益人知道保险事故发生后，应及时通知保险人。故意或因重大过失未及时通知，致使保险事故的性质、原因、损失程度等难以确定的，保险人对无法确定部分，不承担赔偿或给付保险金的责任，但保险人通过其他途径已经及时知道或应当及时知道保险事故发生的除外。"

1. 通知义务人

索赔通知义务人包括投保人、被保险人或受益人。实践中，投保人、被保险人或受益人的代理人也可根据代理协议实施通知行为，但并非法定通知义务人。

2. 通知时间

法律规定应该"及时"通知。实务中，不同险种有不同规定。例如2000年中国保险监督管理委员会（简称"保监会"）发布的《机动车辆保险条款》第28条规定，保险车辆发生保险事故后，被保险人应采取合理的保护、施救措施，并立即向事故发生地公安交管部门报案，同时在48小时内通知保险人。平安保险公司在重大疾病保险条款中规定，投保人或受益人应当在知道保险事故后10日内通知本公司。

未按保险合同规定的时间通知，会出现通知义务人自行承担未及时告知期间内发生的损失费用，赔偿保险人因此所受损失等后果。如果法律规定保险人可据此享有解除权或者免责，则可拒绝承担责任。对此，我国《保险法》未做规定。

3. 通知方式

除法律和保险合同对通知方式有特别规定或约定外，通知义务人可采用有效而方便的形式通知，书面、口头皆可，但应填写书面《出险通知书》。实务中常见的方式包括拨打保险公司报案电话，亲临保险人机构报案，通知保险代理人、经纪人或营销员协助转达报案，登录保险公司网站，或在App上登记并提交等。

4. 通知内容

出险通知义务人应将出险的基本情况如实告知保险人。具体包括以下内容：（1）出险人基本信息：姓名、证件号码、联系方式；（2）保单基本信息：保单号码、投保险种、保险金额、保险期限、缴费情况等；（3）出险事故基本情况：出险时间、地点、相关人物、原因、损害现状、相关处理机构、处理结论、就诊医院、科室及床位号、诊断结果等；（4）报案人基本信息：姓名、联系方式、证件号码、与出险人关系等。出险通知应当尽可能清晰、详细地描述事故经过，告知报案延迟原因等，以便保险公司能够及时开展调查，迅速查明损失的原因和程度，不致因拖延时间而丧失证据，从而影响保险责任的确认。

（二）　积极采取施救措施并接受检验

这主要是为了减少损失、保护现场原状，避免损失扩大，便于保险公司和有关部门的现场查勘和检验。虽然合同约定的保险事故发生并造成损害后，被保险人可以获得补偿，但为了减少社会财富的损失浪费，降低损失程度，《保险法》第57条第1款规定："保险事故发生时，被保险人应当尽力采取必要的措施，防止或者减少损失。"同时，为鼓励投保人、被保险人积极施救，第2款规定："保险事故发生后，被保险人为防止或者减少保险标的的损失所支付的必要的、合理的费用，由保险人承担；保险人所承担的费用数额在保险标的损失赔偿金额以外另行计算，最高不超过保险金额的数额。"

（三）　提出索赔请求

索赔应在得知保险事故造成损害后的法定时效内，向保险人提出赔付保险金请求。这是法律赋予被保险人或受益人的权利。实务中，保险索赔有效期的起算从被保险人填写《索赔通知书》并经保险人确认后开始，即保险公司立案时起算。保险人通常会提前印制好《索赔通知书》，权利人只需按要求填写相关内容即可；若出现代理索赔，还需填写委托人亲笔签字并注明授权范围的《索赔委托书》。

（四）　提供索赔单证

被保险人或受益人应当按照保险条款的规定，向保险公司提交保险单以及与确认保险事故的性质、原因、损失程度有关的索赔单证。具体保险条款不同，索赔单证的种类和形式有很大不同，大体上包括以下类型。证明保险关系的材料，如保险合同、保险单、批单等原件、复印件或电子证明。证明合同有效的材料，如保费缴付凭证。证明保险标的的材料，包括购置、维修票据、合同、清单；受损财产的施救费用票据、鉴定检测报告；被保险人的身份证明材料。证明保险事故的材料，如相关部门提供的气象、盗窃、工伤、火灾证明等，医疗机构出具的诊断、手术证明，门诊病历及处方等。证明损害程度或事故结果的材料，如公安部门出具的事故证明及责任认定书；司法鉴定部门或医院出具的残疾或丧失劳动能力程度鉴定书。索赔清单，如受损财产清单，施救、整理等费用清单，医疗费用收据及清单等。受益人身份及与被保险人关系证明。

（五） 领取保险赔款或保险金

保险人审查索赔资料后，对符合规定的，应及时书面通知被保险人或受益人。投保人、被保险人或受益人也应及时领取保险金，提供《理赔领款通知书》和身份证明原件等。通常保险赔偿金或保险金以现金方式给付，但对特殊标的或合同另有约定的，保险人可以采取修复、重建或者重置等形式赔偿。

（六） 开具权益转让书

财产保险合同涉及第三者责任索赔，被保险人领取赔款时，保险人可要求其签署赔款收据和权益转让书，作为被保险人将对第三人损害赔偿请求权让渡给保险人的有效证明。我国采用法定受让，保险人支付赔偿金之日起当然取得代位求偿权，无须被保险人确认，该程序非必经程序，实务中的确认仅有辅证作用。

三、虚假索赔的法律后果

《保险法》第 27 条规定："未发生保险事故，被保险人或受益人谎称发生了保险事故，向保险人提出赔偿或者给付保险金请求的，保险人有权解除合同，并不退还保险费。投保人、被保险人故意制造保险事故的，保险人有权解除合同，不承担赔偿或者给付保险金的责任；除本法第 43 条规定外，不退还保险费。保险事故发生后，投保人、被保险人或受益人以伪造、变造的有关证明、资料或者其他证据，编造虚假的事故原因或者夸大损失程度的，保险人对其虚报的部分不承担赔偿或者给付保险金的责任。投保人、被保险人或受益人有前三款规定行为之一，致使保险人支付保险金或者支出费用的，应当退回或者赔偿。"

与此同时，《中华人民共和国刑法》（以下简称《刑法》）第 198 条专门规定了保险诈骗罪，即投保人故意虚构保险标的；投保人、被保险人或受益人对发生的保险事故编造虚假原因或夸大损失程度，或编造未曾发生的保险事故；投保人、被保险人故意造成财产损失的保险事故；投保人、受益人故意造成被保险人死亡、伤残或疾病，有上述骗取保险金情形之一，数额较大的，处 5 年以下有期徒刑或拘役，并处 1 万元以上 10 万元以下罚金；数额巨大或有其他严重情节的，处 5 年以上 10 年以下有期徒刑，并处 2 万元以上 20 万元以下罚金；数额特别巨大或有其他特别严重情节的，处 10 年以上有期徒刑，并处 2 万元以上 20 万元以下罚金或者没收财产。

第二节 保险理赔

一、概述

（一）概念

保险理赔指发生保险事故或依照保险合同约定，保险人应被保险人、受益人的索赔请求，以保险合同为依据，对保险事故的发生以及造成的财产损失或人身伤害进行调查，核定保险责任并履行保险金赔偿或给付责任的行为和过程。

保险理赔涉及保险合同双方权利和义务的实现，是保险经营中的一项重要内容，实务中，任务分解为以下几方面：一是确定标的损失原因；二是确定保险责任；三是确定保险标的的损失程度和金额；四是确定被保险人的赔偿金额。

（二）基本原则

1. 重合同、守信用

处理赔案，对保险人而言，是履行合同约定的赔付义务的过程；对被保险人而言，是实现保险权利、享受赔偿或领取保险金的过程。所以，保险人处理赔案时要严格按照保险合同条款处理，保证合同的顺利实施。保险合同对保险责任、赔偿处理及被保险人的义务等做了原则性规定的，保险人应恪守信用，既不能任意扩大保险责任范围，也不能惜赔。

2. 主动、迅速、准确、合理

"主动、迅速"指保险公司处理赔案时积极主动，及时查勘现场，对属于保险责任范围内的灾害损失，要迅速估算损失金额，及时赔付。"准确、合理"指保险人应正确找出致损原因，合理估计损失，科学确定是否赔付以及赔付额度。

为保护被保险人的利益，《保险法》第 23 条、第 25 条规定保险人收到被保险人或受益人的赔付请求后，应当及时做出核定；情形复杂的，应在 30 日内做出核定，但合同另有约定的除外。保险人自收到赔付请求和有关证明、资料之日起 60 日内，对赔付数额不能确定的，应根据已有证明和资料可以确定的数额先予支付；最终确定赔付数额后，应支付相应的差额。

3. 实事求是

索赔案件千差万别，案发原因也错综复杂，保险人既要严格按照合同条款办理，又要合情合理、实事求是地对不同案情的具体情况进行分析，灵活处理理赔案。例如运用通融赔付时，就要实事求是地对保险损失补偿原则灵活运用。

二、理赔程序

保险理赔是技术性、规范性很强的程序，实务中通常包括以下环节。

（一） 接受出险通知

接受出险通知即接受报案，指事故发生后，根据合同约定，投保人、被保险人、受益人或相关知情者向保险公司说明出险情况，保险公司将事故情况登记备案并初步处理的过程。

报案人应填写《出险通知书》，保险人在受理报案后查对单底，并根据索赔请求人提供的材料情况决定立案、延迟立案或不予立案。当提交的索赔申请合格、证明资料清晰完整时，保险人应予以立案。当材料符合立案条件但申请文件尚不齐全，在被告知后 60 日仍不能提供相应文件，可做不予立案、单证退还处理，填写《理赔不予立案通知书》，告知原因。出现申请人资格审查不合格，出险人并非保单被保险人，事故发生超出保险期间，索赔申请超过法定时效，证明材料不齐全或缺乏有效性，且在规定期限内无法补全等情形时，可决定不予立案。

（二） 现场查勘

现场查勘是保险理赔的重要环节，保险人可借此掌握第一手资料，正确掌握损失程度、出险原因及赔付范围。通常，保险人会安排查勘员到现场进行查勘，并指导被保险人做好报警或事故处理。现场查勘中，需做好查勘准备，对查勘内容、资料需求等提前做好计划；重点查勘了解出险时间、地点、原因及标的。

（三） 保险责任审定

保险公司现场查勘完后，会结合保险合同，进一步进行责任审定。责任审定时需从以下几方面来考虑：一是审定事故是否属于合同载明的保险责任范畴，对不属于保险责任的案件，须编制《拒赔案件通知书》，说明拒赔理由；

二是依据投保财产清单核对被保险人提供的财产损失清单，以确定是否属于保险财产；三是出险时间是否在保险有效期限内；四是投保人、被保险人是否积极履行义务；五是是否属于第三者责任而涉及追偿。

（四）损失核定

损失核定既要审核保险损失的核定是否准确，还需审核施救费用。核定标的损失时，需核对投保财产清单上各投保项目的保险金额，确定有无不足额投保或超值投保情形；结合投保财产清单查对受损标的账册，准确确定受损财产范围及实际价值。施救费用的审核以"直接""必要""合理"为原则，核对施救费用的发生时间是否在保险事故发生后产生，是否与保险财产的抢救有直接关联。

为及时发挥保险的风险化解功能，缓解受灾受损后的困难，《保险法》第23条规定保险人应及时做出核定；情形复杂的，应在30日内做出核定，但合同另有约定的除外。对属于保险责任的，在与被保险人或受益人达成赔付协议后10日内，履行赔付义务。合同对赔付期限有约定的，保险人应按约定履行。保险人未及时履行的，除支付保险金外，应赔偿被保险人或受益人因此受到的损失。

（五）理算赔款

理算赔款是理赔经办人员在核定保险责任的基础上，对应承担保险责任的案件计算保险金给付金额的行为与过程，需注意三个"为限"：以保险金额为限；以实际损失为限；以保险利益为限。具体体现为：一是赔付时，需核查有无预付赔款、垫支、查勘、咨询等款项，计算施救费用，再缮制赔款计算书，赔付范围包括合同约定应支付的保险金、被保险财产的损失赔偿、施救费用、损失确定费、仲裁或诉讼费；二是对于已从他处获得的赔偿及损余部分予以扣减；三是涉及第三者责任追偿时，若被保险人擅自放弃对第三者的赔偿请求权，保险人可以拒赔。

（六）复核审批并通知给付

理赔案件签批人在完成上述环节的工作后，还需要复核，对核实无误的案件进行签批。复核无误后，即可通知权利人前来办理保险金领取手续，并在保险金的收条回执上签名后回复给保险公司。

（七）权益转让和追偿

财产保险涉及第三者责任时，保险人向被保险人支付赔偿金后，取得追偿权，进而可以通过合法途径和有效措施向债务人或应承担损失的责任人追讨欠款。

（八） 结案归档

保险人在理赔结案后还需做好材料的归档保存，以便后期出现纠纷时的查证。将非必须留存的单证材料予以返还，其余材料结案归档。

三、虚假理赔的法律责任

保险理赔工作是保险关系中投保人与保险人利益的直接体现，是维系保险关系的重要条件，无论对投保人还是保险人来说都很敏感，因此，理赔工作中必须坚持公平、合理、准确、及时的原则，杜绝虚假理赔。虚假理赔指保险公司及其工作人员利用职务上便利，故意编造未曾发生的保险事故进行虚假理赔，骗取保险金归自己所有的行为。根据《刑法》第183条，虚假理赔行为依照《刑法》271条业务侵占罪定罪处罚。该条规定："公司、企业或其他单位的工作人员，利用职务便利，将本单位财物非法占为己有，数额较大的，处3年以下有期徒刑或拘役，并处罚金；数额巨大的，处3年以上10年以下有期徒刑，并处罚金；数额特别巨大的，处10年以上有期徒刑或无期徒刑，并处罚金。"国有保险公司工作人员有前述行为的，依《刑法》第382条、第383条的贪污罪进行处罚。[1]

---

[1] 《刑法》第382条规定："国家工作人员利用职务上的便利，侵吞、窃取、骗取或者以其他手段非法占有公共财物的，是贪污罪。受国家机关、国有公司、企业、事业单位、人民团体委托管理、经营国有财产的人员，利用职务上的便利，侵吞、窃取、骗取或者以其他手段非法占有国有财物的，以贪污论。与前两款所列人员勾结，伙同贪污的，以共犯论处。"

《刑法》第383条规定："对犯贪污罪的，根据情节轻重，分别依照下列规定处罚：（1）贪污数额较大或者有其他较重情节的，处3年以下有期徒刑或者拘役，并处罚金；（2）贪污数额巨大或者有其他严重情节的，处3年以上10年以下有期徒刑，并处罚金或者没收财产；（3）贪污数额特别巨大或者有其他特别严重情节的，处10年以上有期徒刑或者无期徒刑，并处罚金或者没收财产；数额特别巨大，并使国家和人民利益遭受特别重大损失的，处无期徒刑或者死刑，并处没收财产。对多次贪污未经处理的，按照累计贪污数额处罚。犯第一款罪，在提起公诉前如实供述自己罪行、真诚悔罪、积极退赃，避免、减少损害结果的发生，有第（1）项规定情形的，可以从轻、减轻或者免除处罚；有第（2）项、第（3）项规定情形的，可以从轻处罚。犯第一款罪，有第（3）项规定情形被判处死刑缓期执行的，法院根据犯罪情节等情况可以同时决定在其死刑缓期执行2年期满依法减为无期徒刑后，终身监禁，不得减刑、假释。"

本章案例

理赔证据的举证及调查责任[①]

（一）基本案情

2004 年，A 保险公司理赔工作人员到当地殡仪馆调查取证，查获一宗造假案，拒赔保险金额 3 万元。据了解，广东省遂溪县北坡镇农民林某年已 50 多岁，无妻，早年以屠牛为生。其弟于 2000 年 8 月 16 日出钱为他投保一份终身寿险，年交保费 2340 元，保险金额 3 万元。由于拖欠 2001 年的保费没交，保险合同中止。2002 年 7 月 20 日其弟来申请复效，按合同条款规定，复效前要对林某进行体检。林某要求在北坡镇医院体检，获得通过，2003 年 5 月 17 日林某的保单经保险公司审核复效，并补交了两年的保费和利息共计 5005.05 元。2003 年 8 月 19 日，投保人交了第 4 年的保费 2340 元，4 年累计交保费共 9360 元。2004 年 3 月 10 日，林某的弟弟到保险公司来报案，说林某因病于 2003 年 11 月 25 日在家中病故，并提供了北坡镇医院出具的诊断证明。此外还提供了 2003 年 12 月 24 日北坡镇派出所开具的销户死亡证明，证明林某死于 2003 年 11 月 25 日，其弟申请赔付 3 万元。

该公司客户服务部经理带领理赔人员深入林某的村庄进行明察暗访，村中的群众反映林某得糖尿病多年，2003 年 6 ~ 7 月，曾在私人医生庞某、北坡镇医院等处治疗过，经医治无效死于 7 月 20 日。经过到庞某处查实无误，但没有证据做依据，不能做出拒赔处理。于是，勘查人员深入到湛江火葬场调查林某的火葬记录。记录显示林某的死亡时间是 2003 年 7 月 20 日 14 时 50 分。这样就证明林某的弟弟为了获得赔付 3 万元，将死亡证明推迟到 2003 年 11 月 25 日。推算出刚好符合被保险人复效 180 天后死亡可以赔付的要求。查清事实真相后，公司对林某家属做出拒赔处理，只退还保险单的现金价值 4952.05 元。

（二）案件评析

保险事故发生后，被保险人或受益人向保险公司申请索赔时，按我国保险法的规定，投保人、被保险人或者受益人应当向保险人提供其所能提供的与确认保险事故的性质、原因、损失程度等有关的证明和资料。保险人依照保险合同的约定，认为有关的证明和资料不完整的，应当通知投保人、被保险人或者

---

① 齐瑞宗. 人身保险实务. 北京：知识产权出版社，2015：225 - 226.

受益人补充提供有关的证明和资料。上述规定是对被保险人和受益人的举证义务作出的规定，既是保险人在保险理赔时应当掌握的证据规则，也是在保险纠纷诉讼和仲裁中的举证规则。本案中，保险事故发生后，受益人向保险人提出索赔申请后，提供了相关的证据；但保险公司在调查取证中发现问题，根据保险公司经营规则的要求，理赔时若要拒赔需明确告知对方相关事由，证据确凿，因此，保险公司需要就拒赔承担举证责任。在我国，保险合同纠纷或仲裁上的举证责任，应当以《民事诉讼法》和最高法院《关于民事诉讼证据的若干规定》为依据。实际中，应当按以下原则进行划分。

第一，根据"谁主张权利谁举证"的基本证据原则，被保险人或受益人在提出保险索赔诉讼时，应当提供证明其诉讼主张和诉讼事实的证据，其所提供的证据应以被保险人或受益人所能提供的与确认保险事故的性质、原因、损失程度等有关的证明和资料为限，其证据只要能够证明危险事故已经发生，危险事故发生在保险期限内，以及损失程度，被保险人或受益人即完成举证责任。因为保险法所规定的投保人、被保险人或受益人的举证责任的证明程度是以投保人、被保险人或受益人所能提供的为限，而保险人则应就辩驳主张提供证据，如保险人主张危险事故不属于保险事故而属于保险人的免责范围，保险人应提供证据证明。

第二，根据《若干规定》第5条第1款规定，在合同纠纷案件中，主张合同关系成立并生效的一方当事人对合同订立和生效的事实承担举证责任；主张合同关系变更、解除、终止、撤销的一方当事人对引起合同关系变动的事实承担举证责任。因此在保险合同纠纷中，主张保险合同关系成立并生效的一方当事人对保险合同订立和生效的事实承担举证责任；主张保险合同关系变更、解除、终止、撤销的一方当事人对引起保险合同关系变动的事实承担举证责任。

第三，根据《若干规定》第5条第2款规定，对合同是否履行发生争议的，由负有履行义务的当事人承担举证责任。在保险理赔纠纷中，因是保险人主张履行保险责任，所以应由保险人作为负有履行义务的当事人承担举证责任。

本章要点

本章主要讨论保险的索赔和理赔，包括索赔概述、程序、虚假索赔的法律责任，理赔概述、程序、虚假理赔的法律责任；要求熟悉上述保险索赔和理赔的基本理论及实务程序，重点掌握虚假索赔和虚假理赔的法律责任。

第八章

人身保险合同

第一节　人身保险合同概述

一、人身保险合同的概念

人身保险合同是指以人的寿命和身体为保险标的，当被保险人因意外事故、疾病、衰老等原因导致死亡、伤残、丧失劳动能力或达到合同约定的年龄、期限届满生存时，保险人应当按照约定承担给付保险金责任的商业保险合同。

二、人身保险合同的特征

除具有保险合同共性特征外，人身保险合同还具有以下特殊性。

（一）保险标的的特殊性

人身保险的标的是人的生命和健康，由此决定着被保险人只能是具有生命、独立存在的自然人，法人、胎儿、已死亡者均不具有资格。而生命和健康的价值无法用货币衡量，也没有统一的衡量标准，由此体现出保险标的的不可估价性。

（二）保险金的定额给付性

绝大多数人身保险合同被称为定额保险合同。一方面，人身保险的保险金额具有定额性。这是由标的的不可估价性决定，使得保险金额大小完全取决于投保人的经济能力。另一方面，人身保险的保险金给付具有定额性。人身保险合同不存在保险价值的概念，保险金额由投保人根据保险人提供的数额选择，或由合同双方当事人协商。保险人按照约定金额向被保险人或受益人给付保险金，不以被保险人的实际损失为前提，也不论是否从其他途径得到补偿。

（三） 保险期限的长期性

人身保险合同大多属于长期性，甚至终身。既可以对被保险人或受益人提供稳定生活保障同时降低保险费用；也利于保险人利用资金进行投资而获得收益。

（四） 合同自身的资产性

人身保险为被保险人提供经济保障同时，兼具储蓄和投资功能。储蓄性，体现为被保险人和受益人所获的保险金额依赖于投保人缴纳保费的多少。借助人身保险合同，将投保人多次缴纳的保费集中起来，构成人身保险责任准备金，最终再由保险人以保险金形式返还给被保险人或受益人。整个过程类似于分期缴付的本金再加一定比例的利息。基于此，投保人支付保险费后，保险单具有一定的现金价值，投保人解除或终止合同时，有权要求返还合同现金价值，或质押贷款。

（五） 代位求偿的禁止性

人身保险合同中，只要保险事故致被保险人死亡或伤残，或约定期限届满，保险人就应按约定金额向被保险人或受益人给付保险金，不需要以被保险人的实际损失为前提，也无须考虑被保险人或受益人是否已从其他途径得到补偿。因此，不存在代位求偿权的问题。《保险法》第 46 条规定，"被保险人因第三者的行为而发生死亡、伤残或疾病等保险事故的，保险人向被保险人或受益人给付保险金后，不享有向第三者追偿的权利，但被保险人或受益人仍有权向第三者请求赔偿。"需指出的是，医疗费用保险金的给付，根据合同约定，可以是定额给付，也可以是补偿方式，前者属于纯人身保险性质，不适用代位求偿，但后者可以。

（六） 缴费的非诉讼性

人身保险合同的保险费，以投保人自愿交付为原则。《保险法》第 38 条规定："保险人对人寿保险的保险费，不得用诉讼方式要求投保人支付。"这主要是考虑到投保人在跨期较长的合同持续期间内，收入水平、支付能力、经济状况等的变化会影响其缴费能力，并且每个人应对风险的看法与措施不同，除特殊规定外，一般情况下人身保险的购买不具有强制性。投保人与保险人之间的保费缴纳的储蓄性，并不构成投保人对保险人所负的债务，保险人对投保人应当支付的保险费也不具有债权请求权。相反，投保人有权选择不支付保险费，以终止合同效力。

三、人身保险合同的分类

传统的人身保险仅限于人寿保险。现代意义上的人身保险，几乎涵盖了生、老、病、死、伤、残等各种风险。我国《保险法》第 95 条列明人身保险业务包括人寿保险、健康保险、意外伤害保险等。大体上，人身保险合同可做以下分类。

（一）人寿保险合同、健康保险合同和意外伤害保险合同

这是根据具体保障内容的不同所做的划分。

1. 人寿保险合同

人寿保险合同指以被保险人的生命为保险标的，以被保险人在合同规定年限内死亡，或在合同规定年限届至而仍然生存作为给付保险金条件的人身保险合同。与其他非寿险合同相比，具有长期性、储蓄性、定额给付性、无代位求偿权等特点。

基于保险金给付条件的差别可分为三种。一是死亡保险合同，以被保险人死亡为保险事故。因约定死亡时间不同，又分为定期死亡保险和终身死亡保险两种。二是生存保险合同，以被保险人在规定期限内生存作为给付保险金条件。被保险人如果在保险期限内死亡，保险合同即告终止，保险人不给付保险金，也不退还保险费。订立生存保险合同的目的主要是为了使被保险人到一定年龄时，可以领取一笔保险金以满足需要。三是生存死亡两全保险合同，被保险人在保险期间内死亡或者生存至保险期间届满时，保险人均按约定支付保险金。

2. 健康保险合同

健康保险合同又称疾病保险合同，指以人的身体为对象，在被保险人发生疾病或生育及因此致残、死亡时，保险人依约向被保险人或受益人给付保险金的合同。这类合同常具有综合保险性质，承保范围包括疾病、生育及其造成的残疾、失能和死亡损失及发生的医疗费事故，并具有补偿特殊性，主要补偿医

疗费用及由此引起的其他费用损失。界定"疾病"时，须具备三个条件：一是须由明显非外来原因造成；二是须是非先天性的原因造成；三是须是由非长存的原因造成。

3. 意外伤害保险合同

意外伤害保险合同指被保险人在保险期限内因遭受意外伤害或因此导致死亡、残疾时，保险人依约向被保险人或受益人给付保险金的合同。构成意外伤害须具备以下要件。一是须是被保险人的身体伤害，即身体受到侵害造成损坏、创伤的客观事实，要求有致害物、侵害对象和侵害事实。二是须由外界原因、意外事故所致。"外界原因"强调被保险人身体以外的因素，若是被保险人身体内在原因造成，如脑梗引起跌倒而死亡，则不属于该合同范围。"意外事故"强调事故的发生及结果都是偶然。被保险人事先对伤害发生没有预见到，因此无法躲避；或虽已经预见到伤害，但仍然违背主观意愿发生。三是须是死亡、残疾或医疗费用支出的直接原因。

意外伤害保险承保的人身危险是意外伤害，但并非一切意外伤害都是保险人所能承保的。通常情况下，对于因违反法律规定或违反社会公共利益的行为而引发的意外伤害，绝对不承保。保险人也可以根据需求约定承保一些特约意外伤害。

（二） 补偿性人身保险合同和给付性人身保险合同

这是根据保险的保障性质所做的划分。

补偿性人身保险合同指保险人根据保险标的所遭受的实际损失进行经济补偿的合同。主要是有关医疗费用的补偿。

给付性人身保险合同指事先由双方当事人约定保险金额，当被保险人发生保险事故时，由保险人按约定的保险金额给付保险金的合同。绝大多数人身保险合同，尤其是人寿合同都属于给付性的。

（三） 个人保险合同、 联合保险合同和团体保险合同

这是根据投保主体的不同所做的划分。

个人保险合同指以一个人为保险对象的人身保险合同。

联合保险合同指将存在一定利害关系的两个或两个以上的人视为联合被保险人而同时投保的人身保险。如夫妻、父母子女、兄弟姐妹、个人合伙等可投保联合寿险。联合保险合同中只要有一个被保险人死亡，保险人即将保险金给付其他生存主体，合同在给付后失效；如果联合被保险人在保险期限内无一死

亡，期限届满，保险金由所有被保险人等分。

团体保险合同指以机关、团体、企事业单位等为承保对象，以单位名义投保并由保险人签发一份总保险合同，保险人按合同规定向其单位成员提供保障的保险。如被保险人就若干船只与保险人订立一个保险合同；以同一雇主的全部受雇人为被保险人签发一张总保险单。团体保险合同中，发生保险事故后，保险人对每一保险标的在其保险金额限度内，根据实际损失赔偿或给付保险金。

第二节 人身保险合同的常见条款

一、不可抗辩条款

（一）含义

不可抗辩条款又称不可争条款，是保险合同中关于合同解除权的限制性规定，指自合同成立之日或复效之日起经过一定期间，通常是两年，保险人不得以投保人或被保险人违反告知义务为由，而主张合同无效或拒绝赔偿。

不可抗辩条款是在"信任危机"压力下，以公平、诚信的合同法理为基础，保险合同当事人在保单利益博弈过程中，用来平衡各方利益的制度安排。主要存在于人身保险合同中，是英美法系国家普遍采纳的最大诚信原则的标志。我国《保险法》第 16 条第 3 款规定："前款规定的合同解除权，自保险人知道有解除事由之日起，超过 30 日不行使而消灭。自合同成立之日起超过 2 年的，保险人不得解除合同；发生保险事故的，保险人应当承担赔偿或者给付保险金的责任。"

（二）限制

不可抗辩条款意在保护消费者利益，但实务中也存在个别消费者利用该条款，通过欺诈手段骗取保单利益的不法事件，道德风险凸显。因此，许多国家规定了该条款适用的例外，包括未缴纳保费的保险合同、无可保利益的保险合同、严重欺诈行为等。德国《1908 年保险契约法》第 163 条规定："保险人在契约签订后经过 10 年，即使发现要保人在缔约时有违反其应尽的告知义务，也不可以解除契约。但要保人恶意违反者，不在此限。"日本《商法典》第 644 条第 1 款规定："在订立保险契约当时，投保人因恶意或重大过失不告知重要事实，或就重要事实作不实告知时，保险人可以解除契约。但是，保险人已知该事实或因过失不知时，不在此限。"美国有关法律规定，当投保人按时缴付保费，并且两年抗辩期限届满被保险人存活时，投保人不管是由于过失，还是故意甚至欺诈订立了保险合同，只要过了不可抗辩期，即不可抗辩。我国香港地区也规定，如果投保人是出于欺诈目的的不实告知，则不受不可抗辩条款的约束。我国《保险法》目前尚未明确规定不可抗辩条款的适用例外，限制情形仍需完善。

二、年龄误告条款

（一）含义

年龄误告条款是指人身保险投保人如果误报了被保险人年龄，保险人基于被保险人投保年龄与实际年龄不符这一事实，所能采取的改变合同效力的行为。若合同仍然有效，保险人应依真实年龄予以更正；若实际年龄已超过可以承保的年龄限度，保险人应解除合同，将已收保险费无息退还，但需在可争辩期间内完成。

（二）处理

一般来说，年龄误报的法律后果不属于不可抗辩条款的范围。各国保险法处理年龄误告后的调整时，一是及时发现调整。合同有效期内，如果被保险人健在，发现误报了年龄可及时进行调查；少报了年龄，投保人可补交过去少交的保险费及利息，或按已交保险费调整保险金额；多报了年龄，可无息退还多交部分保险费，或按已交保险费调整保险金额。二是保险事故发生时调整。如果被保险人在合同有效期内死亡，或者生存到有效期满，保险人给付保险金时发现误报了年龄，保险金额应自动按照真实的年龄调整，即根据实际已交的保险费按真实年龄进行推算，得出调整后的保险金额并据此给付保险金。如果发现投保时被保险人的真实年龄已经超过最高承保年龄，合同无效，由保险人无息退还保险费。

对此，我国《保险法》第 32 条也做了相关规定："投保人申报的被保险人年龄不真实，并且其真实年龄不符合合同约定的年龄限制的，保险人可以解除合同，并在扣除手续费后，向投保人退还保险费，但是自合同成立之日起逾2 年的除外。投保人申报的被保险人年龄不真实，致使投保人支付的保险费少于应付保险费的，保险人有权更正并要求投保人补交保险费，或者在给付保险金时按照实付保险费与应付保险费的比例支付。投保人申报的被保险人年龄不真实，致使投保人支付的保险费多于应付保险费的，保险人应当将多收的保险费退还投保人。"

三、宽限期条款

（一）含义

宽限期条款指在合同约定分期缴付保险费的情况下，当投保人缴付首期保险费后，保险人和投保人在保险合同中约定或者依照法律规定，允许投保人向保险人缓交保险费并且保持合同效力的期限。该条款的设定目的是不使保险合同轻易失效，既对投保人公平，也利于保险人的保单继续率，巩固已有业务。依照宽限期条款，宽限期内，未交纳保险费但合同依然有效，发生保险事故后保险人应承担赔偿责任，并从给付金额中扣除相应欠交的保险费。超过宽限期仍不交纳保险费的，将导致合同中止或失效。

（二）处理

合同中约定宽限期的遵约定；没有约定的，依法定。根据《保险法》第36条第1款规定，合同约定分期支付保险费，投保人支付首期保险费后，除合同另有约定外，投保人自保险人催告之日起超过30日或超过约定期限60日未支付当期保险费的，合同效力中止，或由保险人按照合同约定条件减少保险金额。需注意的是，合同约定的宽限期可以比法定期限长，但原则上不得少于法定宽限期。

四、中止条款

（一）含义

中止条款指保险合同效力的暂时停止。人身保险合同中投保人交付首期保险费后，在宽限期届满仍未续交已到期保险费的，合同效力即告中止。

（二）处理

根据《保险法》第37条第1款的规定，合同效力依照第36条规定中止的，经保险人与投保人协商并达成协议，在投保人补交保险费后，合同效力恢复；但是，自合同效力中止之日起满2年双方未达成协议的，保险人有权解除合同。保险合同效力一旦中止，在中止期间发生保险事故，保险人不负保险责任。

五、复效条款

（一）含义

复效条款指投保人在规定期限内履行了合同义务，保险人同意使保险合同恢复法律效力的合同约定。

人身保险的复效条款与宽限期条款、中止条款紧密相连。因不能如期交付保险费导致合同中止或失效后，既可重新投保，也可在一定条件下恢复原保险合同的效力。复效仅指当保险合同中止后投保人有权申请重新恢复其效力，通常在符合一定条件时，补交保险费后恢复效力，原来保险合同的权利和义务不变。与重新投保相比，对投保人而言，恢复原保险合同效力更为有利：一是重新投保时，年龄的增加使得投保条件发生变化，费率也会相应增加；二是重新投保时，原有保单提供的保障内容或收益率可能已经不复存在。

（二）法定条件

我国《保险法》第37条规定："合同效力依照本法第36条规定中止的，经保险人与投保人协商并达成协议，在投保人补交保险费后，合同效力恢复。但是，自合同效力中止之日起满2年双方未达成协议的，保险人有权解除合同。保险人依照前款规定解除合同的，应当按照合同约定退还保险单的现金价值。"由此可以认定，保险合同的复效需具备以下条件。

1. 投保人应在合同中止之日起两年内提出复效申请

保险合同效力中止后，投保人不提出复效申请，合同效力不能自行恢复。投保人申请恢复合同效力的，应在法定期限内，即合同中止后2年内正式提出复效申请。逾期投保人没有要求复效的，保险人可行使合同解除权，终止合同效力，并按约定退还保险单的现金价值。

2. 保险人与投保人协商并达成协议

对于投保人提出的复效申请，保险人有权做出选择，并无必须接受的义务。保单失效期间，被保险人的条件，如健康状况、生活环境、职业等都可能发生变化，因此，为防范复效中可能出现的逆选择，保险人可要求被保险人提供体检单或其他可保证明，并根据实际情况对必要内容进行变更。对失效时间较短的保单，一般只要求被保险人填写健康声明书，说明身体健康状态在保单失效后没有发生实质性变化即可。实务中，被保险人符合投保条件的，保险人没有理由拒绝。《司法解释（三）》第 8 条第 1 款、第 2 款也进一步明确："保险合同效力依照保险法第 36 条规定中止，投保人提出恢复效力申请并同意补交保险费的，除被保险人的危险程度在中止期间显著增加外，保险人拒绝恢复效力的，法院不予支持。保险人在收到恢复效力申请后，30 日内未明确拒绝的，应认定为同意恢复效力。"

3. 投保人补交欠交的保险费及利息

投保人提出复效后，还需要一次性补交保单失效期间的全部保费及利益。如果协议有加费约定，投保人还须同时缴付该加费。《司法解释（三）》第 8 条第 3 款规定："保险合同自投保人补交保险费之日恢复效力。保险人要求投保人补交相应利息的，法院应予支持。"

（三）处理

中止的保险合同具备复效条件后，其效力即可恢复，复效日期以投保人交清所欠保险费及其他费用后的翌日上午零时起算。复效后的保险合同，是复效前合同的继续，中止期间计入保险期间并视为未间断。对复效后发生的保险事故，保险人应依照合同成立时的约定承担保险责任。但为了防止投保人为骗取保险金而申请复效，有效减少逆向选择、控制道德风险，对合同中某些特殊条款的期间需重新计算。例如，自杀条款中的自杀期间，以及不可抗辩条款中抗辩期间的计算等，并非随保险合同的复效而继续计算，而是从复效之日起重新计算。①

六、现金价值条款

终身寿险和两全保险保单具有现金价值，这是投保人能够进行保单贷款和行使不丧失价值选择权的前提。

（一）含义

现金价值指带有储蓄性的人身保险单所具有的价值，主要来自均衡保费制下投保人早期超缴的保险费、积累所生的利息，以及生存者利益，即保险期内被保险人死亡，但其所享有的保险费及利息由其生存的受益人享受。

保险人收取保险费后，部分用于支付当期费用，部分积存为责任准备金，

---

① 朱铭来. 保险法学 ［M］. 天津：南开大学出版社，2006：234.

构成现金价值。所以，责任准备金实质上是投保人的储蓄，退保时应返还。保险经营中存在必要的费用支出，并以逐年收取附加保险费的方法在缴费期间内摊销，由于可以随时退保，退保时已缴纳的摊销的附加费用并不能弥补实际支出费用，因此，退保时只返还责任准备金扣减特定费用支出后的余额，即现金价值。经营中，保险人需付代理人高额佣金，并在缴费前两年内摊销更多，使责任准备金扣减解约费用后的余额可能为0，即没有现金价值。只有当保险费已付足2年以上者，才会有现金价值。保险人无权将现金价值占为己有，投保人可在保险事故发生前利用，即使不愿续保而导致合同失效，也不能剥夺其应享有的现金价值。

（二） 现金价值的退还

1. 因被保险人死亡而退还现金价值

《保险法》第43条规定："投保人故意造成被保险人死亡、伤残或者疾病的，保险人不承担给付保险金的责任。投保人已交足2年以上保险费的，保险人应当按照合同约定向其他权利人退还保险单的现金价值。"

第44条规定："以被保险人死亡为给付保险金条件的合同，自合同成立或者合同效力恢复之日起2年内，被保险人自杀的，保险人不承担给付保险金的责任，但被保险人自杀时为无民事行为能力人的除外。依照前款规定不承担给付保险金责任的，应当按照合同约定退还保险单的现金价值。"

第45条规定："因被保险人故意犯罪或者抗拒依法采取的刑事强制措施导致其伤残或者死亡的，保险人不承担给付保险金的责任。投保人已交足2年以上保险费的，保险人应当按照合同约定退还保险单的现金价值。"

2. 因投保人解约而退还现金价值

《保险法》第47条规定："投保人解除合同的，保险人应当自收到解除合同通知之日起30日内，按照合同约定退还保险单的现金价值。"

3. 因保险人解约而退还现金价值

《保险法》第37条规定："合同效力依照本法第36条规定中止的，经保险人与投保人协商并达成协议，在投保人补交保险费后，合同效力恢复。但是，自合同效力中止之日起满2年双方未达成协议的，保险人有权解除合同。保险人依照前款规定解除合同的，应当按照合同约定退还保险单的现金价值。"

（三） 不丧失价值条款与现金价值的处理

从来源上可知，现金价值属于投保人，并且保单的现金价值不会因保险合同效力的变化而丧失。从此意义上讲，现金价值又叫不丧失价值或不丧失的赔偿权。

不丧失价值条款指寿险保单所具有的现金价值，不得因投保人退保或者保单失效而丧失，也称为不没收价值条款。保险人通常将现金价值列在保险单上，当投保人没有能力或不愿继续交纳保险费时，有权自行选择处理方式。根据不丧失价值条款，投保人有权在合同有效期内选择有利自己的方式处置保单现金价值。

一是退保并领取现金价值，即保险人把保险单下积存的责任准备金扣除退保手续费后，作为退保金，以现金形式返还给投保人。投保人领取的现金价值，应为减去未偿还的保单贷款及其利息后的净值。例如《保险法》第 47 条的规定。

二是抵交保险费。保险合同具有现金价值后，若投保人停交保险费，可将现金价值作为保险费交纳，仍享有保险保障。须合同中有该类条款时才可选择，包括减额缴清保险、展期定期保险和垫缴续期保费三种形式。减额缴清保险即被保险人不能继续交费时，可将保单现金价值作为趸交保险费，向保险人申请投保同类保险，期限及种类与原保单相同，保险人只对保险金做调整，减少给付数额。展期定期保险指"保险公司将保单净现金价值全部用于购买与原保单具有相同保额的定期保险，保险期长度为净现金价值所能购买的最长期限"。[①] 与原合同相比，该保险的责任、期限会变，但保险金额不变，投保人无须再交保费。垫缴续期保费是投保人事先声明宽限到期、仍未缴纳保险费时，利用保单现金价值作自动垫交应缴的保险费，以防止非故意的合同停效。垫交部分投保人要在一定期限内偿还并补交利息。垫交期间合同有效，不够垫交也未补交时，合同效力中止。

（四）　现金价值与保单贷款条款

人身保险单在缴费满一定期限产生现金价值后，可通过质押形式缓解投保人资金紧张，只能退保领取现金价值这一难题。

保单贷款条款指投保人或被保险人在急需资金而又不愿意终止寿险合同的情形下，可在其保险单具有的现金价值内，以保险单向保险人质押贷款。实质上是投保人以保单现金价值作为担保的贷款，具有可转让性、可实现变价性。

---

① ［美］哈瑞特·E. 琼斯，丹尼·L. 朗. 保险原理：人寿、健康和年金（第二版）［M］. 北京：中国财政经济出版社，2004：133.

保单质押贷款应具备下列条件：一是保单上必须存有一定的现金价值，投保人才能申请贷款；二是贷款的数目及利息不得超过保单的现金价值，并应承担借款利息；三是贷款期间保险合同的效力继续存在。

实务中，保单贷款需注意以下问题。一是审慎性。保单质押会影响受益人权益、削弱保险的保障作用；同时，保险人作为贷款人时，会影响资金运作，追偿借款人债务履行的程序烦琐，所以接收保单质押时需慎重。二是时间性。人身保险合同订立的前两年内现金价值极低，不能申请质押贷款。三是限额性。贷款额度及利息以保单现金价值为限，按约定计息。实际中的贷款额度一般不会超过保单现金价值的一定比例。四是限制性。以死亡为给付保险金条件的合同所签发的保险单，未经被保险人书面同意，不得转让或者质押。

七、自杀条款

（一）含义

自杀条款指当事人在人寿保险合同中约定的，在保险单生效后的一定期间内被保险人自杀的，保险人依合同约定承担给付保险金责任的条款。

法律上所讲的被保险人自杀指故意用某些手段终结自己生命的行为。因此，构成自杀需具有两个必要条件。一是主观上有终结自己生命的故意，即被保险人在认识且能了解自杀行为的意义及效果的情形下，仍自愿且自主地以作为或者不作为的方式，促使死亡结果发生。凡属于无意思能力的人，如心神丧失或者精神耗弱的人，或者受到第三人以暴力、胁迫或其他强制方法而引发的自杀，均不属于保险法领域的自杀。二是客观上实施了足以使自己死亡的行为。保险业务中往往就将有关自杀问题的条款称为自杀条款，特指"故意自杀"。

（二）法律适用

实务中，既要防止发生道德危险，保护保险人利益；又要保护被保险人家属或受益人利益。所以，会设立保险人的自杀免责事由。自杀条款立法的核心在于"自杀免责期间"的设置。该期间的设置，不仅为了技术层面上实现举证责任转换的目的，更重要的是在制度规范层面，透过时空隔距，稀释保险制度诱发自杀的可能性，切断"被保险人行为"与"诈取保险金图利受益人"二者间的关联。通常，如果被保险人签订寿险合同的目的是实施自杀计划，那么在一定期间内没有实施，以后自杀的可能性则相当微弱。至于立法上自杀免责期间多长为宜，取决于当地社会风俗、宗教习惯、经济发展水平等因素综合考量后所作的具体判断。多数国家地区采用美国立法体例，将自杀免责期间设置为 1~2 年。[①]

我国《保险法》第 44 条规定："以被保险人死亡为给付保险金条件的合同，自合同成立或者合同效力恢复之日起 2 年内，被保险人自杀的，保险人不承担给付保险金的责任，但被保险人自杀时为无民事行为能力人的除外。保险人依照前款规定不承担给付保险金责任的，应当按照合同约定退还保险单的现金价值。"《司法解释（三）》第 21 条规定："保险人以被保险人自杀为由拒绝给付保险金的，由保险人承担举证责任。受益人或者被保险人的继承人以被保险人自杀时无民事行为能力为由抗辩的，由其承担举证责任。"

八、受益人条款

我国保险法对受益人没有规定资格限制条件。受益人可以是投保人、被保险人或其他人，自然人、法人皆可，也不强调有完全行为能力。涉及受益人及受益权的条款，主要有以下内容。

（一）受益权的取得

1. 因指定而取得

受益人可由被保险人或投保人指定，即受益权可指定取得。根据《保险法》第 39 条、第 40 条的规定，人身保险的受益人由被保险人或投保人指定，投保人指定时须经被保险人同意。投保人为与其有劳动关系的劳动者投保人身保险，不得指定被保险人及其近亲属以外的人为受益人。被保险人为无民事行为能力人或限制民事行为能力人的，可由其监护人指定。

2. 因转让而取得

受益权是一种期待权，只有发生保险事故，才能转化为现实的既得权利，也只有在保险事故发生后受益权方可转让，但另有约定的除外。此时，受益权是一种债权，基于保险合同特殊性，转让时需通知保险人，并办理书面协议、公证等手续。《司法解释（三）》第 13 条规定："保险事故发生后，受益人将与本次保险事故相对应的全部或部分保险金请求权转让给第三人，当事人主张该转让行为有效的，法院应予支持，但根据合同性质、当事人约定或法律规定

---

① 樊启荣. 保险法诸问题与新展望 [M]. 北京：北京大学出版社，2015：387 – 388.

不得转让的除外。"

（二） 受益人的变更

投保人或被保险人指定受益人后，仍有权变更，受益人不能反对。该变更权须在保险事故发生前行使，并通知保险人；未通知的不得对抗保险人。被保险人有权独立变更受益人，但投保人变更时须经被保险人同意。

需注意的是，投保人、被保险人变更受益人的行为属于单方法律行为，只要做出变更的意思表示，变更行为即完成，是否通知保险人不影响行为效力。为保护保险人的信赖利益，防止保险人因不知道变更而将保险金支付给原受益人，投保人与被保险人变更受益人后应通知保险人，否则对保险人不产生效力。《司法解释（三）》第 10 条规定："投保人或被保险人变更受益人，当事人主张变更行为自变更意思表示发出时生效的，法院应予支持。投保人或被保险人变更受益人未通知保险人，保险人主张变更对其不发生效力的，法院应予支持。投保人变更受益人未经被保险人同意，法院应认定变更行为无效。"

（三） 受益权的消灭

1. 因变更受益人而消灭

受益人被变更后，原受益权即被消灭。

2. 因受益人的放弃行为而消灭

受益人可以自主放弃受益权，拒绝接受保险金，这是其权利的体现。只要在保险金给付前，受益人皆可行使其放弃权，从而消灭自己的受益权。

3. 因受益人违法行为而丧失

为减少受益人为获取保险金而实施不法行为，降低道德风险，各国都对受益人违法犯罪行为领取保险金的效果予以否定，拒绝受益人享有受益权。我国《保险法》第 43 条第 2 款规定："受益人故意造成被保险人死亡、伤残、疾病的，或故意杀害被保险人未遂的，该受益人丧失受益权。"需注意的是，某个受益人受益权的丧失并不意味着可以免除保险人给付保险金的责任。

4. 因受益人先于被保险人死亡而消灭

受益权的行使必须以保险事故发生时，受益人尚且生存为前提。如果受益人先于被保险人死亡，除另有约定外，其受益权因此而丧失，保险金请求权仍归被保险人，被保险人可指定新的受益人。根据《保险法》第 42 条第 1 款的规定，被保险人死亡后，有下列情形之一的，保险金作为被保险人的遗产，由保险人依照《继承法》的规定履行给付保险金的义务：没有指定受益人，或受益人指定不明无法确定的；受益人先于被保险人死亡，没有其他受益人的；受益人依法丧失或放弃受益权，没有其他受益人的。所以，受益权不能作为受益人遗产而被继承。

当受益人和被保险人在同一意外事故中丧生，无法证明死亡先后次序时，根据《保险法》第 42 条第 2 款的规定，推定受益人死亡在先。《司法解释（三）》第 15 条补充规定："受益人与被保险人存在继承关系，在同一事件中死亡且不能确定死亡先后顺序的，法院应根据保险法第 42 条第 2 款的规定推定受益人死亡在先，并按照保险法及本解释的相关规定确定保险金归属。"

当投保人或被保险人指定数人为受益人，部分受益人在保险事故发生前死亡、放弃受益权或依法丧失受益权的，该受益人应得的受益份额按合同约定处理；没有约定或约定不明的，该受益人应得的受益份额按照以下情形处理：（1）未约定受益顺序及受益份额的，由其他受益人平均享有；（2）未约定受益顺序但约定受益份额的，由其他受益人按照相应比例享有；（3）约定受益顺序但未约定受益份额的，由同顺序的其他受益人平均享有；同一顺序没有其他受益人的，由后一顺序的受益人平均享有；（4）约定受益顺序及受益份额的，由同顺序的其他受益人按相应比例享有，同一顺序没有其他受益人的，由后一顺序的受益人按相应比例享有。[①]

九、保单转让条款

人身保险保单具有现金价值，并且其价值逐年递增，可与其他有价凭证一样转让或用作借款质押。无论是绝对转让，还是质押转让，都不得侵犯被保险人和受益人的权利。其中，以死亡为给付保险金条件的保险单，转让时需经被保险人书面同意。保单转让时，保单所有人应书面通知保险人批单后生效。

十、保险金给付任选条款

为充分尊重保险合同中被保险人意愿，保障受益人权益，保单条款中通常列有保险金给付的选择方式，供投保人自由选择。保险人则在保险事故发生时

---

① 最高人民法院《关于适用〈中华人民共和国保险法〉若干问题的解释（三）》第 12 条。

按约定方式向受益人支付。

最普遍使用的保险金给付方式有以下类型。一是一次性给付现金方式，即在保单期满时，要求保险人以现金形式一次性给付。二是利息收入方式，即受益人将保险金作为本金留存在保险公司，以约定的利率定期领取；受益人死亡后可由其继承人领取保险金的全部本息。三是定期收入方式，即将保险金保留在保险公司，由受益人选择一个特定期间领完本金及利息；在约定的年限内，保险公司以年金方式按期给付。四是定额收入方式，即根据受益人的需要确定每次领取的金额；强调按期领取该金额，直到本金全部领完，特点是给付金额固定。五是终身收入方式，即受益人用领取的保险金投保一份终身年金保险，以后受益人按期领取年金，直至死亡；相较于前四种，特点是与受益人的年龄、性别等生命因素有关。

十一、红利任选条款

红利任选条款指被保险人投保分红保险时，可享受保险公司的红利分配权利。分红保单的红利来自利差益、费差益和死差益。利差益是实际利率大于预定利率的差额；费差益是实际费用率小于预定费用率的差额；死差益是实际死亡率小于预定死亡率而产生的收益。领取红利时，可选用领取现款、冲抵保费、存储生息、缴清增值保险等方式。冲抵保费是红利可用于抵缴到期的应缴保费，红利金额不足时，再补缴其余部分；红利金额多余时，可选用领取现款或存储生息。存储生息是将红利留存在保险公司，以复利计息。缴清增值保险是根据被保险人当时的年龄，将红利作为趸交保险费，购买非分红缴清保险。

十二、战争除外条款

战争除外条款指在人身保险合同有效期间内，如果被保险人因战争或军事行动死亡或残废，保险人不承担给付保险金的责任的条款。战争伤害极大，极易造成大规模的人员伤亡，死亡率、损失程度较高且难以预料。制定正常的人寿保险费率时，不可能将战争所致死亡的因素计算在内，因此，通常把战争死亡列为寿险合同的除外责任。具体有两种标准：一是身份标准，即把被保险人在以军人身份服兵役期间的死亡和残废都列为除外责任；二是结果标准，即仅因战争造成的死亡，才能作为除外责任。我国实务中按照结果标准判断，强调战争与被保险人死亡之间存在直接的因果关系，才能除外。

本章案例

父子同自杀，为啥赔付不一样①

（一）　基本案情

1999 年 11 月，李某为自己投保了一份保险金额 20 万元的意外伤害保险，之后又为上幼儿园的儿子李勇向投保了少儿终身平安保险，保险金额 5 万元。2000 年 12 月 24 日晚 9 时左右，李勇在其父携带下从所住楼顶跳下，父子俩当场死亡。后经公安机关调查取证，认定死于自杀。事后，李某母亲魏某持李某的意外伤害保险单和少儿终身平安保险单向保险公司索赔，请求给付二人的保险金。保险公司根据合同中自杀条款的规定，做出拒赔决定。魏某不服，申请仲裁。

（二）　案件审理

仲裁委员会受理后，认为李某行为构成保险法意义上的自杀，而李勇是无民事行为能力人且受其父亲携带，虽死亡，但不构成保险法上的自杀，裁定保险公司对李某的自杀不承担保险责任，但对李勇的死亡应向魏某支付 5 万元保险金。

（三）　案件评析

本案涉及的问题是如何理解和适用人身保险合同中的自杀条款。为避免蓄意自杀者企图通过保险为家属图谋保险金，损害保险人权益，人身保险合同一般都约定自杀为除外责任。然而，被保险人自杀是否当然属于除外责任存有争议，如果自杀也能获得保险金，会鼓励意图自杀者提前投保巨额保险，诱发道德危险；但若对非图谋保险金而发生的自杀一概不给予保险金，也会影响其遗属的正常生活，与人身保险目的相悖。因此，大多数国家对自杀都作了时间限制，只有在保险合同生效后若干年内发生的自杀行为，才作为除外责任，超过该期限后的自杀，保险人仍应给付保险金。我国《保险法》第 44 条规定，以死亡为给付保险金条件的合同，自合同成立或效力恢复之日起满 2 年后，被保险人自杀的，保险人应承担给付保险金的责任；但被保险人自杀时为无民事行为能力人的不受此限制。

---

① 李玉泉．保险法学——理论与实务［M］．北京：高等教育出版社，2007：370－373．

自杀可从广义和狭义两个角度理解。广义自杀指自己结束自己生命的行为，包括非故意自杀及故意自杀。非故意自杀是在精神失常、神志不清状态下的行为，被保险人通常是无民事行为或限制民事行为能力人，对其自杀可能造成的后果没有认识。故意自杀是有意图的自杀，主观上明知死亡的危害结果，而故意实施结束自己生命的行为，并对行为后果有足够认识；客观上实施了足以导致自己死亡的行为，并发生了死亡后果。如前所述，设立自杀免责条款的一个重要目的是防止道德风险，遏止被保险人通过保险图谋保险金而蓄意自杀。因此，保险法上的自杀应作狭义理解，即免责条款限于故意自杀。本案中，李勇死亡时为无民事行为能力人，其智力程度尚不足以辨别自己行为造成的后果，且被父亲携带，可能也非自愿，故不属于故意自杀，不是自杀免责条款所指"自杀"，应属于保险事故，保险公司应给付保险金。而李某的行为显然构成故意自杀，且自保险合同成立之日起未满2年，故保险公司不承担保险责任。

本章要点

本章主要讨论人身保险合同的基本规定，包括概述与人身保险合同的常见条款；要求熟悉人身保险合同的基本规定与理论知识，重点掌握常见条款的规定及运用。

第九章

财产保险合同

第一节　财产保险合同概述

一、财产保险合同的概念

财产保险合同指以财产及其有关利益为保险标的的保险合同，即投保人根据约定向保险人交纳保险费，在保险事故发生造成所保财产及其有关利益损失时，保险人在保险责任范围内承担赔偿责任的协议。财产保险合同的标的是财产及其有关利益，"财产"指包括一切动产和不动产的有形财产；"有关利益"指基于财产和权利而产生的现有利益，基于权益和现有利益而产生的预期利益，以及基于责任而产生的消极利益，这些有关利益实质上是无形财产。

二、财产保险合同的特点

与人身保险合同相比，财产保险合同具有如下特征。

（一）　以财产及其有关利益为保险标的

这是财产保险合同区别于人身保险合同的基础。财产及其有关利益的价值可以根据生产成本、市场价格、重置价值等来确定、量化，遭遇危险事故时可以来估算其损失责任。人身保险合同的标的是被保险人的生命和身体，价值无法估量，所受损失也不能用金钱量化。这就决定了财产保险合同可适用损失补偿原则。

（二） 是补偿性保险合同

财产保险合同的直接目的是通过赔偿保险标的的损失来补偿被保险人，属于补偿性保险合同，须严格适用损害填补原则。首先，无损失即无保险，只有当保险标的遭遇保险合同约定的危险，使被保险人遭受实际损失时，保险人才承担经济补偿责任。这也使财产保险合同强调保险事故发生时，被保险人需对保险标的具有保险利益。其次，补偿要在保险金额的限度内，以评定实际损失为基础来确定赔偿数额。最后，补偿方法主要是支付货币。以货币衡量财产价值相对公平，其损失状况也可以用价值计算予以补偿，因此，财产保险中，危险事故所致损失必须在经济上能够计算价值，否则保险的补偿难以实现。

（三） 保险期限相对较短

财产保险合同一般都是短期的，通常以一年为限，也可以以某个事件的存续期间为标准，如施工期、航程。财产保险合同到期后，经双方协商一致可以续保。

（四） 保险金额受保险价值的约束

保险金额是合同双方确定的最高赔偿金额，也是计算保险费的依据，可根据保险标的价值、标的可能发生的损失范围确定，也可由双方自行约定。保险价值指标的实际价值，即投保人对标的享有的保险利益用货币估定的价值额。

由于生命、身体无法用金钱衡量价值，因此，法律并不对人身保险合同中保险人的给付责任进行限制，仅强调受限于约定的保险金额。财产保险合同受损失补偿原则的影响，被保险人不能因保险事故额外获益，若保险金额超过标的价值，被保险人就可能从保险人处获得超过实际损失的赔偿，从而额外受益。为防止此情形，各国法律均禁止财产保险合同的保险金额超过标的价值。我国《保险法》第55条规定，投保人和保险人约定保险标的的保险价值并在合同中载明的，发生损失时，以约定的保险价值为赔偿计算标准；未约定保险价值发生损失时，以保险事故发生时保险标的的实际价值为赔偿计算标准。保险金额不得超过保险价值，超过部分无效，保险人应退还相应的保险费。保险金额低于保险价值的，除合同另有约定外，保险人按照保险金额与保险价值的比例承担赔偿。

保险价值与保险金额均与保险标的有关，皆用货币表示，多数情况下金额也一致，但也存在区别。一是保险价值是保险标的本身的价值，是发生事故时确定实际损失的基础；保险金额是事故发生后保险人赔付的最高限额。二是保险价值与保险金额的大小关系呈现为三种，即保险金额等于、超过或少于保险价值。三是保险金额是所有保险合同均须约定并载明的内容，但保险价值是以有形财产为标的的财产保险合同才能约定和载明的。四是保险价值可以在订立合同时约定，也可以在事故发生后确定；保险金额必须在订立保险合同时确定。

（五）　可能存在重复保险

身体、生命的无价性决定了人身保险合同不存在超额与否的说法。但财产保险合同的损失补偿原则决定着投保人不能从中额外获益，因此，保险金额必须以保险价值为限，超过部分无效。实务中，投保人为获得充分保障，可能对同一保险标的、同一保险利益、同一保险事故分别向两个以上的保险人订立保险合同，从而构成重复保险。当重复保险的保险金额总和超过保险价值时，亦被视为无效，即各保险人的赔偿金额总和不得超过保险价值。

（六）　保险人可能享有代位追偿权

人身保险合同因不适用损失补偿原则，被保险人的死亡、伤残或疾病由第三人造成时，即使保险人给付保险金，被保险人仍有权向第三人索赔。但财产保险合同中，若被保险人的损失因第三人造成，被保险人获得保险金后，仍向第三人请求赔偿，则会获得超过其保险标的价值的利益，违背损害填补原则。所以，财产保险合同中普遍规定并适用代位追偿权，保险人可在保险赔偿范围内依法或依约取得代位求偿权。被保险人对因第三人造成的财产损失，或者向负有法律责任的第三人追偿，或者从保险人处得到保险赔偿，不能二者兼得。

三、财产保险合同的分类

财产保险发展初期，主要以风险发生的范围来进行分类，随着风险事故种类的增多，又出现了按照保险标的类型的划分。我国《保险法》第95条规定财产保险业务包括财产损失保险、责任保险、信用保险、保证保险等，是以保险标的为标准划分的。大体上，财产保险合同可做如下分类。

（一）　按照合同标的分类

1. 财产损失保险合同

通常，财产保险有广义、狭义之分。狭义财产保险即财产损失险，仅限于有形财产，包括动产与不动产，但不包括农作物、牲畜。广义财产保险还包括与物质财产有关的利益，即无形财产。财产损失保险合同指以各种有形财产及其相关利益为保险标的的财产保险合同。根据保障标的的不同，分为企业财产保险合同、家庭财产保险合同、机动车辆保险合同、货物运输保险合同。

财产损失保险合同的赔偿范围包括保险标的的实际损失和施救费用。其中，施救费用包括：为抢救财产或防止灾害蔓延而采取必要措施造成的保险标的的损失；为施救、保护、整理保险标的所支出的合理费用；为查明和确定保险事故的性质、原因和标的损失程度所支付的必要、合理的费用。

2. 责任保险合同

责任保险属于广义财产保险，以被保险人对第三人依法应承担的民事损害赔偿责任为保险标的的合同即责任保险合同，含公众责任保险合同、产品责任保险合同、雇主责任保险合同、职业责任保险合同、机动车第三者责任保险合同等。

3. 信用保险合同

信用保险合同是以债务人的信用作为保险标的，在债务人未能如约履行债务清偿义务而使债权人受损时，由保险人向债权人提供风险保障的一种保险。主要形式有国内商业信用保险合同、出口信用保险合同，投资信用保险合同。

4. 保证保险合同

保证保险合同指保险人作为保证人向权利人提供担保，当被保证人的作为或不作为致使权利人遭受经济损失时，由保险人负责赔偿权利人损失的保险合同。主要形式有诚实保证保险合同和确实保证保险合同。

（二）其余分类

以投保人订立合同的意愿为标准，可分为自愿财产保险合同和强制财产保险合同。自愿财产保险合同由双方当事人自愿订立，绝大多数财产保险合同都属于此类型，投保人可自主选择保险公司，协商约定保险标的、责任、期限、金额、费率等内容。任何一方不得强加自己的意志给对方，任何单位和个人也不得非法干预保险买卖行为。强制财产保险合同是根据国家法律、法规规定必须参加的保险而订立的合同。针对危险范围较广、影响公共利益较大、与人民群众生活密切相关的保险标的，国家通常会通过法定形式强行要求购买，并做特殊安排。如机动车交通事故责任强制保险（"交强险"），由商业保险公司经营，但与其他保险业务分开管理、单独核算，费率制定原则是不盈利、不亏损。

以保险价值是否在财产保险合同中约定，可分为定值保险合同和不定值保险合同。以保险金额与保险价值的关系为标准，可分为足额保险合同、不足额保险合同和超额保险合同。详见第三章第二节的内容。

第二节　保险代位权

一、概述

（一）含义

保险代位权指在财产保险合同中，保险标的发生保险事故造成推定全损，或者保险标的由于第三者责任导致损失，保险人履行赔偿责任后，依法取得对保险标的所有权或对保险标的损失负有责任的第三者的追偿权。保险代位是保险法中的一项特色制度，是损害填补原则在财产保险合同中的体现，旨在协调保险人、被保险人与应负责任之第三人的"三方关系"，防止被保险人不当得利，避免加害人不当免责，鼓励保险人及时理赔，从而维护社会公共利益。

保险代位权不同于债权让与。债权让与要求债权人做出出让债权的意思表示，并以"通知"为生效标志。保险代位权是保险人在赔偿后依法、当然获得的权利，既不需要被保险人做出出让债权的意思表示，也不需要经被保险人通知第三者而生效。因此，保险代位权是保险人依法获得的权利，不是被保险人让与的。

保险代位权也不同于合同法上的债权人代位。《民法典》规定的债权人代位以债务人怠于行权为必要条件，[①] 而保险代位不需要满足"被保险人怠于行使权利"的条件。被保险人可以在保险金请求权与损害赔偿请求权之间自由选择，不存在怠于向第三者主张权利之说。此外，在保险人赔付被保险人的情形下，被保险人的债权据此被消灭或部分消灭，其不能就已经获得保险赔偿的部分再向第三者请求赔偿，权利既然已经被消灭，自然无位可代。[②]

---

① 《民法典》第535条："因债务人怠于行使其债权或者与该债权有关的从权利，影响债权人的到期债权实现的，债权人可以向人民法院请求以自己的名义代位行使债务人对相对人的权利，但是该权利专属于债务人自身的除外。代位权的行使范围以债权人的到期债权为限。债权人行使代位权的必要费用，由债务人负担。"

② 刘建勋. 保险法典型案例与审判思路［M］. 北京：法律出版社，2012：115.

（二） 类型

根据标的的不同，保险代位权分为权利代位和物上代位。

权利代位即代位求偿权，指保险人赔偿被保险人损失后，在赔偿金额范围内代位取得对保险事故发生或保险标的损失负有责任的第三者请求赔偿的权利。

物上代位权指保险标的发生损失，保险人赔偿被保险人后取得该保险标的的全部权利。

（三） 取得方式

保险代位权的取得须以保险人履行赔付义务为前提，但此前提的成就并不必然导致保险代位权的取得。世界各国的做法主要有两种：一是自动代位主义，即保险代位权的取得以理赔为要件，只要保险人向被保险人履行了赔付义务，就自动取得；二是请求代位主义，即保险人向被保险人赔付后，还须由被保险人将其享有的损害赔偿请求权或保险标的物残值权利让与保险人，保险人才能取得。

我国采用的是自动代位主义，只要保险人支付了保险赔偿金，就自然取得向第三人请求赔偿的权利，无须被保险人同意。实务中，保险人赔付同时会要求被保险人签署"权益转让书"，对确认被保险人获得保险赔付的时间、金额，以及保险人取得代位求偿权的时间和向第三人求偿所能获得的最高赔偿额有积极作用。《司法解释（四）》第10条进一步明确了保险人获得代位求偿权后的通知义务，"因第三者对保险标的的损害而造成保险事故，保险人获得代位请求赔偿权利的情况未通知第三者或者通知到达第三者前，第三者在被保险人已经从保险人处获赔的范围内又向被保险人做出赔偿，保险人主张代位行使被保险人对第三者请求赔偿权利的，法院不予支持。保险人就相应保险金主张被保险人返还的，法院应予支持。保险人获得代位请求赔偿权利的情况已经通知到第三者，第三者又向被保险人做出赔偿，保险人主张代位行使请求赔偿的权利，第三者以其已经向被保险人赔偿为由抗辩的，法院不予支持。"

二、代位求偿权的成立和行使

（一） 成立要件

保险代位求偿权是被保险人对第三人损害赔偿请求权的转移，实质上是一种债权转移。《保险法》第60条第1款规定："因第三者对保险标的的损害而造成保险事故的，保险人自向被保险人赔偿保险金之日起，在赔偿金额范围内代位行使被保险人对第三者请求赔偿的权利。"保险代位求偿权的产生需具备以下要件。

1. 损害事故发生的原因、 受损标的都属于保险责任范围

只有保险责任范围内的事故造成保险标的损失时，保险人才负责赔偿，否则，受害人只能向有关责任方索赔或自己承担损失，与保险人无关，也就不存在保险人代位求偿的问题。

2. 被保险人对第三人享有赔偿请求权

保险事故的发生及被保险人的损害必须由第三人造成，并且第三人作为加害方需依法承担民事损害赔偿责任，包括侵权责任，不当得利、所有物、占有物的返还请求权，连带责任的内部追偿权等。这样，被保险人才有权向保险人请求赔偿，也才能在取得保险赔款后将对第三人的赔偿请求权转移给保险人。因自然灾害或意外事故造成保险标的的损失，或者第三人依法需承担行政责任、刑事责任等，都不存在代位问题。如果投保人为第三人， 《司法解释（四）》第8条规定："投保人和被保险人为不同主体，因投保人对保险标的的损害而造成保险事故，保险人依法主张代位行使被保险人对投保人请求赔偿的权利的，法院应予支持，但法律另有规定或者保险合同另有约定的除外。"

3. 以保险人履行赔偿义务为前提

保险人之所以能够取代被保险人，对第三人享有损害赔偿请求权，是因为被保险人与保险人之间存在保险合约，建立了保险关系。被保险人遭受损害事故后，有权依照保险合同请求保险人及时赔付。保险人履行给付义务后，即取得向第三人求偿的权利。实务中，约定保险人在保险赔付之前取得代位求偿权的，从约定。

4. 保险人的代位追偿权益范围不得超过赔偿金额

设立保险代位求偿权，在于防止被保险人获得双重利益，避免道德风险，但同时需保护被保险人的利益，要求保险人只能以支付的赔偿金额为限代位追偿，不能获得超过赔偿金额的额外利益，从而损害被保险人利益。

（二） 行使规则

通常，保险人行使代位求偿权时，要注意代位求偿金额。根据法律规定，第三人造成保险标的损失，并依法已经赔偿了被保险人的全部损失后，尽管事

故属于保险责任范围，保险人仍可以不再支付保险赔偿金额，也不产生代位求偿权利。因法律、法规规定或限于第三人的赔偿能力，被保险人只能获得一部分损失赔偿时，保险人只需就扣减该部分赔偿后的余额予以保险赔偿。保险人的赔偿以保险合同为依据，以保险金额为最高赔偿限额。

此外，还需注意"被保险人优先原则"。在不足额保险或限额赔偿责任保险中，保险人的赔偿金额不能完全补偿被保险人所受损失，被保险人对第三人仍享有继续的赔偿请求权。此时，若第三人清偿能力不足，或依法所负赔偿额少于被保险人的损失，则被保险人的余额赔偿请求权与保险人的代位求偿权发生冲突。此情形下，许多国家明确规定应优先保护被保险人的受偿权，即于被保险人获得全部清偿前，保险人不得行使代位权。学理上称为"被保险人优先原则"。① 我国《保险法》目前尚无此相关规定，实践中多已落实。

（三）行使限制

保险代位求偿权的行使涉及保险人、被保险人、第三人的利益。为兼顾三方利益，确保被保险人求偿债权的实现，法律对代位求偿权的行使做了一些限制。

1. 对被保险人的限制

代位求偿权是被保险人债权的转移，因此，为了保护保险人的利益，法律规定了被保险人的配合义务，并限制其私自放弃求偿权。

《保险法》第61条规定："保险事故发生后，保险人未赔偿保险金之前，被保险人放弃对第三者请求赔偿权利的，保险人不承担赔偿保险金的责任。保险人向被保险人赔偿保险金后，被保险人未经保险人同意放弃对第三者请求赔偿权利的，该行为无效。被保险人故意或因重大过失致使保险人不能行使代位请求赔偿权的，保险人可以扣减或要求返还相应的保险金。"第63条规定："保险人向第三者行使代位请求赔偿权利时，被保险人应向保险人提供必要的文件和所知道的有关情况。"《司法解释（四）》第11条规定："被保险人因故意或重大过失未履行保险法第63条规定的义务，致使保险人未能行使或未能全部行使代位请求赔偿的权利，保险人主张在其损失范围内扣减或返还相应保险金的，法院应支持。"

2. 对保险人的限制

基于对被保险人利益的保障，法律将被保险人家庭成员或其组成成员的利

---

① 朱铭来. 保险法学 [M]. 天津：南开大学出版社，2006：161-162.

益也纳入保护范畴。这是因为这些人与被保险人具有一致利益，保险人对之实施代位请求权，等同于让被保险人自己赔偿，但为了防止道德风险，排除了故意行为。《保险法》第 62 条规定："除被保险人的家庭成员或者其组成人员故意造成本法第 60 条第 1 款规定的保险事故外，保险人不得对被保险人的家庭成员或者其组成人员行使代位请求赔偿的权利。"其中，"家庭成员""组成人员"亦作宽泛解释，以防止保险人行使追偿权直接或间接损害被保险人利益，使保险丧失意义。

三、物上代位权

物上代位权指保险标的因遭受保险事故而发生全损或推定全损，保险人在赔付被保险人赔偿金后，即拥有对该保险标的的物所有权的权利。实务中表现为保险人对损后残值的折抵、变卖及海上保险所实行的委付等。

通常，如果危险事故由第三人造成，或者保险标的在保险人足额偿付后尚有残余利益，则发生保险代位问题，被保险人不能再向第三人或就残余物主张权利，此项权利应转归保险人享有，从而避免被保险人获得双重利益。足额保险中，保险人按保险金额赔偿后，即取得对保险标的的全部所有权。不足额保险中，保险人只能按保险金额与保险价值的比例取得受损保险标的的部分权利。我国《保险法》第 59 条规定："保险事故发生后，保险人已支付了全部保险金额，并且保险金额等于保险价值的，受损保险标的的全部权利归于保险人；保险金额低于保险价值的，保险人按照保险金额与保险价值的比例取得受损保险标的的部分权利。"

第三节　重复保险

一、概述

（一）含义

《保险法》第 56 条第 4 款规定："重复保险是指投保人对同一保险标的、同一保险利益、同一保险事故分别与两个以上保险人订立保险合同，且保险金额总和超过保险价值的保险。"

（二）　与相关概念的区别

1. 重复保险不同于共同保险

共同保险是指由若干保险人就同一可保利益共同承担同一保险责任。当保险金额巨大，单个保险人无力承保时，可联合多家保险人协商一致后共同承保，相当于投保人与多家保险人同时订立标的、利益、责任等完全相同的保险合同。损害发生时，单个保险人按各自承保的保险金额比例分摊损失。被保险人可以向各保险人分别请求赔款，保险人之间彼此不负连带责任。作为保险人为分散风险而采取的一种举措，投保人与每个保险人之间有直接的法律关系，其构成要件包括：需就同一保险利益，针对同一危险；共保人的保险责任期限必须相同；共保人承保的责任范围必须相同。

重复保险与共同保险都存在多个保险人，但共同保险的保险金额不高于保险价值；重复保险的保险金额超出保险价值。

2. 重复保险不同于再保险

再保险中投保人与原保险人存在合同关系，与再保险人无合同关系，事故发生后，被保险人只能向原保险人请求赔偿，并不能向再保险人请求赔偿，所以再保险不存在重复保险性质。

3. 重复保险不同于保险竞合

保险竞合指在损失填补性质保险中，同一保险事故发生导致同一保险标的受损时，两个或两个以上的保险人对此均负保险赔偿责任的情形。保险竞合的发生原因主要有：同一投保人投保的不同种类保险，各保险人的承保责任存在重合；不同投保人投保的相同或不同种类的保险，各保险人保障的保险标的重合。[①]

通常，涵盖以上两种类型的称为广义保险竞合，重复保险属于广义保险竞合的一种。二者都是为了防止被保险人获得实际损失以外的赔偿，发生情形均是同一保险事故造成同一保险标的损失，两个以上保险人均须对此承担赔偿责任。

狭义保险竞合仅指基于不同投保人对同一保险标的具有的相似或不同的保险利益，与重复保险存在以下区别。一是投保人不同。重复保险须是同一投保人；狭义保险竞合的投保人不同。二是保障利益不同。重复保险保障的是同一

---

① 朱铭来. 保险法学［M］. 天津：南开大学出版社，2006：158.

被保险人的利益；构成狭义保险竞合时，各保险合同保障的是不同被保险人的利益。三是处理规定不同。各国法律通常对重复保险及其处理方式有明文规定；保险竞合及其法律后果一般无明文规定。我国亦如此。

（三）　法律效力

重复保险制度源自损失填补原则，是保险损失补偿原则的派生制度之一，主要是避免被保险人因保险合同获得不当利益。未超额投保的重复保险，不存在被保险人获取额外赔偿的可能，不属于规制对象。但多数国家对重复保险投保人主观的善意与恶意区分规制，普遍做法是肯定善意的效力，严惩恶意，并确认为无效。我国仅做出笼统规定，《保险法》第56条第2款和第3款规定："重复保险的各保险人赔偿保险金的总和不得超过保险价值。除合同另有约定外，各保险人按照其保险金额与保险金额总和的比例承担赔偿保险金的责任。""重复保险投保人可以就保险金额总和超过保险价值的部分，请求各保险人按比例返还保险费。"

二、重复保险的构成要件

根据《保险法》第56条的规定，重复保险的构成要件包括以下几个方面。

（1）同一保险标的、同一保险利益、同一保险事故。只有基于同一标的上相同的保险利益，并针对同一保险事故，方能构成重复保险。如果投保人将两个或两个以上的保险标的分别与若干保险人订立保险合同，或者就同一标的的不同保险利益订立数个不同的保险合同，皆不构成重复保险。同一保险事故则既强调不同保险合同约定范围的重合性，也要求实际发生的同一性。

（2）同一保险期间。只有不同保险合同的保险期间重叠时，才构成重复保险。重叠以"保险事故发生时"作为判断时点，强调保险合同生效期间的重叠，包括全部重叠与部分重叠两种情况。

（3）投保人与数个保险人分别订立数个保险合同。重复保险要求保险人必须为两个以上，保险合同也必须为两个以上。如果投保人与一个保险人订立了数个保险合同，仍为单保险。如果投保人与数个保险人共同订立了一个保险合同，则属于共同保险，而非重复保险。

（4）保险金额总和超过保险价值。只有保险金额总和超过保险价值，才有利用损失补偿原则调整的必要。避免被保险人因保险事故额外获益，这是重复保险规制的应有之义，也是我国保险法的法定原则。

三、重复保险的处理

（一） 投保人的通知义务

《保险法》第56条第1款规定："重复保险的投保人应当将重复保险的有关情况通知各保险人。"但并未规定投保人违反后的处理措施。是否借鉴国外立法，将故意不履行重复保险通知义务的定为无效，有待考量。

（二） 重复保险的损失分摊

为了防止被保险人获得超额赔款，常用的重复保险分摊规则有三种。一是比例责任制，即以各保险人所承担的保险金额比例来分摊损失赔偿责任。用公式表示：各保险人赔款 =（该保险人的保险金额 ÷ 所有保险人的保险金额之和）× 损失金额。二是限额责任制，即以各保险人在没有其他保险人的情况下，独自应负的最高赔款限额比例来分摊损失赔偿责任。用公式表示：各保险人赔款 =（该保险人的最高赔款限额 ÷ 所有保险人的最高赔偿限额之和）× 损失金额。三是顺序责任制，即依承保的先后顺序进行分摊，先承保的先赔偿，当赔偿不足时，由其他保险人依次承担不足的部分。根据《保险法》第56条第2款的规定，我国对重复保险的损失分摊处理优先尊重约定，没有约定时法定采用比例责任制。

（三） 保险费的返还请求权

当重复保险的损失被分摊后，投保人有权主张返还多余保险费。《保险法》第56条第3款规定："重复保险的投保人可以就保险金额总和超过保险价值的部分，请求各保险人按比例返还保险费。"

第四节　特殊财产保险合同的法经济学分析

一、特殊财产保险合同的类型

与有形财产保险相比，责任保险、信用保险和保证保险的标的都是无形财产，可划归为特殊财产保险。

（一） 责任保险合同

根据《保险法》第65条第4款的规定，责任保险指以被保险人对第三者依法应负的赔偿责任为保险标的的保险。责任保险不仅可以保障被保险人因履行损害赔偿责任而出现的损失，实现自身损害的填补，还可以保护被保险人损害行为的直接受害人获得及时赔偿，具有特殊的安定社会作用。

1. 责任保险合同的特征

与一般财产保险相比，责任保险合同具有四个特征。

（1）保险标的仅为法定民事损害赔偿责任。责任保险保障的"赔偿责任"特指被保险人因行为不当，给第三方造成人身、财产伤害时，由民事法律确定的经济赔偿责任。依法追究的刑事、行政责任中的经济处罚内容不包含在内。

（2）保险金额的限额性。相较于有形财产价值的确定，未来发生的民事损害事故频率、程度皆不确定，致使可能承担的民事损失赔偿责任事先无法估计。实际中，责任保险合同根据被保险人的缴费能力和可能面临的损失规模来确定赔偿限额，进而在合同中载明保险人所承担的赔偿责任最高限额来代替保险金额。一旦发生索赔，保险人即在事先规定的赔偿限额内赔偿，包括每次事故赔偿限额、每次事故每人赔偿限额、保险期间累计赔偿限额等。

（3）第三人利益特征明显。责任保险以被保险人对受害人承担的赔偿责任为标的，即第三人的损失赔偿请求权是其成立及存续的基础，否则，被保险人的损害赔偿责任无从发生，也无责任保险的适用。

（4）偿付的替代性。责任保险的第三人利益性，使其兼具保障性、替代性，即保险人替代被保险人向第三人赔偿。这种替代要求赔偿责任须可转移，一些人身性的赔偿责任，如监护责任、扶养责任等不可转移，也不能作为责任保险标的。

2. 责任保险合同的赔偿金额

被保险人承担的赔偿责任通常由法院根据责任大小及受害人的财产、人身损害程度来裁定。其中，财产损害赔偿金额，限于被保险人因过失行为造成第三人的财产直接损失，被保险人自己的财产损失排除在外。人身伤害赔偿额，以客观实际费用支出为主，如医疗费、丧葬费、收入损失等；主观性较强的精神损害赔偿为辅助。当责任保险的被保险人与第三者就被保险人的赔偿责任达成和解协议且经保险人认可，被保险人主张保险人在保险合同范围内依据和解协议承担保险责任的，法院应予支持。未经保险人认可，保险人主张对保险责任范围及赔偿数额重新核定的，法院应予支持。① 责任保险的保险人在被保险人向第三者赔偿之前向被保险人赔偿保险金，第三者依照保险法第 65 条第 2 款的规定行使保险金请求权时，保险人以其已向被保险人赔偿为由拒绝赔偿保险金的，法院不予支持。保险人向第三者赔偿后，请求被保险人返还相应保险金的，法院应予支持。②

3. 可保责任与保险责任

责任保险合同的可保责任仅限于因疏忽或过失损害他人利益而负的民事责任，需具备以下要素。一是因被保险人的过失造成，含疏忽大意和过于轻信两种状态。被保险人故意造成的过错损失会承担民事责任，甚至刑事责任，但不属于承保范围。二是损害事实的存在。三是过失与损害事实之间存在必然的因果关系。

责任保险合同的保险责任、除外责任在不同险种中有不同规定，归纳起来，承保责任主要有以下几类：（1）因不可抗力或意外事件致第三人人身伤亡或财产损失，被保险人依法应承担的赔偿责任，以法律有规定为前提；（2）因被保险人的侵权或违约造成他人损害应承担的赔偿责任；（3）因他人行为造成的损害，但依法律规定或约定应由被保险人承担的赔偿责任；（4）事先经保险人书面同意的诉讼费用；（5）发生保险责任事故后，被保险人为缩小或减少对第三者人身伤亡或财产损失的赔偿责任所支付的必要的、合理的费用。

（二）信用保险合同

信用保险合同是以信用交易中债务人的信用为保险标的，当债务人在信用贷款或借贷赊销中未能如约履行债务时，由保险人向债权人提供风险保障，给予赔偿的一种财产保险合同。其中，债权人是投保人和被保险人，保险标的是债务人的信用风险，即投保人的合法权利因债务人不履行法定或约定义务而受到的损失。债务人不是合同当事人，通常被称为第三人。我国一般分为出口信用保险合同、投资信用保险合同、国内商业信用保险合同。

信用保险合同具有以下特征。一是针对被保险人可能遭受的债务人不守信用带来的损失风险。债务人可能在信用贷款、信用赊销等行为中违约，债权人通过信用保险来化解这种风险。为防止滥用或赊销，被保险人还须自行承担部

---

① 最高人民法院《关于适用〈中华人民共和国保险法〉若干问题的解释（四）》第 19 条。
② 最高人民法院《关于适用〈中华人民共和国保险法〉若干问题的解释（四）》第 20 条。

分风险。二是投保人、被保险人为同一人，并且只能是信用贷款或借贷赊销中的债权人。经营信用保险的保险公司也需经特别授权，通常由政府机构直接办理、政府出资支持保险公司办理或授权商业保险公司经营。三是承保风险不规律。信用风险的发生受主观因素影响颇大，没有稳定规律可循。如出口信用保险和投资信用保险，危险发生的原因包括债务人主观因素，战争、叛乱、政府征用、外汇管制制度变化等政治风险因素，这些因素的不确定给费率厘定、赔偿处理等提出了更高要求。

（三）　保证保险合同

债务人不履行到期债务或发生约定情形时，保证人履行债务或承担责任的行为称为保证。保证保险合同是由保险人作为保证人，向权利人提供类似担保的一种保险合同。其中，债务人是投保人，保险标的是基于债务人的信用风险而形成的经济利益，表现为以债务人（被保证人）行为对债权人造成的经济损失为对象，债权人是被保证人。一般分为诚实保证保险合同、确实保证保险合同。前者又称雇员忠诚保证保险合同，主要承保雇主因雇员的不诚实行为或者疏于职守而受到的损失，如雇员的欺骗、偷盗、伪造、贪污、侵占、非法挪用等行为。后者主要承保被保证人因不履行法律或合同义务而给权利人造成的损失，以法律义务或者民商事债为保险利益，保险人居于保证人的地位，投保人同时是被保证人，有义务向保险人提供有关偿付能力的证明材料。

保证保险合同具有以下特征。一是保险人具有双重身份，既是保证人，又是保险人，既与投保人的债权人存在保证关系，又与投保人存在保险关系。二是以债权人与债务人已成立的合法有效合同为前提，债务人同时是被保证人。主要是为了维护保险人的利益，防止债权人和债务人相互勾结进行保险欺诈。三是承保风险是一种信用风险，是债务人出于主观过错而不履行债务的行为，具有特殊性。保险人订立保证保险合同时，应调查债务人的资信情况，如资金财务、信誉、经营范围、能力等。只有经过可靠的资信调查，认为确有把握的才能承保，并依此决定保险费率。四是强调损失的共担。被保险人的风险并没有完全转移给保险人，只是附条件地将连带责任转移给保险人（保证人）。当发生保险事故被保险人受损后，只有在投保人（被保证人、债务人）不能完全弥补损失时，保险人才提供补偿，并且，保险人履行赔偿责任后适用代位求偿制度，可向债务人追偿。

二、责任保险合同的法经济学分析

规范的霍布斯定理强调，建立法律以使私人协议失败造成的损害达到最小。根据这一原则，法律的设计应该能防止胁迫和消除意见分歧的损害。[①] 科斯指出，建立法律以消除私人协议的障碍，交易双方通过博弈达成的合作会给双方均带来收益。[②] 由此可见，在现实交易成本存在的情况下，能使交易成本影响最小化的法律是最适当的法律，而法律制度之所以存在，关键在于能节约交易成本，并且不同当事人对于权利的不同估价，可以导致权利发生交易。

责任保险发挥效力的前提是存在侵权行为。在没有责任保险的情况下，侵权行为人与受害人之间可能存在三种情况。一是侵权人有能力承担全部的损害赔偿；二是侵权人只能承担部分赔偿或完全不能承担赔偿，但受害人有能力承担损失；三是侵权人只能承担部分赔偿或完全不能承担赔偿，同时受害人也无力承担损失。前两种情况下，侵权人需要自己全部或部分承担受害人的损失，再加上受害人自身的承担，都属于个体私人成本，没有产生外部成本。第三种情况下，侵权人、受害人无法全部承担损失，需由第三人弥补缺失部分。因无利可图，"第三人"只能是政府或特殊风险经营者，由此产生了外部成本，私人成本与外部成本之和构成社会成本。对受害人而言，损失的完全补偿是终极目的，获得补偿的途径不同会致使外部成本不同，并导致社会成本产生差异。

责任保险制度缺失时，受害人损失的社会补偿主要来自社会救助制度，但社会救助旨在维护公民的基本生存权，以最低生活保障为基本内容，并根据实际情况实施专项救助、自然灾害救助、临时救助以及国家确定的其他救助，[③] 涉及范围广、对象多。因此，对权利被侵害的受害人而言，只有达到"依靠自身努力难以满足生存基本需要"的标准时[④]，方能实现被救助的目的，普通受害人是无法获得社会救助的。这就意味着通过社会救助解决侵害赔偿实现难度较大，大多数情况下，受害人只能自己想办法补偿损失，或者无奈接受现实，引发生存困境；或者通过犯罪满足自己对财产的需求。无论是哪一种情形，都

---

①② 卢现祥，刘大洪.法经济学 [M].北京：北京大学出版社，2007：33.
③ 《社会救助法》第3条第2款.
④ 该标准取自社会救助的概念，《社会救助法》第3条规定："本法所称的社会救助，是指国家和社会对依靠自身努力难以满足其生存基本需求的公民给予的物质帮助和服务。"

会产生较大的外部成本，最终社会成本也必然巨大。①

存在责任保险制度时，如果侵权人事先投保了责任险，那么保险公司就会代替其向受害人支付赔偿金，此时，除侵权人与受害人的私人成本外，仅产生保险公司的活动成本，并出现侵权人疏于谨慎注意的道德风险，增加保险赔偿成本。但这种外部成本明显小于责任保险制度缺失时受害人被救助的外部成本，一方面，保险"一人为众、众为一人"的特性，以及"大数法则"下规模成本递减效应，会使责任保险的社会成本小于政府建立社会救助制度的单项支出成本；另一方面，疏于谨慎注意增加保险赔偿成本后，保险公司会采取提高保费、增加免赔额等手段予以防范，从而增加侵权人的私人成本，侵权人在利益考量下，会理性减少道德风险。由此可见，侵权损害赔偿中，责任保险制度的建立成本小于政府单一救助制度成本，并在缴纳保费后，可以实现普及保障。从成本—效益角度分析，责任保险的推广及应用对侵权责任损害的赔偿有积极意义。

本章案例

保险人的代位权②

（一）　基本案情

2010 年 9 月，赵某为私人汽车投保，保险公司签发了交强险与机动车辆保险单，保险期间自 2010 年 9 月 29 日起至 2011 年 9 月 28 日止。交强险的财产损失赔偿限额为 2000 元；机动车辆保险单的车辆损失险保险金额为 72800 元；保险公司承保自愿三者险，保险金额为 10 万元。2010 年 11 月 11 日 21 时 50 分，赵某驾驶被保险车辆在行驶中未注意到井盖丢失，使左前轮与路面井口接触，继而造成被保险车辆与三者车碰撞并都受损。公安机关认定赵某负事故全责。事后，赵某与保险公司订立了赔偿协议书，约定被保险车辆车身及底盘受损严重、不予修复，保险公司赔偿赵某 31363 元，车辆残值归赵某所有；另赔偿赵某三者车损失 2210 元（交强险项下 2000 元、自愿三者险项下 210 元），合计赔偿 33573 元。

① 涂强. 责任保险的公益性研究——基于法经济学的视角 [J]. 保险职业学院学报，2009（6）：60 - 63.

② 刘建勋. 保险法典型案例与审判思路 [M]. 北京：法律出版社，2012：111 - 120.

之后，保险公司作为原告将排水集团与绿化公司告上法院，主张二被告作为井盖管理者应承担侵权赔偿责任，保险公司可依法进行追偿。排水集团答辩称，自己不是涉案窨井的权属单位或受托管理单位，绿化公司是建设单位，至事故发生时，绿化公司并未向包括排水集团在内的其他单位办理移交手续，应自行承担管理责任与有关的赔偿责任。绿化公司答辩称，首先，自己是该窨井的权属单位，但已尽到管理义务，对交通事故的发生没有过错。其次，赵某未尽到谨慎驾驶的注意义务导致事故发生，应自行承担事故责任。最后，保险公司向被保险人赔偿损失时，并未审核被保险车辆的维修费发票。因此，不同意保险公司的诉讼请求。

（二）案件审理

法院认为，本案争议的焦点在于绿化公司作为窨井所有权人，是否应当向保险公司赔偿损失？

法院审理认为，根据《北京市地下设施检查井井盖管理规定》第4条，地下设施检查井的井盖和雨箅（以下简称井盖），由其权属单位负责维护、管理。所有权人、管理人、使用人之间约定管理责任的，由约定的责任人负责维修、养护管理。绿化公司作为本案争议涉及窨井的权属单位，应承担维修、养护、管理窨井的责任。保险公司未向法院提交证据证明排水集团对该窨井承担管理责任，故排水集团不是该窨井的管理责任人。《侵权责任法》第3条规定："被侵权人有权请求侵权人承担侵权责任。"第91条第2款规定："窨井等地下设施造成他人损害，管理人不能证明尽到管理职责的，应当承担侵权责任。"本案的交通事故发生于夜间，相对昏暗的环境会影响驾驶员对路况的观察、判断，据此赵某未能及时发现井盖缺失并进而发生事故不构成过错，绿化公司对井盖丢失及有关事故应承担管理责任。

《保险法》第60条第1款规定："因第三者对保险标的的损害而造成保险事故的，保险人自向被保险人赔偿保险金之日起，在赔偿金额范围内代位行使被保险人对第三者请求赔偿的权利。"保险公司承保的车辆损失险的保险标的为被保险车辆，交强险、自愿三者险的保险标的为被保险人对第三人依法应负的赔偿责任。本案中，被保险车辆与三者车的损失均由井盖丢失引起，绿化公司作为管理人未能证明其尽到了管理职责，因此，赵某有权作为被侵权人向绿化公司请求赔偿。案中，保险公司已按约定在车辆损失险、交强险、自愿三者险项下向赵某赔偿保险金33573元，因此，可在上述赔偿范围内代位行使赵某对绿化公司的赔偿请求权。保险公司要求排水集团赔偿损失的诉讼请求，鉴于保险公司未能证明排水集团是丢失井盖的管理责任人，故法院对此诉讼请求不予支持。

综上所述，法院判决绿化公司于判决生效之日起 10 日内赔偿原告保险公司 33573 元；驳回原告保险公司的其他诉讼请求。

（三）　案件评析

本案审理时强调以下方面。一是保险代位权的特殊性。保险代位权不同于合同法上的债权人代位。多数学者认为，合同代位权的功能在于保全债权，为使债权人的债权不致因债务人的懈怠或恶意而徒有其名，增设代位权制度以使债务人的财产恢复如初；而保险代位权是实现被保险人对第三人的债权。根据《保险法》第 46 条的规定，被保险人因第三者的行为而发生死亡、伤残或疾病等保险事故的，保险人向被保险人或受益人给付保险金后，不享有向第三者追偿的权利，但被保险人或受益人仍有权向第三者请求赔偿。保险人对第三者的权利为"追偿"。二是保险代位权具体追偿制度的运用，包括保险人向第三者追偿的范围、保险人赔偿金额的扣减、被追偿的责任、追偿对象的限制、被保险人的协助义务等。

本章要点

本章主要讨论财产保险合同的基础内容，包括概念、特点、分类，以及保险代位权和重复保险；要求熟悉财产保险合同的基本内容与理论知识，重点掌握保险代位权和重复保险的运用。

第十章

再保险合同

第一节　再保险合同概述

一、概述

（一）定义

再保险合同又称分保合同，指保险人将其承担的保险责任的一部分或全部进行转保而订立的保险合同。其中，投保人为原保险合同的保险人，又可称为再保险分出人；与原保险人订立再保险合同并承担原保险人保险责任风险的其他保险人，为再保险人，又称再保险接受人。

再保险合同概念有广义和狭义之分。广义再保险合同指以原保险的任何保险责任为保险标的而成立的保险合同，包括全部再保险和部分再保险。狭义再保险合同，仅指以原保险的部分保险责任为保险标的而成立的保险合同，限于部分再保险。结合《保险法》第 103 条第 1 款和第 28 条第 1 款的规定，保险公司对每一危险单位，即对一次保险事故可能造成的最大损失范围所承担的责任，不得超过其实有资本金加公积金总和的 10％；超过的部分应办理再保险。保险人将其承担的保险业务，以分保形式部分转移给其他保险人的为再保险。我国仅以保险人将其承担的部分保险责任转移给其他保险人承担为限，是狭义的再保险合同。

（二）性质

再保险合同是相对于原保险合同而言的，仍属于保险合同，双方约定的权利和义务必须遵守并相互约束。关于其属性，理论界争议颇多，"责任保险合同说"似成通说，① 认为再保险是基于原保险人对被保险人的经济赔偿或给付责任的转嫁，以原保险人责任填补为目的的一种责任保险。在海上、火灾、人身等保险中，原保险人基于保险合同对被保险人负有损失补偿或给付责任，在此责任基础上订立再保险合同对原保险人提供的保护，正是依原保险合同所负的赔偿责任。因此，再保险合同的实质是一种"契约责任保险"，属于一种性质特殊的责任保险合同。

二、再保险合同与原保险合同的关系

原保险合同与再保险合同相辅相成，都是对风险的承担与分散，关系如下。

（一）联系

（1）再保险合同是以原保险合同为基础的合同，以原保险合同的存在为前提。一方面，再保险合同的责任、保险金额和有效期均以原保险合同的范围和有效期为限。另一方面，原保险合同解除、失效或终止后，再保险合同也随之解除、失效或终止。

（2）再保险合同在法律地位上是独立的合同，不从属于原保险合同。一是再保险人不与原保险合同的投保人、被保险人发生任何关系。再保险人不得向原保险的投保人索要保费；投保人、被保险人也不能向再保险人主张索赔。二是原保险人不得以再保险人未履行合同为由，拒绝或延迟履行其原保险责任。

（二）区别

（1）保险关系的主体不同。原保险关系的主体是保险人与投保人、被保险人，体现的是保险人与被保险人之间的经济关系；再保险关系的主体是原保险人与再保险人，体现的是保险人之间的经济关系。

（2）保险标的不同。原保险关系中的保险标的多样化，既可以是财产、利益、责任、信用，也可以是人的生命与身体；再保险关系中的标的只是原保险人所承担的风险责任。

（3）保险赔付性质不同。原保险合同中，保险人履行赔付职责时存在差别，财产保险合同属于补偿性质，人身保险合同属于给付性质；再保险合同作

---

① 朱铭来. 保险法学［M］. 天津：南开大学出版社，2006：207.

为对原保险合同责任的分摊，无论是财产再保险，还是人身再保险，都是再保险人负责对原保险人所付赔款的补偿，均为补偿性合同。

三、再保险与类似概念的比较

（一） 再保险与共同保险

再保险与共同保险均具有扩大风险分散范围、平均风险责任、稳定保险经营的功效，区别在于：共同保险是多数保险人与投保人建立保险关系，属于保险人之间的横向联系，是原保险的一种特殊形式；就分散风险方式而言，是风险的第一次分散，各共同保险人仍然可以实施再保险。再保险是保险人与保险人建立保险关系，是保险人之间的纵向联系；就分散风险方式而言，是风险的第二次分散，并可以通过分保使风险更加细化。

（二） 再保险与重复保险

重复保险与再保险一样具有分散风险的功能，但具有以下区别。一是缔约动机不同。重复保险的投保人可能善意，旨在增强安全保障，也可能恶意，图谋不当得利；再保险则是原保险人为避免或减轻所负责任，做出的分散风险的制度安排，不存在善意、恶意之分。二是告知义务的履行事项不同。重复保险的投保人应将有关情况告知各保险人；原保险人应将自负责任及原保险的有关情况告知再保险接受人。三是超额部分的保险效果不同。重复保险的保险金额不得超过保险价值，超过部分无效；再保险可以就超额部分约定再保险合同。

第二节　再保险合同的分类

一、按照再保险业务的分保安排划分

按照再保险业务的分保安排，可分为临时再保险合同、合约再保险合同和预约再保险合同。

（一） 临时再保险合同

临时再保险合同也称临时分保，指原保险人根据业务需要，临时选择再保险人，经协商达成协议，逐笔成交的再保险形式。常用于单一风险的分保安排，由原保险人根据业务的具体情况自主决定是否分出和分出多少业务。

临时再保险是再保险业务的最初形态，优点在于时效性强，以个别保单或危险单位为分保基础，当事人双方都有自由选择的权利。业务临时办理，条件清楚，再保险人可根据自己的承保能力以及原保险责任的风险，自主掌握业务情况并做出选择。同时，业务逐笔办理的特点也导致手续较烦琐、费用较高、业务处理时间较长。原保险人须将分保条件及时通知对方，对方是否接受事先无法掌握，容易影响原保险业务的承保。实务中，临时分保的业务主要包括保险金额超过再保险合同限额的业务，合同分保中未包括的业务，新开办的或不稳定的业务。

（二）　合约再保险合同

合约再保险合同也称合同分保、固定再保险合同，指原保险人和再保险人事先订立再保险合同，约定将一定时期内承担的规定范围内的保险业务，都依据事先商定的条件进行分保。

合约再保险是一种有较强约束力的再保险，具有三个特点。一是对双方当事人都有强制性，任何一方都需完全依照合同办理。原保险人对其承保的保险业务，只要属于合同规定的风险范围，就自动转移给再保险人，再保险人必须接受。二是没有时限规定，只要双方没有人提出终止合同的建议，分保合同长期有效。三是以某一类险别的全部业务为基础。原保险人要对某类险别业务实行分保，就必须将该险别的全部业务纳入分保合同，不能有所选择。

合约再保险大体上与临时再保险相同，所不同的是需按业务年度安排分保，而临时再保险是逐步安排的。合约再保险涉及一定时期内的一宗或一类业务，协议过程比临时分保复杂，但也省去了单个洽谈的成本，提高了效率。

（三）　预约再保险合同

预约再保险合同也称预约分保，指原保险人与再保险人事先签订分保合同，由原保险人依选择或需要将其承保的保险业务分给再保险人，而再保险人必须接受的一种再保险业务形式。

预约分保是介于临时分保与合同分保之间的一种再保险分保方法，是对合同分保的补充。通常，当原保险人承保业务的保险金额超过合同再保险的自留额和再保险限额之和，就需要对超过的溢额部分再进行分保。但原保险人对合同规定范围内的业务可以自由选择是否分保及分出份额；再保险人则没有选择自由，只要原保险人决定分出，再保险人就必须接受。对比合同分保，预约分保赋予双方的权利不对称，偏向原保险人，也使得再保险人对分保业务的质量不易控制，所以在分保条件上受到更多照顾。同时，手续相对简单。当对特殊业务办理临时分保次数增多时，为节省手续，往往考虑采用预约分保。

二、按照再保险业务的分保标准划分

按照再保险业务的分保标准，可分为比例再保险合同与非比例再保险合同。

（一）比例再保险合同

比例再保险合同又称保额再保险合同，指以原保险金额为责任分配计算的基础，确定再保险分出人自留额和接受人分保额的再保险合同。按照比例再保险合同的约定，原保险人将保险费的一定比例转给再保险人，危险事故发生后，再保险人承担相同比例的保险责任，并且该比例始终不变。具体分为成数再保险、溢额再保险、成数和溢额混合再保险合同。

（二）非比例再保险合同

非比例再保险合同又称超额损失再保险合同，指以原保险人的赔款金额或赔付率为基础，确定原保险人自负责任和再保险人分保责任的再保险合同。非比例再保险扩大了保险人对每一危险单位的承保能力。只有当原保险人对投保人的赔款超过一定标准时，再保险人才对原保险人进行补偿，所以又被称为第二危险再保险。具体分为险位超赔再保险、事故超赔再保险、积累超赔再保险和赔付率超赔再保险合同。

三、按照再保险对象的不同划分

按照再保险对象的不同划分，可分为人身再保险、财产再保险、货物运输险再保险、责任险再保险合同等。

第三节　再保险合同法律关系

一、主体

（一）再保险人

再保险人又称分保接受人，再保险业务的分入人或接受公司，是收取再保险费并按照再保险合同规定承担分出公司赔偿责任的人。再保险人与原保险合同中的投保人、被保险人、受益人之间不存在任何法律关系。《保险法》第 29 条第 1 款和第 2 款规定："再保险接受人不得向原保险的投保人要求支付保险费。原保险的被保险人或者受益人不得向再保险接受人提出赔偿或者给付保险金的请求。"

（二）　原保险人

原保险人也称再保险业务的分出人或分出公司，是原保险合同的承保人、再保险合同的投保人（被保险人）。原保险人处于两个不同的法律关系中，但不能以原保险合同法律关系中的事由来对抗再保险合同法律关系中的事由。《保险法》第 29 条第 3 款规定："再保险分出人不得以再保险接受人未履行再保险责任为由，拒绝履行或者迟延履行其原保险责任。"

二、保险标的和保险利益

再保险的标的是分出公司根据原保险合同承担的保险责任。分出公司对再保险标的具有经济利益关系，是构成再保险合同的有效条件，因此，再保险合同实际保障的是分出公司对再保险标的的所具有的利益，再保险的保险利益即为原保险合同上的利益。与责任保险的标的一样，再保险的保险标的也是以给付为内容的债的关系，但属于契约上的给付义务，责任保险则为侵权责任或违约责任的给付义务。需要注意的是，原保险是以原投保人对保险标的的所具有的法律上承认的利益为保险利益。原保险人无合同上的利益，则不存在再保险的保险利益。

三、内容

（一）　原保险人的权利和义务

1. 原保险人的权利

（1）有权依照再保险合同，在约定的保险赔偿责任产生时，向再保险人领取保险赔款。

（2）有权依照合同约定，单独处理原保险业务，因此产生的费用可要求再保险人按约定分摊。

（3）有权向再保险人收取再保险手续费。

（4）对于比例再保险，有权要求再保险人提存保费准备金和赔款准备金。

（5）遇到巨额赔款，赔偿责任超过约定数据时，可要求再保险人现金摊赔。

2. 原保险人的义务

（1）对再保险人负有告知、通知义务。告知旨在使再保险人能正确认识风险，以便决定承保条件及是否承保。通知旨在使再保险人对风险变化采取必要措施，切实保护自身利益。原保险人履行告知义务时，仅以再保险人提出告知要求为前提，无须经再保险人询问细节或提出具体问题。《保险法》第28条第2款规定："应再保险接受人的要求，再保险分出人应将其自负责任及原保险的有关情况书面告知再保险接受人。"其中，自负责任的有关情况主要指自负责任的比例或限额。原保险有关情况包括原保险合同投保人、被保险人、受益人的情况，保险标的、价值、金额、期间、责任，保险费、赔偿金及其给付，违约责任及争议解决等重要事项。违反告知义务的法律后果适用《保险法》第16条的有关规定。

（2）按约定期限交付再保险费。

（3）防灾防损义务。原保险人应检查保险标的安全情况，及时提出消除不安全因素的建议。保险事故发生时，有责任提供合理的施救措施，避免损失扩大。

（4）提供有关账册、单据和文件。达成再保险协议后，原保险人应向再保险人发送正式分保单，定期编送业务账单、业务更改报表、赔款通知书、已决赔款报表，并根据再保险人工作需求提供相关资料。

（5）原保险人归还保险费准备金或赔款准备金时，应同时支付给再保险人议定的利息。

（6）如有损余收回或向第三者责任方追回款项时，原保险人应按再保险人的分保比例予以退回。

（7）原保险人安排再保险时须先作自留。主要是通过自留实现对风险的平衡分散，避免再保险成为赌博或投机性的交易，督促原保险人慎重选择风险。

（8）原保险人不得以被保险人的理由为理由，拒绝或延迟履行对再保险人的义务；也不得以再保险人的理由为理由，拒绝或延迟履行对被保险人的义务。

（二）再保险人的权利和义务

1. 再保险人的权利

（1）有权向原保险人收取再保险合同中规定的再保险费。

（2）如有损余收回或向第三者责任方追回款项时，有权向原保险人要求按分保比例摊回有关款项。

（3）有权要求原保险人履行保险合同中为其规定的义务。不履行时，可根据具体情况提出解除或终止再保险合同。

（4）工作需要时有权向原保险人要求行使检查权，并指示原保险人采取防止损失扩大与减轻的措施。

2. 再保险人的义务

（1）按照分保合同规定，履行责任范围内造成损失的赔偿责任。

（2）按时支付再保险手续费。

（3）比例分保中，在收到的分保费中扣存合同规定的保费准备金和赔款准备金。

（4）原保险人为维护双方共同利益而支出的切实合理费用，应按约定比例承担，如支付的合理施救、整理费用。

（5）原保险人赔偿责任超过约定数额时，按再保险合同规定进行现金摊赔。

（6）除非法律或合同另有规定，不得在保险有效期内终止合同。

（7）应分担原保险人因列入合同的业务发生的税款。

四、条款

（一）再保险合同的基本组成部分

根据业务惯例，再保险合同须具有以下基本内容：缔约双方的名称，合同开始日期，执行条款，除外责任，保费条款，手续费条款，赔款条款，账务条款，仲裁条款，合同终止条款，货币条款。

（二）共同条款

国际再保险业务中，一些条款属于通用类型，又称基本条款。如共命运条款、错误和遗漏条款、保护缔约双方权利条款、保护再保险人利益条款等。

1. 共命运条款

共命运条款也称共同利益条款，通常表述为："兹特约定凡属本合同约定的任何事宜，再保险人在其利害关系范围内，与原保险人同一命运。"具体内容列为："凡是有关原保险合同的保费收取、赔款结付、对受损标的施救、损余收回、向第三者追偿、避免诉讼或提起诉讼等事项，授权原保险人为维护共同利益做出决定，或出面签订协议。由此产生的一切权利或义务都由双方按达成的协议规定共同分享和分担。"同一命运是针对双方基于再保险合同基础上的保险利益，不得超出再保险合同范围。对于原保险人维护自身单独利益的事项，如刊登广告、发布公告、自身财务纠纷等，再保险人一般并不介入。

2. 错误和遗漏条款

由于再保险种类多、分保手续烦琐，工作中难免有错误、遗漏及延迟等情况。为避免由此引起纠纷，确保再保险合同的有效和业务顺利开展，避免原保险人承担过重责任，规定了该条款。具体内容是，在再保险合同约定的保险期限内，由于原保险人的过失或疏忽而非故意造成了工作中的错误、遗漏和延迟，再保险合同仍然有效，再保险人仍应承担相应的保险责任。实务中如应纳入分保合同的业务而未办理分出；应予登记的业务未做登记或登记错误；应办理再保险账而未办理，或办理有误；应通知再保险人的事项而在业务报表中未通知或未及时通知等。

3. 保护缔约双方权利条款

该条款旨在保护原保险人和再保险人充分享受合同规定的权利。实际中很少运用，只有在缔约双方发生争执，有可能付诸诉讼时才运用本条款。

4. 保护再保险人利益条款

一般规定："一切有关本合同的账册、登记本、记录单证和文件，在任何时候均可由接受公司所授权的代表进行检查。"主要目的是保护再保险人的利益。当再保险人对合同的经营发生怀疑或产生争执需要进行查账时，再保险人应先通知原保险人，并承担查账的所有费用。除非二者因存在分歧，发生争执而提交仲裁，否则，再保险人仅可指派非公司雇佣人员作为代表进行查账。

5. 仲裁条款

仲裁条款通常表述为："有关本合同或其项下的业务发生争执或分歧，当不能友好解决时，可提交仲裁法庭，由合同双方各自指派其仲裁人，并由这两名仲裁人指派公断人。如果任何一方在对方以挂号信提出这种要求四个星期内不能指派仲裁人，或者如果这两名仲裁人对公断人的指派不能取得一致意见，第三名仲裁人或公断人可由保险专员指派。"

基于再保险业务的国际性，合同当事人多选择仲裁处理纠纷，并事先约定仲裁地点、机构、程序和效力等。发生争议纠纷时，依据约定，仲裁机构受理争议案件，选定仲裁人、公断人，并在被任命后的 6 个月内做出裁决。裁决结果对双方均具约束力，费用按仲裁人的决定分摊。仲裁人和公断人通常由保险公司或再保险公司的高级管理人员担任，且与争议无利害关系，能够公正裁决。仲裁地点常约定为分出公司所在地，工程保险则在应诉方所在地。仲裁机构可约定常设仲裁机构或临时仲裁庭。我国常设仲裁机构包括对外贸易仲裁委员会和海事仲裁委员会，国外如英国伦敦仲裁院、美国仲裁协会、瑞士苏黎世商会仲裁院、日本国际商事仲裁协会等。再保险合同的仲裁条款一般明确规定仲裁裁决是终局裁决。

（三） 非共同条款

非共同条款由双方当事人根据合同需要自行约定，并写进合同中。

1. 执行条款

执行条款主要用以规定再保险方式、业务种类、地区范围、责任范围及责任限制等内容。再保险方式需明确是成数再保险、溢额再保险或超赔再保险，以及进一步的细分等。业务种类需明确具体的业务类型，如火险、水险、责任险、人身险等。地区范围需明确承保业务是某国、某地区或全世界。责任范围需明确自负责任、除外责任、分保责任等。责任限制需明确每一危险单位或每一次事故的自留责任和最高分保责任。

2. 共同保险条款

共同保险条款是非比例再保险合同的特有条款，旨在限制分出公司在赔款已经超过合同规定的自负责任额时，出现不负责任处理赔案而损害接受公司利益的行为。通过赋予分出公司自行承担部分赔偿责任而督促谨慎理赔。如合同中规定："分出公司保证和接受公司成为共同再保险人接受人，且份额至少为本合同所承保的超赔额的10%。此份额作为分出公司自留责任而不分保。"

3. 物价指数条款

主要针对再保险合同生效与赔款时币值的不同，规定免赔额和责任额要按赔款支付时的物价指数进行调整，使赔款受币值影响而超出的部分由原保险人和再保险人共同来分摊。

4. 汇率变动条款

再保险业务的国际性决定了分保业务往往涉及多种货币，并影响着超额分保的责任计算。为了使合同责任限额保持在较稳定的水平，减少货币兑换风险，超赔分保合同一般都有此条款规定，规定不同货币要折成合同中规定的使用货币。

5. 除外责任条款

主要载明再保险合同不保的危险和责任。具体因国家、地区、业务种类及分保方式而有差异，但大多包括以下几项：战争、类似战争行为、敌对行为、武装冲突、罢工、暴动等引起的损失；直接或间接由于核反应、核辐射和放射性污染引起的损失；政府当局的没收、征用等命令造成的损失；被保险人及其代表的故意行为及重大过失引起的损失。

6. 赔款条款

通常规定原保险人处理赔款的权利和赔款发生后及时通知再保险人的义务。如果发生巨额赔款，可以向再保险人请求现金摊赔。所有赔案，原保险人须按原保单条款规定处理，再保险人只对原保险人负有法律责任的赔案进行摊付。对原保险人做出的通融处理赔案，除非事先征得再保险人同意，否则有权拒付赔款。

7. 账务条款

通常规定关于账单的编制、寄送及账务结算等事宜。

8. 保险费条款

详细说明计算再保险费的基础和方法，包括再保险人需要支付给原保险人的税款及其他费用。

9. 期限条款

比例再保险和非比例再保险合同都有期限条款，但规定略有不同。比例再保险合同自生效之日起不定期限，合同具有长期性。任何一方有意终止合同时，须在年终前3个月向对方发出注销通知，经对方证实后终止。非比例再保险合同中，超赔分保接受人不愿承诺长期责任，所以期限一般为1年。

第四节　再保险合同的法经济学分析

一、再保险合同自由的经济功能

合同自由是意思自治原则在合同法领域的体现，通常包括两个方面：一是每个个体的自决权，即每个主体享有订立或不订立合同的缔约自由；二是合同当事人原则上可以自主决定合同内容，享有内容自由。此外，当事人相互同意、合同的神圣与相对性也是合同自由原则的应有之义。从经济学观点看，合同自由使资源可以在一个有效竞争机制中被配置到最有使用价值的地方，同时，也使理性主体通过签订合同增加双方效益，形成利益总和大于零的生产型博弈。①

对再保险合同而言，法律只是强制保险人应对可能超过最大损失范围所承担的责任办理再保险，如我国《保险法》第 103 条规定以"实有资本金加公积金总和的 10%"为划分标准，超过部分必须办理再保险，但具体与谁办理、怎么办理，仍是自由的。这种自由性使合同成立接近当事人意愿，并且多类型的再保险合同提供了多样化的风险分配模式，有利于节省再保险合同双方的信息成本和协调成本，并通过信息和行为准则减少了合同签订前后的投机主义。同时，再保险合同双方当事人都是专业保险公司，相较于普通投保人、被保险人，其理性经济人的特性更加明显。在了解自身利益的前提下，只要每个主体都能自由追求自身利益，那么最大多数人的利益就会被普遍的选择自由最有效地实现。即使存在标准化合同，对条款的拟定、认知与谈判也具有平等性，可以通过自治协议使投机行为空间减到最小。因此，政府和法律的作用仅仅在于以任意性规范来保护这样一种自由竞争，在这种没有政府干预的经济交往中，个人只要有足够多的选择自由，就能够订立出效用最大化的合同，有效促进社会财富和利益的增长。② 我国《保险法》即对再保险采用宽松式规制，仅在第 103 条、第 105 条规定保险公司应按保险监管机构规定办理再保险，审慎选择再保险接受人；在第 28 条、第 29 条规定再保险分出人的告知义务及与原保险合同当事人的特殊关系外，没有再做额外规范。

二、再保险合同交易的经济分析

（一）再保险合同的承诺交易属性

法经济学分析中，依据交易所需时间，将经济活动中的交易分为即期交易和缓期交易。缓期交易是一种承诺交易，从承诺的做出到实现之间存在一段完

---

① ［德］汉斯－贝恩德·舍费儿，克劳斯·奥特. 民法的经济分析（第四版）［M］. 北京：法律出版社，2009：378.

② 冯玉军. 新编法经济学：原理·图解·案例［M］. 北京：法律出版社，2018：258.

成交易所需时间。因此，承诺交易一定涉及未来，也会因此出现不确定性及风险问题。

再保险合同是典型的承诺交易，合同订立环节就须考虑承诺交易的两个重要问题，如何分配因不确定性导致的风险损失，如何促进信息交流的顺畅，从而促进双方顺利达成交换目的。对再保险合同而言，首先，双方当事人具备相对专业的理性；其次，签订再保险合同的环境是一个类似完全竞争的环境；最后，再保险合同有对价性，是通过再保险费与再保险责任承担的价值对换来实现的交易。需注意的是，再保险合同承诺交易的跨期性，意味着无法事无巨细地对未来做出预测，只需对必要的、常见的、能够预测的风险做出承诺即可，其余事项可通过约定"合同未尽事宜及情势变更由当事人协商解决"，以合同的弹性空间来解决。

（二） 再保险合同的交易成本

交易成本是在社会关系中，人们自愿交往、并达成合作交易时所支付的成本，这种成本是人类交往互换活动中的必存现象。结合合同交易成本理论，再保险合同需支付缔约、履约、救济等交易成本。

缔约成本是当事人之间进行谈判并达成合意所支出的费用，亦即交易双方获得有关市场信息后，基于对经济资源的不同认识而讨价还价，实现权利交换的成本。保险人签订再保险合同时，必然要根据自己化解单位风险的需求，寻找合适的再保险人，接洽、谈判，最终达成一致意见。实践中形成的格式条款、共同条款会适度减少这部分成本。

履约成本是合同实施中当事人实现权利、履行义务所支付的费用和担负的风险。合同履约成本与期间的风险承担密切相关。再保险合同中，共命运条款、错误和遗漏条款、保护再保险人利益条款作为共同条款，以及执行条款、物价指数条款、赔款条款等特约条款，有效防范了未来履约中常见的争议，较好地分配了未来的风险损失，有利于促进信息交易的顺畅、降低不必要的履约成本。

救济成本是合同当事人依法请求恢复自己原有合同利益或获得赔偿所支付的金钱、时间、精力和精神负担。再保险合同中的仲裁条款，即属于提前约定未来救济方式，可以降低救济成本。

（三） 再保险合同的交易利益

再保险合同订立后可获得一定的利益，包括预期利益、信赖利益和可得利益。预期利益又称期待利益，指当事人订立合同时期望获得的利益，通常用预期损失赔偿来保护，目的是使受害方获得假如原合同能够完全履行时所能得到的利益，即"得到该得到的"，包括履行利益、利润损失和一些附带损失。信赖利益是当事人因信赖对方将履行合同而支出一定费用，因对方未履行或未适当履行而蒙受的不利益。信赖利益用信赖损失赔偿来保护，目的是使受害方恢复到合同订立前的状态，即"补偿不该失去的"。可得利益是假如合同适当履行可以取得的利益，其损失虽不是实际的财产损失，但属于受害人预期可得利益的损害，受害方应证明该损失是由违约行为直接造成，且是违约方在订立合同时已知和可预见的。[①]

（四）　再保险合同的违约分析

合同违约也需考虑效率问题，除关注损失赔偿额外，还需考虑"何种违约赔偿方式最为有效"。其中，预期利益的损害赔偿，在依循期待性救济方式的情况下，合同当事人不必在每次订立合同时都去想办法应对各种难以预见的偶然事件，从而大大节约了缔约成本，即便真的发生违约事件，也可以很方便地诉诸法律。[②] 期待性救济方法是一种能够在违约问题上产生有效率激励的救济方式。信赖损失赔偿金额等于信赖投资加上约定条款；可得损失赔偿金额也为合同当事人所约定的合同价款。[③] 由于合同约定赔偿额与实际赔偿额存在差异，当实际赔偿额低于约定赔偿额，违约后按约定赔偿时，则会导致无效率的结果。这也意味着再保险合同履行中，是否有必要违约、违约后以何种违约方式赔偿，内含的成本效益比较是理性当事人无法避免的问题。

本章案例

中国再保险公司与华安保险公司的"共命运条款"实践[④]

（一）　基本案情

华安保险公司 1996 年承保了深圳美视电力工业有限公司（以下简称美视公司）的财产险和机损险项下的利损险业务，1997 年 7 月该厂发生爆炸事故。双方认定属于保险事故，但对事故原因产生分歧。保险人认为事故原因是爆炸，应在财产险保单下赔付，由于财产险未附加利损险，故只同意赔付该事故

---

① 冯玉军. 新编法经济学：原理·图解·案例［M］. 北京：法律出版社，2018：273.
② ［美］A. 米切尔·波林斯基. 法和经济学导论［M］. 北京：法律出版社，2009：27.
③ 冯玉军. 新编法经济学：原理·图解·案例［M］. 北京：法律出版社，2018：274－275.
④ 史卫进. 保险法原理与实务研究［M］. 北京：科学出版社，2009：211－212.

的物质损失部分（当时估计约 5000 万元）。被保险人则认为爆炸只是事故的表面现象和直接原因，实际是动力输油软管安全程度不足和机组运行程序有错等一系列设计缺陷导致爆炸。根据近因原则，设计缺陷才是保险标的受损的根本原因，因此应在机损险保单下赔付，利润损失也属于保险损失（当时估计二者合约 1 亿元）。

由于双方分歧难以协调，美视公司遂于 1998 年初提起诉讼，华安保险公司通过大量的调查取证工作，确认被保险人的索赔请求不合理，但做出应诉决定时有较大困难。这种情况下，华安保险公司充分听取再保险人的意见，再保险人也积极参与并配合保险人认真分析研究整个案件，在保险条款、电力专业技术及法律等方面多次向有关机构和专业人士咨询研讨，最终决定应诉，所有的再保险人一致表示支持。该案经过一审、二审后，最高法院于 2002 年 6 月做出终审判决：支持被保险人关于事故原因的诉讼请求，但只部分支持关于具体索赔金额的请求，判决华安保险公司赔付机损险及机损险项下的损失共计3300 余万元。

近 5 年的诉讼过程中，作为该业务接受份额最大的再保险人——中国再保险公司自始至终对华安保险给予了坚决的支持：随时协助并积极参与赔案的任何有关事宜；派员陪同保监会有关人士出席一审的开庭审理；同意华安保险1997～1999 年三个业务年度的法定分保业务核算暂不提取"美视"赔案的未决赔款准备金；终审判决后以最快的速度摊付了相应比例的现金赔款。

（二）案件评析

这是一起典型的基于再保险"共命运条款"而形成的再保险人与原保险人在理赔诉讼案件中的合作。

1996 年 10 月华安财险正式成立，注册资本 8 亿元人民币。1996 年 11 月 7日和 1997 年 6 月 27 日，华安保险向美视公司签发了 6 份保险单，分别涉及财产险、机器损坏险和利润损失险等险种。保险合同成立后，美视公司按照约定交付了保险费。1997 年 7 月 15 日 14 时 20 分，美视公司 B 电厂发生爆炸事故造成停产。GT13E2 燃气轮机燃烧室、余热锅炉水平烟道等严重损坏，并引起其他部件如燃烧器、火焰探测器、锅炉等损坏。1998 年 2 月，美视公司向广东省高院提起诉讼，请求判令华安保险赔偿燃气机、蒸汽轮机组的机损险损失人民币 4492 万元；赔偿上述机损险项下的利损险损失 5262 万元；支付违约金人民币 265 万元并赔偿其他损失；承担全部诉讼费和律师费，合计索赔超过亿元。

中国再保险公司对华安保险与美视公司签订的涉及财产险、机器损坏险和利润损失险等险种的保险合同，提供该笔业务接受份额最大的再保险。因此，发生理赔纠纷后，中国再保险公司站在华安保险的立场上，提供了诸多诉讼帮助，更对当时清偿能力较弱的华安保险给予了经营上的帮助。在终审判决华安保险赔付机损险及机损险项下损失3300余万元后，及时支付了相应比例分成的现金赔款。充分体现了"共命运条款"在原保险公司与再保险公司营业利益上的共生意义。

本章要点

本章主要讨论再保险合同的相关规定，包括再保险合同概述、分类、基本法律关系；要求熟悉再保险合同的基本理论知识，重点掌握再保险合同的基本法律关系。

第十一章

保险经营监管制度

第一节　保险监管概述

一、保险监管的概念

保险监管指国家保险监督管理机构（以下简称保险监管机构）根据国民经济发展的需要，通过法律、行政和经济等手段，对保险经营机构及保险市场进行的监督与管理。

保险监管的理论基础是保险市场的不完全性，即市场失灵。保险业具有高风险性，涉及公众利益，而保险经营又具有很强的专业性和技术性，这种行业特殊性易引发过度竞争，损害市场公平和效率，严重影响社会公众利益，需要一种市场以外的力量介入，来维护市场的正常运行。政府作为纠正市场失灵的主体，有必要担负监管职责，对保险机构和市场体系进行外部监管。

二、我国保险监管制度体系

我国保险监管制度近年来不断完善，但历史较短。1949 年 10 月，中国人民保险公司成立，一直到 1998 年，都由中国人民银行承担保险监督职责。随着银行、证券、保险分业经营模式的确立，1998 年 11 月，中国保险监督管理委员会设立，专门负责保险监管，标志着我国保险监管体制开始形成。2018

年4月，中国银行保险监督管理委员会（简称银保监会）成立，并成为现行
监管主体。

（一）　保险监管的主体

1. 保险监管机关

银保监会是我国现行保险监管机关，作为国务院直属单位，职责主要是：
依法依规对全国银行业和保险业实行统一监督管理，维护行业合法、稳健运
行；参与起草重要法律法规草案以及审慎监管和金融消费者保护基本制度；依
据审慎监管和金融消费者保护基本制度，制定审慎监管与行为监管规则；依法
依规对机构及其业务范围实行准入管理，审查高级管理人员任职资格，制定从
业人员行为管理规范；对机构的公司治理、风险管理、内部控制、资本充足状
况、偿付能力、经营行为和信息披露等实施监管；实行现场检查与非现场监
管，开展风险与合规评估，保护金融消费者合法权益，依法查处违法违规行
为；负责统一编制行业监管数据报表，按照规定予以发布；建立风险监控、评
价和预警体系，跟踪分析、监测、预测运行状况；会同有关部门提出存款类金
融机构和保险业机构紧急风险处置的意见和建议并组织实施；依法依规打击非
法金融活动；负责指导和监督地方金融监管部门相关业务工作；参加相关国际
组织与国际监管规则制定，开展行业对外交流与国际合作事务；完成党中央、
国务院交办的其他任务等。

2. 保险行业自律组织

保险行业自律组织指在保险及其相关领域中从事活动的非官方组织，是保
险行业自身管理的具体实施机构。通常以保险同业公会或保险行业协会的形式
出现，是保险人或保险中介人自己的社团组织，不经营保险业务，主要致力于
促进、发展和保护会员利益，通过各种形式约束会员行为。保险行业自律组织
在监管体系中介于国家监管与企业自我监管之间，相对政府监管机构而言，对
保险市场监管有特殊的平行或横向协调作用，有利于弥补政府监管放松后的缺
口，协调经营界限日益模糊后的监管难度。

3. 保险信用评级机构

保险信用评级机构利用保险市场公开信息和部分保险企业内部信息，通过
加工并出售信息产品的方式，向保险市场提供信用风险评估的统一标准和信用
分析服务，使市场具有高度透明度。这些信息及信用分析服务，在一定程度上
可以为国家监管机构提供预警信号，减少监管失误，提高监管效率。从此意义

上说，保险信用评级可以成为监管机构制定政策的参考依据或标准，是国家进行有效监管的辅助工具。目前，比较著名的世界评级机构有标准普尔公司、穆迪公司等。

（二） 保险监管的内容

保险监管主要针对保险经营机构及保险市场中所有相关主体和行为展开，内容广泛，不同国家各有特点并各有偏重，但总体上可分为组织监管、业务监管（行为监管）和财务监管（偿付能力监管）。

第二节　保险经营组织的监督管理

一、保险公司概述

保险公司是依照保险法律规定，经国务院保险监管机构批准设立，并经登记注册，专门从事收取保险费、建立保险基金，向社会提供经济保障商业保险业务的企业法人。为确保被保险人和受益人在保险事故发生后，能得到及时补偿、给付，各国一般都实行保险业务经营许可证特许管理，对经营者资格有特别规定。

二、保险公司的设立

（一） 设立条件

依据《保险法》第68条规定，设立保险公司应具备以下条件。（1）主要股东具有持续盈利能力，信誉良好，近3年内无重大违法违规记录，净资产不低于人民币2亿元。（2）有符合《保险法》《公司法》规定的章程。（3）有符合《保险法》规定的注册资本。《保险法》第69条规定设立保险公司注册资本最低限额为人民币2亿元，并为实缴货币资本。监管机构根据公司业务范围、经营规模可以调整，但不得低于上述限额。（4）有具备任职专业知识和业务工作经验的董事、监事和高级管理人员。（5）有健全的组织机构和管理制度。（6）有符合要求的营业场所和与经营业务有关的其他设施。（7）法律、法规和国务院保险监管机构规定的其他条件。

（二）设立程序

保险公司的设立须依照法定程序和条件，履行批准手续。我国实行的是审批制，具体流程如下。

1. 申请筹建

设立保险公司时，需先向保险监管机构提出筹建申请，并提交相关书面材料。根据《保险法》第 70 条的规定，需提交下列材料：设立申请书，应载明拟设立的保险公司的名称、注册资本、业务范围等；可行性研究报告；筹建方案；投资人的营业执照或其他背景资料，经会计师事务审计的上一年度财务会计报告；投资人认可的筹备组负责人和拟任董事长、经理名单及本人认可证明；国务院保险监管机构规定的其他材料。

2. 批准

国务院保险监管机构对设立保险公司的申请进行审查，自受理之日起 6 个月内做出批准或不批准筹建的决定，并书面通知申请人。决定不批准的，应书面说明理由。[①] 监管机构对筹建申请审查期间，应对投资人进行风险提示，听取拟任董事长、总经理对拟设保险公司在经营管理和业务发展等方面的工作思路。[②]

3. 筹建

申请人应当自收到批准筹建之日起 1 年内完成筹建工作；筹建期间不得从事保险经营活动。[③] 筹建期届满未完成筹建工作的，原批准筹建决定自动失效。筹建机构在筹建期间不得变更主要投资人。[④]

4. 开业申请

筹建工作完成后，申请人符合设立条件的，可以向国务院保险监管机构提出开业申请，提交下列材料一式三份：开业申请书；创立大会决议，无此决议的，提交全体股东同意申请开业的文件或决议；公司章程；股东名称及其所持股份或出资的比例，资信良好的验资机构出具的验资证明，资本金入账原始凭证复印件；监管机构规定股东应当提交的有关材料；拟任该公司董事、监事、

[①] 《保险法》第 71 条。
[②] 《保险公司管理规定》第 10 条。
[③] 《保险法》第 72 条。
[④] 《保险公司管理规定》第 11 条。

高级管理人员的简历及证明材料；公司部门设置及人员基本构成；营业场所所有权或使用权的证明文件；按照拟设地的规定提交有关消防证明；拟经营保险险种的计划书、3 年经营规划、再保险计划、中长期资产配置计划，以及业务、财务、合规、风险控制、资产管理、反洗钱等主要制度；信息化建设情况报告；公司名称预先核准通知；监管机构规定提交的其他材料。[①]

5. 成立

国务院保险监管机构审查开业申请，进行开业验收，应自受理开业申请之日起 60 日内做出批准或不批准开业的决定。决定批准的，颁发经营保险业务许可证；决定不批准的，书面通知申请人并说明理由。[②] 批准开业的保险公司，应持批准文件及经营许可证，办理登记注册手续，领取营业执照后方可营业。[③]

三、保险公司的变更

保险公司的变更指公司依法设立后，在存续期间依法对公司重要情况所进行的变动。按照《保险法》第 84 条规定，保险公司有下列情形之一的，应经保险监管机构批准：变更名称；变更注册资本；变更公司或分支机构的营业场所；撤销分支机构；公司分立或者合并；修改公司章程；变更出资额占有限责任公司资本总额 5% 以上的股东，或者变更持有股份有限公司股份 5% 以上的股东；保险监管机构规定的其他情形。《保险公司管理规定》第 26 条还将"扩大业务范围"规定在内。同时，有下列情形之一，应自该情形发生之日起15 日内，向保险监管机构报告：变更出资额不超过有限责任公司资本总额 5%的股东，或变更持有股份有限公司股份不超过 5% 的股东，上市公司的股东变更除外；公司股东变更名称，上市公司的股东除外；分支机构变更名称；保险监管机构规定的其他情形。[④]

四、保险公司的终止

保险公司的终止指依法成立的保险公司在存续过程中，依据法律有关规

---

① 《保险公司管理规定》第 13 条。

② 《保险法》第 73 条第 2 款。

③ 《保险公司管理规定》第 14 条。

④ 《保险公司管理规定》第 27 条。

定，停止保险业务经营，并取消注册登记的行为。根据法律规定，保险公司的
终止有以下情形。

（一）破产

保险公司不能清偿到期债务，严重影响债权人利益时，经保险监管机构同
意，可以申请破产、重整与清算。

1. 适用情形

保险公司有《企业破产法》第 2 条规定情形的，经国务院保险监管机构
同意，保险公司或其债权人可以依法向法院申请重整、和解或者破产清算；保
险监管机构也可以依法向法院申请对该保险公司进行重整或者破产清算。①
《企业破产法》第 2 条规定的情形包括"企业法人不能清偿到期债务，并且资
产不足以清偿全部债务或者明显缺乏清偿能力的，依照本法规定清理债务。企
业法人有前款规定情形，或者有明显丧失清偿能力可能的，可以依照本法规定
进行重整。"

2. 特殊规定

经营有人寿保险业务的保险公司被依法撤销或被依法宣告破产的，其持有
的人寿保险合同及责任准备金，必须转让给其他经营有人寿保险业务的保险公
司；不能同其他保险公司达成转让协议的，由国务院保险监管机构指定经营有人
寿保险业务的保险公司接受转让。转让或者由保险监管机构指定接受转让前款规
定的人寿保险合同及责任准备金的，应当维护被保险人、受益人的合法权益。②

3. 清偿顺序

保险公司破产财产在优先清偿破产费用和共益债务后，按照下列顺序清
偿：（1）所欠职工工资和医疗、伤残补助、抚恤费用，所欠应当划入职工个
人账户的基本养老、医疗保险费用，法律、法规规定应支付给职工的补偿金；
（2）赔偿或者给付保险金；（3）保险公司欠缴的除第（1）项规定以外的社会
保险费用和税款；（4）普通破产债权。破产财产不足以清偿同一顺序清偿要
求的，按照比例分配。破产公司董事、监事和高级管理人员工资，按公司职工
平均工资计算。③

---

① 《保险法》第 90 条。
② 《保险法》第 92 条。
③ 《保险法》第 91 条。

（二） 解散

解散指已经成立的保险公司因其章程或法定事由的出现而丧失法人资格的一种法律事实。我国《保险法》《保险公司管理规定》做了如下规定。

1. 适用情形

保险公司因分立、合并需要解散，或者股东会、股东大会决议解散，或者公司章程规定的解散事由出现，经国务院保险监管机构批准后解散；但经营有人寿保险业务的保险公司，除因分立、合并或者被依法撤销外，不得解散。①

2. 程序

保险公司依法解散的，应经保险监管机构批准，并报送下列材料一式三份：解散申请书；股东大会或股东会决议；清算组织及其负责人情况和相关证明材料；清算程序；债权债务安排方案；资产分配计划和资产处分方案；保险监管机构规定提交的其他材料。② 保险公司解散，应依法成立清算组进行清算。清算工作由保险监管机构监督指导。

（三） 撤销

1. 保险公司违法违规被撤销

根据《保险法》第 149 条的规定，保险公司因违法经营被依法吊销经营保险业务许可证的，或者偿付能力低于保险监管机构规定标准，不予撤销将严重危害保险市场秩序、损害公共利益的，由保险监管机构予以撤销并公告，依法及时组织清算组进行清算。

保险公司依法被撤销的，由保险监管机构及时组织股东、有关部门及相关专业人员成立清算组。③ 清算组应当自成立之日起 10 日内通知债权人，并于60 日内在保险监管机构指定的报纸上至少公告 3 次。委托资信良好的会计师事务所、律师事务所，对公司债权债务和资产进行评估。④

2. 保险公司撤销分支机构⑤

保险公司撤销分支机构，应经保险监管机构批准。分支机构经营保险业务许可证自被批准撤销之日起自动失效，并应当于批准撤销之日起 15 日内缴回。

---

① 《保险法》第 89 条第 1 款、第 2 款。
② 《保险公司管理规定》第 28 条。
③ 《保险公司管理规定》第 29 条第 2 款。
④ 《保险公司管理规定》第 30 条。
⑤ 《保险公司管理规定》第 31～33 条。

保险公司合并、撤销分支机构的，应当进行公告，书面通知有关投保人、被保险人或者受益人，对交付保险费、领取保险金等事宜应当充分告知。

五、涉外保险机构的相关规定

我国保险公司在境外设立子公司、分支机构，应经国务院保险监管机构批准。① 外国保险机构在我国境内设立代表机构，亦应经批准。代表机构不得从事保险经营活动。② 根据《保险法》第 183 条、《保险公司管理规定》第 70 条的规定，中外合资保险公司、外资独资保险公司、外国保险公司分公司适用《保险法》规定；外资独资保险公司、中外合资保险公司分支机构的设立，外资独资保险公司、中外合资保险公司的其他管理适用《保险公司管理规定》，法律、行政法规和保险监管机构另有规定的除外。

外国保险公司分公司通常只能在住所地的省级行政辖区内开展业务，但以下情形除外：一是参与共保、经营大型商业保险或者统括保单业务，以及通过互联网、电话营销等方式跨省承保业务，应当符合中国保险监管机构的有关规定；二是再保险分公司，包括外国再保险公司分公司，可以直接在全国开展业务。③ 外国保险分公司成立后，外国保险公司不得以任何形式抽回营运资金。④

六、对保险中介机构的监管

由于保险业务大部分是通过保险中介机构和个人开展或经营的，因此，相关监管是各国政府对保险主体监管的一项重要内容。我国目前涉及保险中介监管的法律主要有《保险法》《保险代理人监管规定》⑤《保险经纪人监管

---

① 《保险法》第 79 条。
② 《保险法》第 80 条。
③ 《保险公司管理规定》第 71 条和第 72 条。
④ 《外资保险公司管理条例实施细则》第 8 条。
⑤ 《保险代理人监管规定》自 2021 年 1 月 1 日起施行，原保监会 2009 年 9 月 25 日发布的《保险专业代理机构监管规定》、2013 年 1 月 6 日发布的《保险销售从业人员监管办法》、2013 年 4 月 27 日发布的《中国保险监督管理委员会关于修改〈保险专业代理机构监管规定〉的决定》、2000 年 8 月 4 日发布的《保险兼业代理管理暂行办法》同时废止。

规定》①《保险公估人监管规定》② 等。

（一） 资格监督管理

1. 保险代理人

（1）保险专业代理公司。

《保险代理人监管规定》第7条规定，保险专业代理公司经营业务，应具备下列条件：股东符合本规定要求，且出资资金自有、真实、合法，不得用银行贷款及各种形式的非自有资金投资；注册资本符合本规定要求，且按监管规定托管；营业执照记载的经营范围符合有关规定；公司章程、名称符合要求；高级管理人员符合本规定的任职资格条件；有符合监管规定的治理结构和内控制度，商业模式科学合理可行；有与业务规模相适应的固定住所；有符合监管规定的业务、财务信息管理系统；法律、法规和监管机构规定的其他条件。其中，经营区域不限于注册登记地所在省、自治区、直辖市、计划单列市的保险专业代理公司注册资本最低限额为5000万元；经营区域为注册登记地所在省、自治区、直辖市、计划单列市的，注册资本最低限额为2000万元，并须为实缴货币资本。③

（2）保险兼业代理机构。

《保险代理人监管规定》第12条规定，保险兼业代理机构经营保险代理业务，应符合下列条件：有市场监管部门核发的营业执照，其主营业务依法须经批准的，应取得相关部门的业务许可；主业经营情况良好，最近2年内无重大行政处罚记录；有同主业相关的保险代理业务来源；有便民服务的营业场所或销售渠道；具备必要的软硬件设施，保险业务信息系统与保险公司对接，业务、财务数据可独立于主营业务单独查询统计；有完善的保险代理业务管理制度和机制；有符合本规定条件的保险代理业务责任人；法律、行政法规和保险监管机构规定的其他条件。保险兼业代理机构因严重失信行为被国家有关单位

---

① 《保险经纪人监管规定》自2018年5月1日起施行，保监会2009年9月25日发布的《保险经纪机构监管规定》、2013年1月6日发布的《保险经纪从业人员、保险公估从业人员监管办法》、2013年4月27日发布的《中国保险监督管理委员会关于修改〈保险经纪机构监管规定〉的决定》同时废止。

② 《保险公估人监管规定》自2018年5月1日起施行，保监会2009年9月25日发布的《保险公估机构监管规定》、2013年1月6日发布的《保险经纪从业人员、保险公估从业人员监管办法》、2013年9月29日发布的《中国保险监督管理委员会关于修改〈保险公估机构监管规定〉的决定》同时废止。

③ 《保险代理人监管规定》第10条。

确定为失信联合惩戒对象且应当在保险领域受到相应惩戒的，或者最近 5 年内具有其他严重失信不良记录的，不得经营保险代理业务。

（3）个人保险代理人、保险代理机构从业人员。

个人保险代理人、保险代理机构从业人员应在所属机构的授权范围内从事保险代理业务。保险公司兼营保险代理业务的，其个人保险代理人可以根据授权，代为办理其他保险公司的保险业务。个人保险代理人所属保险公司应当及时变更执业登记，增加记载授权范围等事项。法律、行政法规和国务院保险监管机构另有规定的，适用其规定。[1]

保险公司应当委托品行良好的个人保险代理人。保险代理机构应聘任品行良好的从业人员。有下列情形之一的，保险公司、保险专业代理机构、兼业代理机构不得聘任或者委托：因贪污、受贿、侵占财产、挪用财产或者破坏社会主义市场经济秩序，被判处刑罚，执行期满未逾 5 年的；被金融监管机构决定在一定期限内禁止进入金融行业，期限未满的；因严重失信行为被国家有关单位确定为失信联合惩戒对象且应当在保险领域受到相应惩戒，或者最近 5 年内具有其他严重失信不良记录的；法律、行政法规和保险监管机构规定的其他情形。[2]

2. 保险经纪人

根据《保险经纪人监管规定》第 7 条规定，具备以下条件的保险经纪公司才能经营保险经纪业务：股东符合本规定要求，且出资资金自有、真实、合法，不得用银行贷款及各种形式的非自有资金投资；注册资本符合本规定要求，且按照监管规定托管；营业执照记载的经营范围符合监管规定；公司章程、名称符合本规定要求；高级管理人员符合本规定的任职资格条件；有符合监管规定的治理结构和内控制度，商业模式科学合理可行；有与业务规模相适应的固定住所；有符合规定的业务、财务信息管理系统；法律、法规和保险监管机构规定的其他条件。

3. 保险公估人

根据《保险公估人监管规定》第 16 条规定，具备下列条件的保险公估机构才能经营保险公估业务：股东或合伙人符合本规定要求，且出资资金自有、

---

[1] 《保险代理人监管规定》第 46 条。
[2] 《保险代理人监管规定》第 36 条。

真实、合法，不得用银行贷款及各种形式的非自有资金投资；根据业务发展规划，具备日常经营和风险承担所必需的营运资金，全国性机构 200 万元以上，区域性机构 100 万元以上；营运资金的托管符合监管规定；营业执照记载的经营范围不超出本规定规定的范围；公司章程或合伙协议符合有关规定；企业名称符合要求；董事长、执行董事和高级管理人员符合本规定的条件；有符合监管规定的治理结构和内控制度，商业模式科学合理可行；有与业务规模相适应的固定住所；有符合保规定的业务、财务信息管理系统；法律、法规和保险监管机构规定的其他条件。

（二） 业务监督管理

我国相关法律规定对保险中介人做出如下的业务经营监管。

（1）保险代理人、经纪人不得伪造、变造、出租、出借、转让许可证。①

（2）保险代理人、经纪人从事相关业务不得超出被代理保险公司、承保公司的业务范围和经营区域；涉及异地共保、异地承保和统括保单，保险监管机构另有规定的，从其规定。②

（3）应当建立专门账簿记载保险代理、经纪、公估业务的收支情况。③

（4）应当建立完整规范的业务档案。④

（5）对投保信息、公估信息保密、合理使用。⑤

（6）妥善保管业务档案、会计账簿、业务台账、客户告知书以及佣金收入的原始凭证等有关资料，保管期限自保险合同终止之日起计算，保险期间在 1 年以下的不得少于 5 年，保险期间超过 1 年的不得少于 10 年。⑥

（7）按规定将监管费交付到国务院保险监管机构指定账户。⑦

（8）应当自取得许可证之日起 20 日内投保职业责任保险或者缴存保证金。并在投保或者缴存 10 日内，将职业责任保险保单复印件或保证金存款协议复印

---

① 《保险代理人监管规定》第 40 条第 4 款，《保险经纪人监管规定》第 35 条第 3 款。

② 《保险代理人监管规定》第 43 条，《保险经纪人监管规定》第 37 条。

③ 《保险法》第 123 条，《保险代理人监管规定》第 48 条、第 49 条，《保险经纪人监管规定》第 42 条、第 43 条，《保险公估人监管规定》第 48 条、第 49 条。

④ 《保险代理人监管规定》第 50 条，《保险经纪人监管规定》第 44 条，《保险公估人监管规定》第 50 条。

⑤ 《保险代理人监管规定》第 51 条，《保险经纪人监管规定》第 47 条，《保险公估人监管规定》第 51 条。

⑥ 《保险代理人监管规定》第 56 条，《保险经纪人监管规定》第 51 条。

⑦ 《保险代理人监管规定》第 59 条，《保险经纪人监管规定》第 54 条，《保险公估人监管规定》第 58 条。

件、保证金入账原始凭证复印件报送保险监管机构，在规定系统中登记。①

（9）应当按照保险监管机构的有关规定及时、准确、完整地报送报告、报表、文件和资料，并根据要求提交相关的电子文本。②

（10）不得采用欺骗、隐瞒、阻碍、伪造、捏造等不良手段从事非法经营，不得牟取非法利益、扰乱市场秩序。③

（11）个人保险代理人代为办理人寿保险业务时，不得同时接受两个以上保险人的委托④。

第三节　保险经营业务的监督管理

一、保险业务经营范围

（一）禁止兼营

同一保险公司可否同时经营性质不同的数种保险业务，即兼营问题。多数国家禁止保险公司同时从事财产险与人寿险。这是因为财产险与人寿险的经营技术基础、承保手续、保费计算方式、准备金计提方式以及保险金给付条件和方法等迥然不同，为保证保险业的偿付能力，保护被保险人权益，规定分业经营，但不限制保险公司同时经营原保险和再保险业务。对人寿保险以外的人身保险业务，即健康保险、意外伤害保险，则允许财产险和人身险公司同时经营。

我国《保险法》也做了同样限制，第95条第2款、第3款明确规定："保险人不得兼营人身保险业务和财产保险业务。但是，经营财产保险业务的保险公司经国务院保险监管机构批准，可以经营短期健康保险业务和意外伤害保险业务。保险公司应当在国务院保险监管机构依法批准的业务范围内从事保险经营活动。"

---

① 《保险法》第124条，《保险代理人监管规定》第60~63条，《保险经纪人监管规定》第55~58条，《保险公估人监管规定》第59~62条。

② 《保险代理人监管规定》第64条、第65条，《保险经纪人监管规定》第59条、第60条，《保险公估人监管规定》第63条。

③ 《保险法》第131条，《保险代理人监管规定》第70~77条，《保险经纪人监管规定》第63~67条，《保险公估人监管规定》第64~67条。

④ 《保险法》第125条。

（二） 禁止兼业

保险人可否兼营保险以外的其他业务，非保险人可否兼营保险或类似保险的业务，即兼业问题。

为保障被保险人利益，绝大多数国家确立了商业保险专营原则。保险人不得经营非保险业务，如银行、信托投资、房地产业务等，甚至不得从事未经核准的其他性质的保险业务，如社会保险业务。我国《保险法》第6条、第8条规定：保险业务由依照本法设立的保险公司以及法律、行政法规规定的其他保险组织经营，其他单位和个人不得经营保险业务；保险业和银行业、证券业、信托业实行分业经营、分业管理，保险公司与银行、证券、信托业务机构分别设立。国家另有规定的除外。

（三） 对保险机构业务行为的禁止

除兼营、兼业的规定外，《保险法》第116条还规定保险公司及其工作人员在保险业务活动中不得有下列行为：欺骗投保人、被保险人或受益人；对投保人隐瞒与保险合同有关的重要情况；阻碍投保人履行本法规定的如实告知义务，或诱导其不履行如实告知义务；给予或承诺给予投保人、被保险人、受益人保险合同约定以外的保险费回扣或其他利益；拒不依法履行保险合同约定的赔付保险金义务；故意编造未曾发生的保险事故、虚构保险合同或故意夸大已经发生的保险事故的损失程度进行虚假理赔，骗取保险金或牟取其他不正当利益；挪用、截留、侵占保险费；委托未取得合法资格的机构或者个人从事保险销售活动；利用开展保险业务为其他机构或个人牟取不正当利益；利用保险代理人、经纪人或评估机构，从事以虚构保险中介业务或编造退保等方式套取费用等违法活动；以捏造、散布虚假事实等方式损害竞争对手的商业信誉，或以其他不正当竞争行为扰乱保险市场秩序；泄露在业务活动中知悉的投保人、被保险人的商业秘密；违反法律、法规和国务院保险监管机构规定的其他行为。

二、保险条款和费率

保险条款是保险人与投保人关于保险权利与义务的约定，是保险合同的核心内容。随着保险格式合同的普及，为保护未拟定合同方的权益，各国对保险条款都进行比较严格的监管。保险费率是保险公司产品的价格，作为市场竞争的体现，费率因竞争差异而有高有低。多数国家对保险费率虽不直接管理，但为了保证公平合理，防止恶性竞争，通常由同业公会制定统一，或由监管部门审定。

我国规定保险机构应当公平、合理拟订保险条款和费率，不得损害投保人、被保险人和受益人的合法权益。[①] 关系社会公众利益的险种、依法实行强制保险的险种和新开发的寿险险种，保险条款和费率应报保险监管机构批准；其他保险险种的条款和费率，应报备案。[②] 保险公司使用的保险条款和费率违反法律、法规或者保险监管机构有关规定的，由监管机构责令停止使用，限期修改；情节严重的，可在一定期限内禁止申报新的保险条款和费率。[③]

三、保险经营的风险控制

保险业是经营风险的特殊行业，风险的不确定性决定了保险公司自身具备较高的经营风险。加强对保险公司经营风险的防范与控制，是实现稳健经营，保护被保险人利益的有效途径，各国均从风险自留与再保险两个方面予以构造。

（一） 自留保险费的限制规则

风险自留责任简称自留额，指保险公司承保业务中由自身承担的责任限额，可通过自留保险费体现。自留保费越高，表明保险公司债务越多，承担的风险越大，经营稳定性就越差；自留保费过少，保险公司就不能充分运用其保费、资本等进行投资以获得较大收益，营业收入和利润也会减少，不利于分散风险。

风险单位总体自留责任的确定，一般以一年为期，将当年承保保费扣除分保净保费的结余视为当年自留保费。根据保费与风险责任的对等关系，自留保费的大小，对应当年确定的风险最大责任。我国《保险法》第 102 条规定："经营财产保险业务的保险公司当年自留保险费，不得超过其实有资本金加公积金总和的 4 倍。"经营人身保险业务的保险公司，当年自留保险费不受此限制。这是由于相较于人身保险事故，财产保险事故的发生不规则，缺乏稳定性，危险概率测算不精确，对保险准备金要求较高。

（二） 承保责任的限制规则

关于风险单位个体最大自留责任的确定规则，《保险法》第 103 条、第 104

---

① 《保险公司管理规定》第 43 条。
② 《保险法》第 135 条。
③ 《保险法》第 136 条。

条规定，保险公司对每一危险单位，即对一次保险事故可能造成的最大损失范围所承担责任，不得超过实有资本金加公积金总和的 10%；超过部分应办理再保险。保险公司对危险单位的划分应符合国务院保险监管机构的规定。保险公司对危险单位的划分方法和巨灾风险安排方案，应报国务院保险监管机构备案。

（三） 再保险的经营规则

一是强制规则，《保险法》第 103 条对此做出了规定；二是再保险接受人的选择。第 105 条规定："保险公司应当按照国务院保险监管机构的规定办理再保险，并审慎选择再保险接受人。"

四、保险资金的运用监管

保险资金的有效运用是保险企业收入重要来源之一，运用得当可以降低费率，促进业务发展，提高市场竞争力；反之，会带来巨大损失，影响赔偿能力，甚至引发破产，损害经济社会稳定。各国都十分重视对保险资金运用的监管。我国从管控严格到逐步放开，与之配套的监管规则也逐步完善，2018 年实施的《保险资金运用管理办法》做出最新规定。

（一） 保险公司可运用的资金来源

《保险资金运用管理办法》第 3 条将保险资金界定为"保险公司以本外币计价的资本金、公积金、未分配利润、各项准备金以及其他资金。"具体而言，保险投资资金包括以下几类。

1. 资本金

资本金是保险公司所有者对公司的投资，属于自有资金。资本金以职能为标准可分为两种。一是设立保险公司时的最低资本金，即实收资本。最低资本金是保险公司成立和开业经营的基本条件，由法律规定。二是匹配风险资本金，由保险公司根据风险应对需求在自留保费中提取，包括公积金、公益金和未分配利润。在最低资本金基础上，承担风险金额越大，匹配风险资本金需要得越多。资本金作为企业所有者权益部分，只有发生特大灾害事故、各种准备金不足支付时，才承担偿付责任。正常情况下，除上缴部分保证金外，基本闲置。所以，这部分资金有较强的稳定性和长期性，可作为保险公司长期投资的资金来源，应充分利用。

2. 责任准备金

责任准备金是保险公司为了保障被保险人的利益，从收取的保费中按期限和一定比例提留的资金准备。与资本金不同,责任准备金属于负债,是将来某一时期向被保险人偿付的资金,因此,保险公司需要有与责任准备金等值的资产作为后盾,随时准备履行保险责任,具体包括长期责任准备金、未到期责任准备金、未决赔款准备金、巨灾准备金等。提取足够的责任准备金是保险人履行赔付责任、保障被保险人权益的重要保证,各国都对其种类和比例有明确规定。

3. 其他资金

其他资金指除资本金和准备金外其他可运用的资金,包括总准备金、储金。总准备金是从税后利润中提取,用于预防巨额损失赔付而累积的资金,属于保险公司的自有资金。只有在当年保险业务经营发生亏损并且当年投资利润不足以弥补时才会动用。正常情况下,总准备金不断积累并没有期限限制,适合保险公司投资。储金是一种具有返还性质的保险,保户以存入资金的利息充缴保费,保险期间内发生事故,保险公司予以赔付;未发生事故,则到期偿还本金。因此,在未偿还之前,保险公司可用于投资。

(二) 保险资金运用原则

保险资金运用指保险公司在业务经营中,为实现资产保值增值和保证经营稳定,将积聚的各种保险资金部分地进行投资和融资活动。保险资金运用必须以服务保险业为主要目标,坚持稳健审慎和安全性原则,符合偿付能力监管要求,坚持独立运作。[①]

1. 安全性原则

安全性原则指保险公司按期收回投资资本本息的可靠性。这是由可运用资金来源的负债性决定的,最终需要偿还给被保险人,因此,对其运用必须强调安全。一是禁止保险基金进入高风险投资项目,二是投资项目的分配上尽量分散,以分散风险。

2. 流动性原则

流动性原则指资产变现能力。由于保险公司担负经济补偿任务,而保险事故发生又具有时间和损失程度的不确定,这就要求保险基金运用时需保持足够的流动性,能够满足随时出现的保险赔付需求。相比之下,人身保险的保险期限较长,并且大量的满期给付可以预测,对保险投资流动性的要求相对较低。

---

① 《保险资金运用管理办法》第 4 条。

财产保险则恰好相反。

3. 收益性原则

保险投资的直接目的是实现资金的保值增值，除保本外，还应有一定的盈利。一方面，高盈利可以提高保险公司利润水平，降低费率，扩大业务规模，增强竞争力；另一方面，高盈利可以增强保险公司的偿付能力，保证被保险人利益的实现，带来良好的社会效益。因此，收益性原则要求资金运用在保证安全性的前提下力争实现收益最大化，确保资产的保值增值。

（三） 我国保险资金运用的形式

《保险法》第 106 条第 2 款规定："保险公司的资金运用限于下列形式：银行存款；买卖债券、股票、证券投资基金份额等有价证券；投资不动产；国务院规定的其他资金运用形式。"2012 年以来我国先后发布《关于保险资金投资股权和不动产有关问题的通知》《关于设立保险私募基金有关事项的通知》《保险资金运用管理办法》等规章，逐步放宽保险资金投资路径，增加了运用形式。

1. 银行存款

银行存款指将保险基金存放于银行或其他金融机构，安全性高、流动性强，但收益也相对较低。根据《保险资金运用管理办法》第 7 条规定，保险资金办理银行存款的，应选择符合下列条件的商业银行：资本充足率、净资产和拨备覆盖率等符合监管要求；治理结构规范、内控体系健全、经营业绩良好；近 3 年未发现重大违法违规行为；信用等级达到保险监管机构规定的标准。

2. 债券

债券是政府、金融机构、工商企业等机构直接向社会借债筹措资金时，承诺按一定利率支付利息并按约定条件偿还本金的债权债务凭证。债券持有人可在约定时间内要求发行人还本付息。根据《保险资金运用管理办法》第 8 条的规定，保险资金投资的债券，应达到保险监管机构认可的信用评级机构评定的、且符合规定要求的信用级别，包括政府债券、金融债券、企业债券、非金融企业债务融资工具及符合规定的其他债券。

3. 股票

股票是股份公司为筹集资金而发行给股东作为持股凭证并借以取得股息和

红利的一种有价证券。作为信用工具，投资者购买股票后成为股东，享有参与公司决策及分红派息的权利，可以转让、买卖，但也要承担公司经营不善的风险。股票投资具有高风险、高收益、高流动性的特点。根据《保险资金运用管理办法》第 9 条，保险资金投资的股票，主要包括公开发行并上市交易的股票和上市公司向特定对象非公开发行的股票。投资形式分为一般股票投资、重大股票投资和上市公司收购等，保险监管机构根据不同情形实施差别监管。

4. 证券投资基金份额等有价证券

保险资金还可以买卖证券投资基金，但需要进行一定的风险控制。《保险资金运用管理办法》第 10 条规定："保险资金投资证券投资基金的，其基金管理人应符合下列条件：公司治理良好、风险控制机制健全；依法履行合同，维护投资者合法权益；设立时间 1 年（含）以上；最近 3 年没有重大违法违规行为，设立未满 3 年的，自成立之日起没有重大违法违规行为；建立有效的证券投资基金和特定客户资产管理业务之间的防火墙机制；投资团队稳定，历史投资业绩良好，管理资产规模或者基金份额相对稳定。"

5. 投资不动产

《保险资金运用管理暂行办法》第 11 条规定："保险资金投资的不动产，是指土地、建筑物及其他附着于土地上的定着物，具体办法由保险监管机构制定。"

6. 国务院规定的其他资金运用形式

《保险资金运用管理办法》还对股权投资、资产证券化产品、私募基金等其他资金运用形式做了规定。保险资金投资的股权，应当为境内依法设立和注册登记，且未在证券交易所公开上市的股份有限公司和有限责任公司的股权。[1]

保险资金可以投资资产证券化产品，创业投资基金等私募基金。[2] 资产证券化产品，即金融机构以可特定化的基础资产所产生的现金流为偿付支持，通过结构化等方式进行信用增级，并在此基础上发行的金融产品。创业投资基金指依法设立并由符合条件的基金管理机构管理，主要投资创业企业普通股或者依法可转换为普通股的优先股、可转换债券等权益的股权投资基金。保险资金还可以投资设立不动产、基础设施、养老等专业保险资产管理机构，专业保险

---

① 《保险资金运用管理办法》第 12 条。
② 《保险资金运用管理办法》第 15 条、第 16 条。

保险法

资产管理机构可以设立符合条件的保险私募基金，具体办法由保险监管机构制定。①

（四）对保险资金运用的监管

监管机构应根据公司治理结构、偿付能力、投资管理能力和风险管理能力，对保险资金运用实行分类监管、持续监管和动态评估。②除保险监管机构另有规定外，保险公司的资金运用不得有下列行为：存款于非银行金融机构；买入被交易所实行"特别处理""警示存在终止上市风险的特别处理"的股票；投资不符合国家产业政策的企业股权和不动产；直接从事房地产开发建设；将保险资金运用形成的投资资产用于向他人提供担保或发放贷款，个人保单质押贷款除外；监管机构禁止的其他投资行为。③保险资金运用应符合比例监管要求。监管机构根据保险资金运用实际情况，可对保险资产的分类、品种及相关比例进行调整。④

第四节　保险公司偿付能力监管

一、含义

偿付能力指保险公司对保单持有人履行赔付义务的能力，⑤是保险企业资金力量与自身所承担的危险赔偿责任的比较。保险不同于有形产品，被保险人获得的仅仅是保险人对未来可能赔付损失的承诺。而该承诺实现的前提是，被保险人发生损失时，保险人有能力履行赔付，即有相应的还债能力。因此，各国都将保证保险公司的偿付能力作为监管的首要任务。

二、偿付能力的维持

保险公司的偿付能力是保证其履行社会稳定职能的核心能力，保险业承担

---

① 《保险资金运用管理办法》第17条。
② 《保险资金运用管理办法》第52条第1款。
③ 《保险资金运用管理办法》第18条。
④ 《保险资金运用管理办法》第19条。
⑤ 《保险公司偿付能力管理规定》第3条。

的社会稳定作用越大，对其偿付能力的要求就越高。我国目前从以下方面强调保险公司偿付能力的维持。

（一）　最低注册资本

最低注册资本即法律、法规规定的保险公司申请设立时注册资本的最低限额，既是保险公司获得市场准入的资格条件，又是获取偿付能力的初始前提。根据《保险法》第69条规定，在我国，保险公司注册资本的最低限额为人民币2亿元，并且必须为实缴货币资本。

（二）　最低偿付能力

保险公司最低偿付能力是资产与负债的差额。根据《保险法》第101条的规定，保险公司应当具有与其业务规模和风险程度相适应的最低偿付能力，认可资产减去认可负债的差额不得低于保险监管机构规定的数额；低于规定数额的，应按要求采取相应措施达到规定数额。

《保险公司偿付能力管理规定》中确定偿付能力监管指标时，规定了核心偿付能力充足率和综合偿付能力充足率，其中，衡量保险公司高质量资本充足状况的核心偿付能力充足率，即核心资本与最低资本的比值，不低于50%；衡量资本总体充足状况的综合偿付能力充足率，即实际资本与最低资本的比值，不低于100%。[①]

（三）　保险责任准备金

保险责任准备金是保险公司为了承担未到期责任和处理未决赔款而从保费收入中提存的一种资金准备。《保险法》第98条规定："保险公司应当根据保障被保险人利益、保证偿付能力的原则，提取各项责任准备金。保险公司提取和结转责任准备金的具体办法，由国务院保险监管机构制定。"

依用途不同，责任准备金分为长期责任准备金、人寿保险责任准备金、未到期责任准备金、未决赔款准备。长期责任准备金指保险公司因未来不确定性风险事件而长期从每年保险利润中提取的，经精算确认、用于巨大自然灾害或重大事故发生而承担赔付责任的准备金，一般包含在总准本金内。人寿保险责任准备金指保险公司为履行今后保险给付的资金准备，从应收净保险费中逐年提存的准备金，来源于当年收入纯保险费及利息与当年给付保险金的差数。未到期责任准备金指在会计年度决算时，将保险责任尚未满期的、应属于下一年度的部分保险费提存出来所形成的准备金。未决赔款准备金指保险公司在

---

① 《保险公司偿付能力管理规定》第6条、第8条。

会计年度决算前发生保险责任而未赔付保险金，在当年收入的保险费中提取的资金。

（四） 保险保证金

保险保证金是国家规定由保险公司成立时向国家缴存的保证金额，可用现金或其他方式交纳。国家可以通过保证金制度，掌握保险公司的一部分实有资金，以保证其变现资金数额，确保偿付能力。《保险法》第 97 条规定："保险公司应当按照其注册资本总额的 20% 提取保证金，存入国务院保险监管机构指定的银行，除公司清算时用于清偿债务外，不得动用。"

（五） 保险公积金

公积金指保险公司为了预防亏损，依照法律和公司章程规定，从公司年税后利润中提取的累积资金，是公司巩固财产基础或信用的重要措施，包括资本公积金和盈余公积金。资本公积金来自盈余外的财源，包括公司在筹集资本金过程中投资者交付的出资额超过注册资本金的差额、股票溢价发行与面值的差额、资产重估与账面价值的差额等。盈余公积金来自税后利润，是公司所有者权益的一部分，包括法定盈余公积金和任意盈余公积金。前者按法律规定从当年税后利润中提取，后者是公司在股东同意后，从税后利润中提取法定盈余公积金后自由提取。

（六） 保险保障基金

保险保障基金指保险公司依照监管部门规定，每年按比例提取并交存的累积资金，又称总准备金，属于保险公司资产，是用于救助保单持有人、保单受让公司或者处置保险业风险的非政府性行业风险救助基金。目的在于确保被保险人或受益人的利益，并在保险公司经营有困难时支持保险公司的稳健经营。根据《保险法》第 100 条规定，保险公司应当缴纳保险保障基金，集中管理，并在下列情形下统筹使用：保险公司被撤销或者被宣告破产时，向投保人、被保险人或受益人提供救济；向依法接受其人寿保险合同的保险公司提供救济；国务院规定的其他情形。具体筹集、管理和使用办法，由国务院制定。

三、对保险业偿付能力的监管

偿付能力监管是国家对保险市场监督管理的首要目标，也是监管核心。在我国，由国务院保险监管机构建立健全保险公司偿付能力监管体系实施监控。目前，已出台《保险公司偿付能力管理规定》，并进行了以下几方面的监管。

（一）　建立健全保险公司偿付能力管理体系，有效识别管理各类风险

保险公司应当具有与其业务规模和风险程度相适应的最低偿付能力。偿付能力监管指标包括：核心偿付能力充足率，即核心资本与最低资本的比值，衡量保险公司高质量资本的充足状况；综合偿付能力充足率，即实际资本与最低资本的比值，衡量资本的总体充足状况；风险综合评级，即对保险公司偿付能力综合风险的评价，衡量总体偿付能力风险的大小。其中，核心资本指保险公司在持续经营和破产清算状态下均可以吸收损失的资本。实际资本指保险公司在持续经营或破产清算状态下可以吸收损失的财务资源。最低资本指基于审慎监管目的，为使保险公司具有适当的财务资源应对各类可量化为资本要求的风险对偿付能力的不利影响，要求应具有的资本数额。计量标准等规则由银保监会另行规定。[①]

保险公司同时符合以下三项监管要求的，为偿付能力达标公司：核心偿付能力充足率不低于50%；综合偿付能力充足率不低于100%；风险综合评级在B类及以上。不符合上述任意一项要求的，为偿付能力不达标公司。[②]

（二）　完善偿付能力管理机制

保险公司应当建立董事会和高级管理层对公司偿付能力负责的管理机制，明确相关机构和人员的职责和权限。[③]

（三）　实施偿付能力风险管理机制

保险公司应建立完备的偿付能力风险管理制度和机制，加强对保险、市场、信用、操作、战略、声誉和流动性等固有风险的管理，以有效降低公司的控制风险。固有风险指在现有的正常的保险行业物质技术条件和生产组织方式下，保险公司在经营和管理活动中必然存在的客观的偿付能力相关风险。控制风险指因保险公司内部管理和控制不完善或无效，导致固有风险未被及时识别和控制的偿付能力相关风险。[④]

（四）　实施分类监管措施

银保监会及其派出机构通过评估保险公司操作风险、战略风险、声誉风险和流动性风险，结合其核心偿付能力充足率和综合偿付能力充足率，对总体风险进行评价，确定其风险综合评级，分为A、B、C、D四类，并采取差别化监

[①]　《保险公司偿付能力管理规定》第6条。
[②]　《保险公司偿付能力管理规定》第8条。
[③]　《保险公司偿付能力管理规定》第9条、第10条。
[④]　《保险公司偿付能力管理规定》第11条。

管措施。风险综合评级具体评价标准和程序由银保监会另行规定，并可根据保险业发展情况和监管需要，细化风险综合评级类别。[1]

（五） 实施重点监管措施

保险监管机构应根据保险公司的风险成因及程度，依法采取有针对性的监管措施，以督促恢复偿付能力或在难以持续经营的状态下维护保单持有人的利益。[2]

对偿付能力不足的保险公司，银保监会应列为重点监管对象，并根据具体情况采取下列措施：责令增加资本金、办理再保险；限制业务范围；限制向股东分红；限制固定资产购置或经营费用规模；限制资金运用的形式、比例；限制增设分支机构；责令拍卖不良资产、转让保险业务；限制董事、监事、高级管理人员的薪酬水平；限制商业性广告；责令停止接受新业务。[3]

对核心偿付能力充足率低于50%或综合偿付能力充足率低于100%的保险公司，监管谈话、要求提交预防偿付能力充足率恶化或完善风险管理的计划，限制董事、监事、高级管理人员的薪酬水平，限制向股东分红。还可以根据偿付能力充足率下降的具体原因，责令增加资本金，停止部分或全部新业务，调整业务结构，调整资产结构等。对采取上述措施后偿付能力未明显改善或进一步恶化的，依法采取接管、申请破产等措施。[4] 对核心偿付能力充足率和综合偿付能力充足率达标，但操作、战略、声誉、流动性风险中某一类或某几类风险较大或严重的 C 类和 D 类保险公司，应根据风险成因及程度，采取针对性监管措施。[5]

第五节　我国保险监管的方式

一、保险监管的方式

国际上常用的保险监管方式有三种。

---

[1] 《保险公司偿付能力管理规定》第 22 条。
[2] 《保险公司偿付能力管理规定》第 25 条。
[3] 《保险法》第 138 条。
[4] 《保险公司偿付能力管理规定》第 26 条。
[5] 《保险公司偿付能力管理规定》第 27 条。

一是公示监管，是一种宽松监管方式，指国家对保险业的经营不做直接监管，只规定保险人按照政府规定的格式及内容定期将资产负债、财务成果、营业结果等相关事项予以公告。公众通过这些公告，就保险企业的业务实质及经营优劣做出独立判断和选择。公示监管将政府与大众结合起来，优点是利于保险人、保险业在自由竞争环境中发展，但投保人和公众处于信息不对称的不利一方，对保险业优劣评判标准不易准确掌握，对不正当的经营无能为力。

二是准则监管，又称形式监管，指由政府规定保险业经营的准则，要求保险业共同遵守的监管方式。政府对保险经营的重大事项，如最低资本额、资产负债比例、投资运用等均有明确规定，但对保险人的业务经营、财务管理及人事等方面不加干预。这种管理方式只注重保险经营形式上的合法，未触及经营实体。与公示监管相比，有更大的可操作性，但实务中难以适应所有保险主体，加之保险技术性强，仅有基本准则难以高效管理。

三是实体监管，也称严格监管，指国家制定完整的保险监管规则，监管机构根据法律授权，对保险市场尤其是保险公司进行全方位、全过程的有效监督和管理。这种监管通过立法明确规定保险主体设立、经营、清算等所应遵循的批准和审查制度，较上述两种方式更为严格、具体。目前许多国家采用此方式，我国亦采用，并对保险机构的监督检查采取现场监管与非现场监管相结合的方式。

二、非现场监管

（一）含义

非现场监管指监管机构通过收集保险机构报送的业务、财产及其资金运用状况的报告、报表和有关资料，运用一定的技术方法和风险监测、评价指标，对数据进行加工、整理和综合分析，从而评价、稽核保险机构合法经营情况和风险情况，发现存在的问题，提出改进和处理意见的过程与行为。非现场监管以完善的信息发布机制为基础，要求保险公司定期报送有关报表、报告，主要是保险业监管报表和精算报告；及时、全面、可靠地公开披露信息，便于市场参与者了解公司整体状况。非现场监管的优点是节省成本，时效性强，全程监控，客观全面，适应国际化的需求。

（二）措施

1. 健全信息公开披露制度

《保险法》第 86 条规定："保险公司应当按照保险监管机构的规定，报送有关报告、报表、文件和资料。保险公司的偿付能力报告、财务会计报告、精算报告、合规报告及其他有关报告、报表、文件和资料必须如实记录保险业务事项，不得有虚假记载、误导性陈述和重大遗漏。"

2. 实现信息共享制度

《保险法》第 157 条规定："国务院保险监管机构应当与中国人民银行、国务院其他金融监管机构建立监督管理信息共享机制。"银保监会有权要求保险公司将保险资金运用的有关数据与保监会的监管信息系统动态连接。①

3. 建立合理的评价制度

非现场检查的关键在于信息披露，因此，应围绕信息披露建立合理的评价制度，包括财务状况、财务业绩、风险及其管理与控制措施、公司业务及管理的基本信息，采用统一的会计和精算政策。设计分层次、分机构的指标体系，建立以风险分析模型为主要内容的风险评价体系和非现场监管的预警指标，对潜在风险提出进一步的监管措施和建议。

4. 实施问责制度

非现场监管强调监管人员的综合分析能力，需具有对数据变化的敏感性和善于发现异常情况及风险征兆的能力，因此，应建立失职失责追究制度，完善监管人员工作责任制，增强约束机制及合理的失职追究制度，提高非现场监管效率。

三、现场检查

（一）含义

现场检查指保险监管机构派专业检查人员进入保险机构经营场所，通过实地查阅、复制业务资料，核查评价资料的真实准确性，询问管理层和相关人员，了解守法及合规经营情况、会计和管理信息完善程度，从而评价总体经营状况及风险内部控制的完善性和有效性，发现问题并能及时整改的过程和行为。

非现场检查是现场检查的基础，现场检查是非现场检查的重要补充。通过现场检查，监管机构可以证实或者获得可靠数据和信息，进而分析、评估保险

---

① 《保险资金运用管理办法》第 66 条第 1 款。

公司的经营状况。可以是全面或专项检查，日常或随机检查，一般性或特定检查，具有客观性强、针对性强、效率性高等特点。

（二）内容

1. 对保险机构的现场检查

根据《保险公司管理规定》，保险监管机构对保险机构的现场检查包括但不限于下列事项：机构设立、变更是否依法经批准或向监管机构报告；董事、监事、高级管理人员任职资格是否依法经核准；行政许可的申报材料是否真实；资本金、各项准备金是否真实、充足；公司治理和内控制度建设是否符合规定；偿付能力是否充足；资金运用是否合法；业务经营和财务情况是否合法，报告、报表、文件、资料是否及时、完整、真实；是否按规定对使用的保险条款和保险费率报经审批或者备案；与保险中介的业务往来是否合法；信息化建设工作是否符合规定；需要事后报告的其他事项是否按照规定报告；依法检查的其他事项。[1]

2. 对保险中介机构的现场检查

保险监管机构依法对保险专业代理机构、保险经纪人、保险公估人进行现场检查，主要包括下列内容：业务许可及相关事项是否依法获得批准或履行报告义务；资本金是否真实、足额；保证金是否符合规定；职业责任保险是否符合规定；业务经营是否合法；财务状况是否真实；提交的报告、报表及资料是否及时、完整和真实；内控制度是否符合监管机构的规定；任用高级管理人员和省级分公司以外分支机构主要负责人是否符合规定；是否有效履行从业人员管理职责；对外公告是否及时、真实；业务、财务信息管理系统是否符合规定；保险监管机构规定的其他事项。[2] 兼业代理机构的现场检查主要包括前款规定除第（二）项、第（九）项以外的内容。[3] 保险公估人还包括职业风险基金或者职业责任保险是否符合规定；设立及管控分支机构是否符合规定；持续符合《资产评估法》第15条规定条件的情况。[4]

3. 对保险公司偿付能力管理的现场检查

保险监管机构及派出机构对保险公司偿付能力管理实施现场检查，包

---

[1]《保险公司管理规定》第61条。

[2]《保险经纪人监管规定》第81条。

[3]《保险代理人监管规定》第87条。

[4]《保险公估人监管规定》第80条。

括：偿付能力管理的合规性和有效性；偿付能力报告的真实性、完整性和合规性；风险综合评级数据的真实性、完整性和合规性；偿付能力信息公开披露的真实性、完整性和合规性；对监管措施的落实情况；认为需要检查的其他方面。①

（三） 措施及要求

保险监管机构进行现场检查，可进入涉嫌违法行为发生场所调查取证；询问当事人及与被调查事件有关的单位和个人，要求做出说明；查阅、复制与被调查事件有关的财产权登记、单位和个人的财务会计资料及其他相关文件和资料；对可能被转移、隐匿或毁损的文件和资料予以封存；查询涉嫌违法经营机构及有关单位和个人的银行账户；对证据证明已经或可能转移、隐匿违法资金等涉案财产或隐匿、伪造、毁损重要证据的，经主要负责人批准，申请法院冻结或查封。②

实施现场检查时，既要注重规范性、权威性和严肃性，要有法律依据，有标准化、制度化的现场检查操作规程；还要重视基础性、技术性和协调性。提高非现场监管质量，充分发挥指导作用与预警功能，增强现场检查的针对性和有效性。

四、其他监管措施

（一） 借助社会中介手段进行监管

社会中介包括会计师事务所、外部审计师、精算师、律师等第三方服务主体。根据《保险法》《保险公司偿付能力管理规定》规定，保险公司应聘用经保险监管机构认可的精算人员，建立精算报告制度；聘用专业人员，建立合规报告制度。聘请的会计师事务所应依法独立、客观地对偿付能力报告发表审计意见。精算咨询、信用评级、资产评估、律师事务所等中介机构开展业务，应依法律和执业准则要求发表意见或出具报告。保险消费者、新闻媒体、行业分析师、研究机构等可就发现的保险公司未遵守偿付能力监管规定的行为，向银保监会反映报告。③

---

① 《保险公司偿付能力管理规定》第 24 条。
② 《保险法》第 154 条。
③ 《保险公司偿付能力管理规定》第 18 条、第 19 条。

（二）　审慎性谈话

保险监管机构根据履行职责需要，可以与保险公司董事、监事和高级管理人员进行谈话，要求其就公司的业务活动和风险管理的重大事项做出说明；① 就保险资金运用情况、风险控制、内部管理等有关重大事项做出说明。②

（三）　限制相关人员的行为

保险公司在整顿、接管、撤销清算期间，或出现重大风险时，保险监管机构可以对公司直接负责的董事、监事、高级管理人员和其他直接责任人员采取以下措施：通知出境管理机关依法阻止其出境；申请司法机关禁止其转移、转让或以其他方式处分财产，或在财产上设定其他权利。③

（四）　责令整改

保险公司未依法提取或结转各项责任准备金，未依法办理再保险，或严重违反资金运用规定的，由保险监管机构责令限期改正，并可以责令调整负责人及有关管理人员。④ 未按规定报送偿付能力报告或公开披露偿付能力信息的，报送和披露虚假偿付能力信息的，保险监管机构依据《保险法》等进行处罚。⑤ 违反规定运用保险资金的，由银保监会依法予以罚款、限制业务范围、责令停止接受新业务或吊销业务许可证等行政处罚，对相关责任人员予以警告、罚款、撤销任职资格、禁止进入保险业等行政处罚。严重违反保险资金运用有关规定，被责令限期改正逾期未改的，银保监会可决定选派有关人员组成整顿组，进行整顿。⑥

保险公司股东利用关联交易严重损害公司利益，危及公司偿付能力的，由保险监管机构责令改正。在按照要求改正前，可以限制其股东权利；拒不改正的，可以责令其转让所持的保险公司股权。⑦

---

① ⑦　《保险法》第 152 条。
②　《保险公司运用管理办法》第 69 条。
③　《保险法》第 154 条。
④　《保险法》第 140 条。
⑤　《保险公司偿付能力管理规定》第 28 条。
⑥　《保险公司运用管理办法》第 71 条、第 72 条。

本章案例

安邦保险公司的破产接管①

（一）基本案情

2004年，安邦财产保险股份有限公司成立，2011年进行改组并成立安邦集团。同年，收购成都农村商业银行35%的股权，开始大举海外并购。最辉煌时，总资产达到1.97万亿元，成功跻身中国三大保险集团之一。同期，也因虚假增资、潜在偿付能力问题等备受质疑。2018年2月，保监会发布公告，安邦集团原董事长吴小晖因涉嫌经济犯罪被提起公诉。鉴于安邦集团存在违反保险法规定的经营行为，可能严重危及公司偿付能力，依照《保险法》第144条"保险公司有下列情形之一的，国务院保险监管机构可以对其实行接管：（1）公司偿付能力严重不足的；（2）违反本法规定，损害社会公共利益，可能严重危及或者已经严重危及公司偿付能力的。被接管的保险公司的债权债务关系不因接管而变化。"国务院保险监管机构决定对安邦集团实施接管，期限1年；机构改革后，银保监会依法履行监管职责，并依《保险法》第146条规定将接管期限延长1年，延至2020年2月22日止。

安邦集团被接管后，2018年3月28日，银保监会批复同意保险保障基金向其增资608.04亿元，注册资本达到619亿元。同时，接管工作组加快推进资产处置，在子公司之间进行股权腾挪，为出售部分保险公司牌照做好准备。为切实化解风险，2019年6月25日，大家保险集团有限责任公司注册成立，注册资本203.6亿元，7月11日，正式依法受让安邦人寿、安邦养老和安邦资管股权，并更名为大家人寿、大家养老和大家资管，彻底取代安邦集团。2020年2月22日，银保监会发布公告，根据《保险法》第147条，接管期限届满，被接管的保险公司已恢复正常经营能力的，由国务院保险监管机构决定终止接管，并予以公告。从安邦集团拆分新设的大家保险集团已基本具备正常经营能力，银保监会依法结束接管。

实施接管以来，银保监会依法有序推动风险处置工作，截至2020年1月，接管前安邦集团发行的1.5万亿元中短存续期理财保险全部兑付，未发生一起

---

① 中国银行保险监督管理委员会官网，http：//www.cbirc.gov.cn/cn/view/pages/index/index.html。

逾期、违约事件，平稳度过现金流给付高峰，有力保障了消费者合法权益。世纪证券、邦银金租、和谐健康等非核心金融牌照处置，成都农商行中原安邦集团持有的股权也顺利完成转让。2020 年 9 月 14 日，安邦集团召开股东大会解散公司并落幕。

（二）案件评析

本案充分反映了国家对保险公司监管的慎重性。实际中，我国制定了多道"防火墙"来监督保险公司，保护消费者权益。一是偿付能力要求。我国采用 C－ROSS 监管机制（China Risk Oriented Solvency System），简称"偿二代"，由资本充足要求、风险管理要求、信息披露要求三大支柱 17 项监管规则构成，分别从定量、定性、市场约束三个方面对保险公司偿付能力进行监管。二是责任准备金。保险公司需从保费中提取责任准备金，存放在指定银行，不可随便动用。三是公积金。分配当年税后利润时，保险公司需拿出 10% 的利润作为公积金，用途限于弥补经营亏损、扩大生产经营、增加公司资本等。四是保证金。保险公司要按注册资本的 20% 提取，存入指定银行，除清算用于清偿债务外，不得动用。五是保险保障基金。由所有保险公司定期缴费形成，当某家保险公司经营问题严重时，监管机构会动用此基金来接手该公司。截至 2020 年 1 月底，我国保险保障基金规模为 1460 亿元。安邦事件调用的就是这笔基金，中国保险保障基金有限公司也是大家保险的最大股东，占总股本的 98.23%。除了这五道防火墙，银保监会还通过报表季审、再保、资金运用限制等多重管理手段，对保险公司的经营进行监测和预警，避免经营恶化。万一保险公司真倒闭了，按照《保险法》第 92 条规定，经营寿险业务的保险公司持有的寿险合同及责任准备金，须转让给其他经营寿险业务的保险公司；不能达成转让协议的，由保险监管机构指定。因此，用户的保单最终一定有人接盘，不会出现无法兑现的情况。

本章要点

本章主要讨论保险经营监管制度，包括保险监管概述、保险经营组织的监管、保险经营业务的监管、保险公司偿付能力监管、我国保险监管方式；要求熟悉上述几方面的监管要求及内容，重点掌握监管规则及其运用。

参 考 文 献

[1] 陈百灵．论保险合同解释中的合理期待原则 [J]．法律适用，2004 (7)．

[2] 陈萌，林晓君，黄宗琴．保险责任中近因原则的适用 [J]．人民司法，2011 (10)．

[3] 邓格．海上保险近因原则的法经济学浅析——以科斯定理为视角 [J]．法制与社会，2015 (4)．

[4] 董新凯，刘惠芹．合理确定财产保险利益的范围，促进保险事业发展 [J]．开发研究，2005 (5)．

[5] 樊启荣．保险法诸问题与新展望 [M]．北京：北京大学出版社，2015．

[6] 冯玉军．新编法经济学：原理·图解·案例 [M]．北京：法律出版社，2018．

[7] 韩永强．保险合同法"最大诚信原则"古今考 [J]．华东政法大学学报，2013 (1)．

[8] 何丽新，王鹏鹏．论合理期待原则对保险合同解释的司法适用 [J]．厦门大学学报 (哲学社会科学版)，2017 (6)．

[9] 荆真．论可保利益的检验标准 [J]．中国海洋大学学报 (社会科学版)，2008 (1)．

[10] 李秀芬．论保险合同合理期待解释原则 [J]．法律方法，2014 (1)．

[11] 李玉泉．保险法学——理论与实务 [M]．北京：高等教育出版社，2007．

[12] 刘大洪．法经济学视野中的经济法研究 (第二版) [M]．北京：中国法制出版社，2008．

[13] 刘建勋．保险法典型案例与审判思路 [M]．北京：法律出版社，2012．

[14] 卢现祥，刘大洪．法经济学 [M]．北京：北京大学出版社，2007．

[15] 孟一坤．论农业天气指数保险的可保利益和损失补偿——一个法经

济学视角［J］.上海保险，2016（2）.

［16］覃有土，樊启荣.保险法学［M］.北京：高等教育出版社，2003.

［17］任自力，周学峰.保险法总论：原理、判例［M］.北京：清华大学出版社，2010.

［18］史卫进.保险法原理与实务研究［M］.北京：科学出版社，2009.

［19］孙宏涛.保险合同解释中的合理期待原则探析［J］.当代法学，2009（4）.

［20］田文平.追溯保险制度理论研究［D］.济南：山东大学硕士学位论文，2015.

［21］涂强.责任保险的公益性研究——基于法经济学的视角［J］.保险职业学院学报，2009（6）.

［22］王爱军.保险近因原则实证辨析［J］.重庆社会科学，2018（3）.

［23］王春凤.法经济学视角下的保险格式合同及其法律规制研究［J］.西南金融，2013（9）.

［24］王利明.民法中的因果关系问题探讨［J］.中国人民大学学报，1992（2）.

［25］王卫国，马颖，王仰光.保险法［M］.北京：清华大学出版社、北京交通大学出版社，2010.

［26］魏华林，林宝清.保险学（第二版）［M］.北京：高等教育出版社，2006.

［27］温世扬.保险法［M］.北京：法律出版社，2003.

［28］许崇苗.保险法原理及疑难案例解析［M］.北京：法律出版社，2011.

［29］杨帆.论追溯保险的合法性基础及构成要件［J］.上海保险，2011（2）.

［30］尹田.保险法前沿（第四辑）［M］.北京：知识产权出版社，2017.

［31］张虹，陈迪红.保险学教程［M］.北京：中国金融出版社，2005.

［32］张燕.英国保险判例看保险法中的"近因原则"［J］.上海保险，1995（9）.

［33］郑琦.试论保险最大诚信原则在司法实践中的应用［J］.法制与社会，2015（4）.

［34］朱铭来.保险法学［M］.天津：南开大学出版社，2006.

［35］［美］A. 米切尔·波林斯基. 法和经济学导论［M］. 北京：法律出版社，2009.

［36］［美］哈林顿，尼豪斯. 风险管理与保险［M］. 北京：清华大学出版社，2001.

［37］［美］哈瑞特·E. 琼斯，丹尼·L. 朗. 保险原理：人寿、健康和年金（第二版）［M］. 北京：中国财政经济出版社，2004.

［38］［美］肯尼斯·S. 亚伯拉罕. 美国保险法原理与实务（第四版）［M］. 北京：中国政法大学出版社，2012.

［39］［美］理查德·A. 波斯纳. 法律的经济分析（上）［M］. 北京：中国大百科全书出版社，1997.

［40］［美］皮特·纽曼. 新帕尔格雷夫法经济学大辞典（第二卷）［M］. 北京：法律出版社，2003.

［41］［美］乔治·E. 瑞达，迈克尔·J. 麦克纳马拉. 风险管理与保险原理［M］. 北京：中国人民大学出版社，2015.

［42］［德］汉斯－贝恩德·舍费儿，克劳斯·奥特. 民法的经济分析（第四版）［M］. 北京：法律出版社，2009.